内部审计实务操作
从入门到实战

惠增强◎编著

人民邮电出版社

北京

图书在版编目（CIP）数据

内部审计实务操作从入门到实战 / 惠增强编著. --
北京：人民邮电出版社，2022.5
ISBN 978-7-115-58781-7

Ⅰ．①内… Ⅱ．①惠… Ⅲ．①内部审计—教材 Ⅳ.
①F239.45

中国版本图书馆CIP数据核字(2022)第037243号

内 容 提 要

内部审计是现代审计的重要组成部分，是企业内部经济监督的一种形式。企业内部审计是指企业内部审计机构依照国家有关法规和企业有关规章制度，对企业（包括投资的企业、承包租赁的企业）和各部门的财务收支及其经济活动的真实性、合法性、合理性和有效性进行独立审计，对企业安排工作的落实情况进行审计监察。

加强企业内部审计是企业改善管理、防范风险的有效途径，有助于管理者全面有效地发现企业管理中的薄弱环节，对企业经济目标的实现、经济效益的提高具有十分重要的意义。本书共分为3篇：第1篇是理论基础，通过介绍内部审计的发展历史逐步引入内部审计的准则体系和基本理论；第2篇是审计实践，按审计流程介绍了内部审计实务操作方法；第3篇是案例示范，通过实务案例让读者了解在内部审计的实际操作中可能遇到的情形。本书的每一章都通过一个案例导入，论述透彻，对内部审计人员的日常审计工作内容、工作方法和工作技巧等进行了全面、系统的介绍。

本书可作为内部审计实操的培训用书，也可作为工具书，供相关人员在实际工作中查阅。

◆ 编　　著　惠增强
　　责任编辑　李士振
　　责任印制　周昇亮

◆ 人民邮电出版社出版发行　　北京市丰台区成寿寺路 11 号
　　邮编　100164　　电子邮件　315@ptpress.com.cn
　　网址　https://www.ptpress.com.cn
　　北京七彩京通数码快印有限公司印刷

◆ 开本：700×1000　1/16
　　印张：19.5　　　　　　　　2022 年 5 月第 1 版
　　字数：388 千字　　　　　　2024 年 12 月北京第 6 次印刷

定价：88.00 元
读者服务热线：(010)81055296　印装质量热线：(010)81055316
反盗版热线：(010)81055315
广告经营许可证：京东市监广登字 20170147 号

前言
PREFACE

本书写作目的

当前社会经济管理水平迅速提高，要求企业不断提升自身管理能力。内部审计是在组织内部进行的一种独立客观的监督和评价活动，通过对企业的管理效能和经营决策进行评审，可以全面有效地发现企业管理环节中的薄弱方面。随着现代企业管理理论的发展，与审计相关的理论也在不断地更新和完善，尤其是随着风险导向审计理论的成熟和其在现代审计工作中的广泛应用，内部审计人员需要不断学习新的审计理论和审计方法。为了帮助企业实现其组织目标，合理审查和评价经营活动及内部控制的适当性、合法性和有效性，我们编写了本书。

本书严格依据《审计署关于内部审计工作的规定》《中国内部审计准则》《企业内部控制基本规范》等编写而成，对企业内部审计工作的诸多方面进行了详细的介绍，旨在为企业的内部审计工作提供全面、准确的实务操作指南，提高内部审计人员的业务操作水平，以达到堵塞漏洞、完善制度、改善管理和提高经济效益的目的。

本书主要内容

本书不仅介绍了基本的内部审计理论知识，而且具有实际操作指导价值。

本书分为 3 篇共 10 章。第 1 篇是理论基础，包括第 1 ~ 3 章，以内部审计的发展历史、内涵和职能开篇，逐步引入内部审计的准则体系和基本理论；第 2 篇是审计实践，包括第 4 ~ 9 章，本篇依据内部控制制度介绍如何对企业内各个职能部门进行管理控制，按审计流程介绍了内部审计实务操作方法，并从有效性的角度对内部审计的质量控制效果进行评价；第 3 篇是案例示范，即第 10 章的内容，主要选取了内部审计的典型案例进行分析，案例贴近实际，分析透彻。本书的每一章都通过一个案例导入，章节之间联系紧密，对内部审计人员的日常审计工作内容、工作方法和工作技巧等进行了全面、系统的介绍。

本书主要特色

第一，全面系统。本书依据相关法规及其他规范性文件，对企业内部审计工作的诸多方面进行了详细的介绍，旨在为企业的内部审计工作提供全面、准确的实务操作指南，提高内部审计人员的业务操作水平。

第二，实用性强。本书的第 3 篇是案例示范，各案例均根据实际发生的案例编写，且前两篇的每一章都以案例引入，坚持理论与实际相结合的原则，用实务案例对一些重点、难点问题进行深入解读，旨在帮助内部审计人员学会举一反三、融会贯通，引导读者进行实践操作，这使得本书具有非常强的实用性。

第三，与时俱进。本书严格依据新的《企业内部控制基本规范》《企业内部控制配套指引》《企业会计准则》《企业财务通则》等编写而成，具有较强的可读性与可操作性。

本书适合人群

本书体系完整，内容全面，通过阅读、查询本书，需求不同的读者将有不同的收获。

内部审计从业人员：内部审计从业人员通过阅读本书可以学习到新的审计理论和审计方法，在审计理论和实务中保持与时俱进，以适应现代审计工作对其提出的要求。

企业经营管理者、培训及咨询人员：本书结合内部审计工作的现实问题和审计流程的主要节点内容以及创新思路，全面系统地介绍了内部审计的相关知识，可作为企业培训用书和实用指南。

高校审计专业和财务管理专业学生：没有实际工作经验的在校学生可以通过本书的关键案例，从实务角度更好地理解内部审计相关知识的内在联系和审计操作，更有效地学习审计工作中的重难点。

本书主要作用

本书全面、有针对性地介绍了各项审计工作的具体操作方法，同时，给出诸多审计案例，可帮助企业内部审计人员提升审计技能，帮助企业改善审计工作。

本书在编写过程中得到了多位企业内部审计从业人员和高校专业人士的热情支持，在此一并表示感谢。由于编者水平有限，书中难免存在不足之处，恳请广大读者不吝指正。

编者

目录
CONTENTS

第8章　如切如磋，如琢如磨——审计质量控制

第9章　五彩缤纷，百花齐放——企业内部审计的基础审计实务

第3篇　案例示范

第10章　星光璀璨，日月争辉——优秀审计团队的实操案例

第1篇 理论基础

第1章
识得庐山真面目——认清企业内部审计的本质

导入案例

海尔集团公司的内部审计功能定位

海尔集团公司为提升整个集团公司内部的管理效率和质量，将内部审计部门的工作作为其管理流程的重要组成部分，独立于其他职能部门，规定内部审计部门的审计报告直接向总裁报告。内部审计部门对集团内各本部、事业部负责人的经营绩效、内部控制具有日常审查及评价权限，并负有对查出的问题推进整改到位的职责。

海尔集团公司将内部审计定位为企业进行自我评价的一种活动，通过开展内部审计活动，可以找出高风险领域并对其进行适当的控制，改善风险管理。

总体而言，海尔集团公司的内部审计职能是监督和评价（见表1-1）。通过内部审计监督企业财务收支、经营管理，控制企业风险水平。通过内部审计的评价职能完善现有运作体系，在运作体系内设立适当的控制点，以便在事前预防问题发生，降低企业风险。

表1-1 海尔集团公司的内部审计职能

内部审计职能	在企业内部管理中的主要作用
监督	通过监督企业财务收支、经营管理，控制企业风险水平
评价	通过评价职能完善现有运作体系，在运作体系内设立适当的控制点，以便在事前预防问题发生，降低企业风险

1.1　斗转星移：内部审计的变迁

内部审计历史悠久，经过了长期的发展形成了较为成熟的体系。但其发展过程缓慢而艰难，到近代才真正开始全面深入发展。如今内部审计已成为现代审计体系中的一个重要组成部分，其职能也从最初的保护组织资产、查错防弊转向经营审计和管理审计，在加强企业内部控制、提高企业经营管理水平和经济效益等方面发挥着重要作用。鉴于此，内部审计逐渐受到企业治理层和管理层的高度重视，尤其对于大型集团企业来说，内部审计更成为其进行监管控制、提高经济效益的重要手段。本节将从国际内部审计的发展及我国内部审计的发展两个方面介绍内部审计的发展历史。

1.1.1　近代国际内部审计的发展概况

随着资本主义经济的发展，企业之间的竞争日益激烈，跨国企业也迅速崛起，引起企业内部管理层次增加，从而产生对企业内部经济管理进行控制和监督的需要。20 世纪初，近代内部审计首先在美国产生，后来在英国、日本有所发展。近代内部审计的发展经历了 3 个阶段：①以保护财产、查错防弊为主要目标，以事后监督为主，这是近代内部审计发展的初级阶段；②以加强企业内部控制为主要目标，以评价活动为主要内容，这是近代内部审计的发展阶段；③以提高企业经营管理水平和经济效益为主要目标，以经营及效益评价为主要内容，这是近代内部审计发展的新阶段。在近代内部审计的发展中，内部审计从监督、控制转向评价，由事后审计发展到事前监督和评价。

1.1.1.1　初级阶段：财务导向内部审计

19 世纪末 20 世纪初，为了调整和控制企业的经济活动，许多企业纷纷设立内部审计机构，培育内部审计人员，推动了近代内部审计制度的建立与完善。1934 年，美国证券交易委员会要求上市企业必须提供经过注册会计师审查的财务报表，这促使了企业设立内部审计机构来协助外部注册会计师的工作。从此，内部审计由独立审计发展到财务报表审计的新阶段。

1941 年，时任北美公司内部审计负责人约翰·瑟斯顿等 24 位内部审计师发起的国际内部审计师协会（IIA）在纽约成立，标志着内部审计作为一种独立的职业诞生了，这极大地推进了内部审计理论和实务的发展。同时，全球第一本内部审计专著《内部审计——性质、职能和程序方法》出版，标志着内部审计作为独立的学科从会计学科中分离出来，内部审计理论体系得到了确认，此时内部审计才逐渐成为一门独立的学科并真正意义上被确立。

世界经济迅速发展，贸易和市场逐步国际化，企业规模扩大，分支机构众多，经营地点分散，控制跨度增大。在此情况下，主管人员已不可能亲自搜集经营管理所需的信息，而必须依靠中层管理人员来反映、提供有关情况和信息。为了鉴别这些情况和信息的真实性和可靠性，企业主管人员就需在企业内部设置专门的审计机构和人员来进行检查、评价和验证。当时的内部审计主要还是审查财产、资金是否安全完整，查核舞弊行为，所以审查面较窄。到 20 世纪 40 年代，资本主义经济有了进一步的发展，跨国企业不断增加，市场竞争日益激烈，企业管理业务更为繁杂，一些企业逐步扩大了内部审计的范围，除了审查财产、资金等财务方面的业务外，还扩展到经营管理等业务领域，从而使内部审计有了新发展。

1.1.1.2 发展阶段：业务导向内部审计

随着经济和科学技术的迅速发展，市场需求发生了巨大的变化，企业竞争日益加剧，为了提升企业的市场应变和竞争能力，必须强化内部经济管理和内部控制。这就迫使内部审计的内容在传统财务审计的基础上，不断地向以审查和评价企业经营管理活动为重点的经营审计拓展，其审计范围已拓展到对内部控制等各个方面的审查，并针对审计对象的经济性、效率性和效果性提出建设性的审计评价和建议。

在这一阶段，内部审计关注受托管理责任，其目标是发现企业经营管理的缺陷并提出建议，帮助经营管理人员有效确定并履行职责，提高业务活动相关控制的效率，从而促进增加组织收益。与此同时，在业务导向的内部审计中开始采用访谈的审计技术，以了解企业管理层经营管理的意识和理念。内部审计由财务导向转向业务导向，不仅拓展了内部审计的范围，而且提升了内部审计的地位，内部审计的目标由查错防弊转向为组织提高收益，其职能也由原来的防护性职能转变为建设性职能。

1.1.1.3 新阶段：管理导向内部审计

20 世纪 70 年代以后，世界性经济危机爆发等外部经济环境的急剧变化，极大地影响了企业的内部管理，促使人们开始重新思考内部管理体系：组织管理的理论和实践都要求关注外部环境和其他利益相关者的影响，需要进行动态、系统的管理。这对内部审计提出了新要求：内部审计需要充分考虑外部多方利益相关者的影响，审计的关注点也需要从低层次的经营业务和内部控制转向高层次的决策和外部受托责任。而公司治理理论及实践的逐步成熟，特别是审计委员会制度的建立赋予了内部审计更高的地位，也为内部审计对高层受托管理责任的审查提供了保证。20 世纪 70 年代，内部审计进入以管理为核心的管理导向审计阶段。

根据以上国际内部审计的产生与发展历程可以看出，为了监督各职能部门和管理层受托责任的履行情况，内部审计的职能范围不断扩大，直至发展到以风险为导向的内部审计。内部审计随着经济的发展、组织内部管理层次的增多、控制范围的扩大、管理的需要而产生并不断发展。基于组织内部经济管理与监督的职能，是组织管理机制的重要组成部分。

1.1.2　我国现代内部审计的产生与发展

我国内部审计迅速发展，逐渐向着规范化、法制化的目标前进，而加入国际内部审计师协会更是让我国内部审计与国际接轨。我国现代内部审计起步较晚，发展历程可分为 3 个阶段：起步、发展、振兴。

1.1.2.1　起步阶段

西方国家的内部审计因组织的需求和受托责任要求而产生，具有内生性。我国的现代内部审计源于国有企业，在国家审计的推动下产生并随着组织内外环境的变化而发展，体现了外生力量推动的特点。1983 年，国务院批转审计署《关于开展审计工作几个问题的请示》，对国企和行政事业单位建立内部审计提出："对下属单位实行集中统一领导或下属单位较多的主管部门，以及大中型企业事业组织，可根据工作需要，建立内部审计机构或配备审计人员，实行内部审计监督。在审计业务上，要受同级审计机关的指导。"同年 9 月，中国石化总公司率先成立审计部，开展了内部审计监督活动。此后在审计署的组织、推动和指导下，许多部门、单位根据国家的要求，相继建立了内部审计机构。

1985 年 8 月，国务院颁布《国务院关于审计工作的暂行规定》，初步确立了内部审计价值的外向定位。该规定要求大中型企业事业组织建立内部审计监督

制度，设立审计机构，在本单位主要负责人的领导下，负责本单位的财务收支及
其经济效益的审计。同年 12 月，审计署首次颁布《审计署关于内部审计工作的
若干规定》，具体规定了内部审计的机构、任务、职权以及其他有关事项。
1987 年 4 月，中国内部审计学会成立，并于同年加入国际内部审计师协会。

　　这个阶段是我国现代内部审计的起步阶段，内部审计业务主要针对财务收支
及其有关经济活动开展，主要职责是监督、控制。内部审计通过对单位的财务状
况和经营成果进行稽核审计，评价内部控制的效果，履行监督职能，维护单位的
合法经济效益的同时维护国家经济利益。这一阶段内部审计也开展了经济效益审
计，但目的是防止国有资产流失而非促进企业加强管理。

1.1.2.2 发展阶段

　　20 世纪 90 年代以后，随着我国市场经济体制改革进程的加快，内部审计
得到了较快发展。为了适应环境的变化，我国内部审计开始由传统防弊向积极兴
利发展过渡。

　　1995 年 7 月，审计署颁布《审计署关于内部审计工作的规定》，对内部审
计工作做了全面而具体的规定，涉及内部审计定义、内部审计机构设置、职业道
德及审计程序等内容。其中有一条"非国有经济组织展开内部审计工作，可参照
本规定的有关条款执行"，这一规定意义重大，说明当时非国有经济组织也开始
重视内部审计，内部审计不再仅仅作为国家审计的辅助力量，而是成为真正意义
上的内部审计，即对单位内部的活动进行监管并提出建议。1999 年 10 月，全
国人民代表大会常务委员会颁布了修订后的《中华人民共和国会计法》，规定对
会计资料定期进行内部审计的办法和程序应当明确，细化的内部审计办法和程序
让企业有章可循，增强了单位内部审计的可操作性和规范程度。这一时期，内部
审计机构除开展一般的财务收支审计外，继续深化经济效益审计、加强经济责任
审计、探索内部控制审计等内容，并将计算机辅助审计等技术方法应用到审计实
务中。

　　2002 年 5 月，中国内部审计学会正式更名为中国内部审计协会，成为对各
种组织的内部审计机构进行行业自律管理的全国性社会团体组织。中国内部审计
协会的成立标志着我国内部审计开始实行国际通行的行业自律管理，这是我国内
部审计走向职业化的开端。这一阶段的内部审计已由财务审计逐步扩展为包括财

务事项和非财务事项在内的业务审计；内部审计虽然还是国家审计的从属，但从属关系已经逐渐变淡。

1.1.2.3 振兴阶段

2003 年 3 月，审计署发布了修订后的《审计署关于内部审计工作的规定》，要求"国家机关、金融机构、企业事业组织、社会团体以及其他单位，应当按照国家规定建立健全内部审计制度。法律、行政法规规定设立内部审计机构的单位，必须设立独立的内部审计机构。法律、行政法规没有明确规定设立内部审计机构的单位，可以根据需要设立内部审计机构，配备内部审计人员"。修订后的规定与原来的规定相比，发生了本质的变化。首先，要求设置内部审计机构的范围扩展到了任何组织。其次，审计机关对内部审计的直接指导和监督转变成内部审计协会进行间接的指导、监督和管理。最后，内部审计的职责拓宽到企业经营的方方面面，包括事前、事中、事后的全过程审计，目标不再只是积极兴利，更是促进企业加强经济管理和实现经济目标，增加企业价值。

2003 年至 2005 年间，中国内部审计协会陆续颁布了中国内部审计基本准则、20 项具体准则和两个内部审计实务指南，准则的发布标志着我国内部审计准则体系基本框架的初步建立。2008 年 5 月，中华人民共和国财政部（以下简称"财政部"）等五部委共同制定了被称为中国的"萨班斯法案"的《企业内部控制基本规范》，这一规范是我国内部审计发展的另一重要里程碑，2010 年《企业内部控制配套指引》相应发布。《企业内部控制基本规范》对我国内部审计的独立性和客观性产生了积极的影响。

2013 年，新修订的《中国内部审计准则》发布，并于 2014 年 1 月 1 日正式开始施行。2014 年，审计署重新修订《审计署关于内部审计工作的规定》并面向全社会公开征求意见。《内部审计工作规定（征求意见稿）》从实际出发，考虑单位性质、实际审计需求、内部治理结构和经营规模等因素，对不同组织内部审计机构的设置做出了规定。这一阶段是我国内部审计全面振兴发展的新阶段，内部审计目标更加多元，法律法规体系也更加完善。

1.2　丰富内涵

在现代内部审计的发展过程中，国内外理论界和实务界提出了多个内部审计的定义。如"内部审计之父"索耶在《索耶内部审计》（第五版）中将内部审计定义为：内部审计是内部审计师对组织内不同的运营和控制实施系统、客观评价的活动。

国际内部审计师协会自 1941 年成立以来，先后对内部审计下过 7 次定义，分别在 1947 年（财务活动）、1971 年（业务活动）、1981 年（组织活动）、1990 年（内部控制）和 2001 年（内部控制、风险管理和治理过程）对内部审计定义进行了大调整。其中，2001 年的新定义（以下简称"IIA 定义"，沿用至今）是：内部审计是一种独立、客观的确认与咨询活动，旨在增加价值和改善组织的运营。它通过应用系统的、规范的方法，评价并改善风险管理、控制和治理过程的效果，帮助组织实现其目标。定义的持续修改与完善伴随着职能的突破与发展，反映了在不同发展阶段，从不同角度对内部审计属性和功能的认识，彰显了内部审计的不断发展进步。作为国际性的内部审计职业组织，国际内部审计师协会将定义作为强制性指南之一，要求组织必须在其内部审计章程中对定义予以确认。因此，该定义被公认是最具权威性的内部审计定义。

2003 年中国内部审计协会发布的《内部审计基本准则》将内部审计定义为：内部审计是指组织内部的一种独立客观的监督和评价活动，它通过审查和评价经营活动及内部控制的适当性、合法性和有效性来促进组织目标的实现。将这一定义与 IIA 的新定义相比，可以看出我国内部审计的职能突出强调的是监督和评价，属于监督型内部审计，忽视了其他职能，所以尚不完善。2013 年中国内部审计协会对内部审计定义进行了修订，力求反映国际、国内内部审计实务的最新变化，与 IIA 对内部审计的定义基本接轨。其发布的《第 1101 号——内部审计基本准则》中将内部审计定义为：内部审计是一种独立、客观的确认和咨询活动，它通过运用系统、规范的方法，审查和评价组织的业务活动、内部控制和风险管理的适当性和有效性，以促进组织完善治理、增加价值和实现目标。

中国内部审计协会的定义阐明了内部审计的基本宗旨，涵盖了内部审计的目标、职能、业务范围、程序，以及客观性和独立性等内部审计的基本理论和概念，反映了我国现代内部审计的新发展和新变化。

1.3 重要职能

就现代内部审计而言，目前中国内部审计协会的定义将内部审计的职能定位为确认与咨询，标志着内部审计除了传统的监督、检查和评价作用，还要在业务活动、内部控制和风险管理方面发挥建设性作用，通过履行确认和咨询职能，促进和帮助有关管理层有效履行其受托管理责任，以减少代理成本、改善管理绩效和增加组织价值。

1.3.1 确认

确认职能是内部审计较早显现出来的职能，表现为内部审计人员对管理层履行受托管理责任的过程或结果进行的监督、检查和评价。在现阶段，确认的内容包括组织的业务活动、内部控制和风险管理。为保证确认职能的有效履行，内部审计要对全部或一部分业务活动、内部控制和风险管理情况进行定期或不定期的监督检查，包括检查各种记录经济活动的凭证、文件、报表资料，询证或直接与当事人及有关人员交谈，到有关业务活动现场实地调查，甚至要了解、核实组织外部的有关信息，取得必要的审计证据，以评价业务活动、内部控制和风险管理的合规性、合法性和适当性、有效性。

另外，确认是一种为了对组织的风险的管理、控制或治理过程进行独立评价而客观地审查证据的行为，包括对财务、绩效、合规性、系统安全和应尽责任等的审查。

1.3.2 咨询

咨询职能是现代内部审计的重要职能，是传统内部审计转变为现代内部审计的重要标志，它要求内部审计在履行确认职能的基础上，针对审计中发现的问题分析原因，提出帮助组织改善管理、健全制度、提高经济效益的建议，从而协助委托人实现对管理层履行受托管理责任行为的有效约束和有效激励，促进和帮助其有效履行受托管理责任。为有效履行咨询职能，内部审计除了应促进和帮助组织管理层纠正错弊、防范风险之外，还可以通过培训、座谈交流等形式提供咨询建议，起到顾问服务的作用。

另外，咨询是提供建议以及为相关的客户提供的服务活动，这种服务的性质与范围是与客户协商确定的，目的是让内部审计师在不承担管理层职责的前提下，适当参与增加组织价值并改善组织管理、风险管理活动以及控制过程，例如顾问、建议、协调、培训等。咨询的类别包括正式的咨询、非正式的咨询、特别咨询、紧急咨询等。

1.4　核心作用

内部审计的作用是随着内部审计的内容、范围、职能的发展而逐渐扩大的。在社会主义市场经济条件下，内部审计具有双重任务：一方面要对部门、单位的经营活动进行监督，促使其合法合规；另一方面要对部门、单位的领导负责，促进经营管理状况的改善和经济效益的提高。具体地说，内部审计的作用主要包括以下几个方面：

（1）监督各项制度、计划的贯彻情况，为组织经营决策提供依据。现代内部审计已经从一般的查错防弊发展到对内部控制和经营管理情况的审计，涉及生产、经营和管理的各个环节。通过内部审计不仅可以确定本部门、本单位的活动是否符合国家的经济方针、政策和有关法令，而且可以确定部门内部的各项制度、计划是否得到落实和达到预期的目标和要求。内部审计所搜集到的信息，如生产规模、产品品种、产品质量、销售市场等，以及发现的某些具有倾向性、苗头性、普遍性的问题，都是领导做出经营决策的重要依据。

（2）揭示经营管理的薄弱环节，促进组织健全自我约束机制。在社会主义市场经济条件下，各部门、单位的活动不仅受到国家财经政策、财政制度和法令的制约，而且要遵守本部门、本单位内部控制制度的规定。内部审计机构可以相对独立地对本部门、单位的内部控制情况进行监督、检查，客观地反映实际情况，并通过这种自我约束性的检查，促进本部门、单位建立和健全内部控制制度。

（3）促进组织改进工作或生产，提高经济效益。内部审计通过对经济活动进行全过程的审查，对有关经济指标的对比分析，揭示差异，分析差异形成的原因，评价经营业绩，总结经济活动的规律，从中揭示未被充分利用的人、财、物的潜力，并提出改进措施，可以极大地促进经济效益的提高。

（4）监督受托经济责任的履行情况，以维护组织的合法经济权益。同外部审计一样，所有权与经营权的分离是实施内部审计的前提，确定各个受托责任人经济责任的履行情况是内部审计的主要任务。内部审计通过查明各责任人是否完成了应负经济责任的各项指标（诸如利润、产值、品种、质量等），这些指标是否真实可靠，有无不利于国家经济建设和企业长期发展的短期行为等，既可以对责任人的工作进行正确评价，也能够揭示责任人与整个部门、单位的正当权益，有利于维护有关各方的合法经济权益。

（5）监控财产的安全，促进组织财产物资的保值增值。财产物资是部门、单位进行各种活动的基础。内部审计通过对财产物资的经常性监督、检查，可以及时有效地发现问题，指出财产物资管理中的漏洞，并提出意见和建议，以提醒甚至促进有关部门加强财产物资管理，保证财产物资的安全完整并实现保值、增值。

第 2 章

木直中绳，輮以为轮——准则体系与职业道德规范

导入案例

美国世通公司：由内部审计牵出假账大案

国际内部审计师协会执行主席威廉·毕绍普主席讲过一个故事，世通公司的一个名叫辛西亚·库伯的内部审计员，在一次例行审计中发现公司财务数据故意造假的证据，她向当时的首席财务官报告，而首席财务官其实就是参与造假的人之一，他让库伯停止审计，但库伯又向审计委员会的主席报告。在美国，公司审计委员会有独立董事，他们不受雇于公司，所以库伯女士越过高管将内幕报告给审计委员会，审计委员会通过调查发现该公司存在金额超过 30 亿美元的假账。

丑闻曝光以后，该公司不得不裁员 17,000 人，2001 年 7 月 21 日，公司被迫申请破产保护，美国历史上迄今为止最大的破产案由此产生。7 月 30 日，该公司被纳斯达克摘牌。随后，美国司法当局以欺诈罪逮捕了首席财务官沙利文和总审计师迈尔斯。8 月 8 日，公司在内部审计中再次发现，追溯到 1999 年，公司还有一笔 33 亿美元的错账，这样，世通公司的财务丑闻涉及金额增加到 70 多亿美元。公司的股票价格也由 1999 年的 64 美元跌至 9 美分，跌幅达 99.86%，资产总额也由 1153 亿美元跌至 10 亿美元左右，跌幅达 99.13%。

在世通事件中，正是内部审计师首先发现了问题。内部审计制度在美国大中型企业中，已经出现了半个多世纪，一开始是一项检查错误、纠正财务弊端的传统财务审计，之后，又发展为管理审计，近几年又发展为以风险管理为核心的风险导向审计。美国纽约证券交易所制定的所有上市公司必须建立公司内部审计制度这一措施，目的就在于杜绝假账。但人们也在怀疑，内部审计人员毕竟是公司的职员，其与公司的关系是雇佣关系，其利益与公司的利益是一体的，账目的真实性是否真能得到保证？对于这一点，毕绍普主席也发表了他的看法。

毕绍普主席说，内部审计主要与公司运营有关，即公司资产是否得到足够的保护、信息是否得到准确及时的处理。在一个单位中，内部审计人员与董事会和审计委员会一起确认经营风险，评估内部控制的程度。内部审计人员应该直接向董事会、审计委员会以及非财务部门的主管部门报告。这种汇报方式有助于保证内部审计的独立性和公正性。

【案例评述】

世通公司的内部审计案例有如下启示。

第一，无论是什么样的企业（包括著名的跨国公司），其内部管理都不能缺少管理和控制，不能缺少内部审计的监督。管理层对内部缺陷与漏洞的关注是加强内部控制与提升管理效率的基本前提。

第二，该公司的内部审计部门和人员未能尽到应有的监督职责，未能保持充分的独立性，未能遵守国际内部审计实务标准规定的内容及其基本要求，这是其走向破产的主要原因。

第三，公司的内部管理必须强化公司治理的职能，扩大内部审计的全方位监控范围，提高内部审计组织的独立性与权威性，加强对内部审计的监管，督促内部审计人员及时与管理层、治理层进行全面的沟通与交流，以便及时发现风险、纠正问题。

2.1 内部审计准则概述

2.1.1 内部审计准则的含义

内部审计准则是指各类企业、各级政府机关以及其他单位的内部审计人员在实施内部审计时应遵循的行为规范，也是评价内部审计工作质量的权威性规则。内部审计准则的来源主要有审计实践活动、审计理论研究、国外成果等，对于提高内部审计工作质量和工作效率、促进内部审计理论与实务的发展具有重要的意义。

2.1.2　内部审计准则的作用

作为内部审计的行为规范，内部审计准则是内部审计职业对内部审计行为提出的技术性要求，是内部审计人员在审计工作过程中必须遵守的操作标准，也是各利益相关方评价内部审计人员工作质量的重要依据。内部审计准则的作用表现在以下四个方面：

（1）为规范和指导内部审计工作提供依据。内部审计准则体现了内部审计理论的最新发展，是内部审计理论在实践上的具体化。内部审计准则为内部审计实务操作提供了具体的技术规范，是内部审计人员在内部审计活动中必须遵循的执业标准。

（2）衡量内部审计工作质量的标准。内部审计是一项特殊的专业服务，具有无形、同步、易逝等特点，服务质量的高低取决于每一个被审计单位的感受。因而，很难对具体审计结果进行直接的质量测定。对内部审计质量的统一社会评价主要依据对内部审计人员和内部审计过程中的专业行为进行的评价，内部审计准则提供了这种评价的尺度和标准。

（3）明确内部审计责任，降低内部审计风险。内部审计准则规定了内部审计职业责任的最低要求。内部审计人员若违背了内部审计准则，不仅说明未能切实履行应尽的职责，还应对其所造成的后果承担必要的责任。另外，内部审计的职业责任体现在对审计结果所提供的合理保证上，内部审计准则明确界定了内部审计人员的责任，成为保护内部审计人员免受不公正指责的重要保证，因此这也降低了内部审计人员工作不到位的风险。另外，内部审计准则的颁布也为解决有关内部审计的争议提供了仲裁标准。

（4）有利于内部审计机构与利益相关方的沟通，增强审计结果的可理解性。很多内部审计活动涉及复杂的专业行为。借助于内部审计准则，各利益相关方可以了解内部审计工作的基本内容和工作质量的基本标准，深入理解审计结果。同时，通过让各利益相关方参与内部审计的准则的制定，相关机构也可以了解其对内部审计的需求。这种沟通还可以促进内部审计更好地满足各利益相关方的需要。

通过观察世界范围内部审计准则发展的历史和现状，可以发现各国的内部审计准则正在不断趋向统一，国际化已经成为内部审计准则发展的必然趋势。内部审计准则国际化的发展趋势源于社会需求的国际化、内部审计准则的技术特性以及国际内部审计组织的积极贡献。

2.2 国际内部审计准则

2.2.1 国际内部审计准则体系及演变过程

迄今为止，国际内部审计师协会先后颁布了 6 份内部审计职责说明书（SRIA），先后于 1993 年、2001 年、2009 年、2013 年、2017 年对内部审计实务标准（现称专业实务框架）进行了 5 次修订范围较大的更新与修订，对《国际内部审计专业实务框架》（以下简称框架，IPPF）的最近一次修订是在 2017 年，修订后的准则自 2017 年 1 月 1 日开始实施。国际内部审计准则体系及演变过程如表 2-1 所示。

表 2-1　国际内部审计准则体系及演变过程

内部审计职责说明书 及实务标准、框架文件	内部审计的主要范围	内部审计的目的
1947 年 SRIA No.1	主要涉及会计和财务事项，部分涉及业务事项	帮助管理者有效管理
1957 年 SRIA No.2	会计、财务及其他业务事项	帮助所有管理者履行职责
1971 年 SRIA No.3	各种业务活动	帮助所有管理者履行职责
1976 年 SRIA No.4	各种业务活动	帮助所有管理者履行职责
1978 年内审计实务标准	各种业务活动	帮助所有管理者履行职责
1981 年 SRIA No.5	本组织的活动，包括活动的经济性、效率性和结果	为本组织提供服务
1990 年 SRIA No.6	本组织内部控制系统的适当性和有效性，以及在完成指定的责任过程中的工作效果	帮助本组织成员有效履行职责

续表

内部审计职责说明书及实务标准、框架文件	内部审计的主要范围	内部审计的目的
1993 年内部审计实务标准	本组织内部控制系统的适当性和有效性，以及在完成指定的责任过程中的工作效果	帮助本组织成员有效履行职责
2001 年内部审计实务标准 – 专业实务框架	内部控制、风险评估和治理程序	帮助组织增加价值，改善组织营运效果
2009 年国际内部审计专业实务框架	内部控制、风险评估和治理程序	帮助组织增加价值，改善组织营运效果
2013 年国际内部审计专业实务框架	风险管理、控制和治理过程	帮助组织增加价值，改善组织营运效果
2017 年国际内部审计专业实务框架	风险管理、控制和治理过程	帮助组织增加价值，改善组织营运效果

　　2013 年修订的内容主要体现在进一步明确了各组织遵循准则的义务、提高了对质量保证和改进的重视程度、澄清了首席审计官就不能承受的风险进行沟通的职责、明确了对审计计划进行及时调整的要求、强调对战略目标的风险覆盖并对部分专业术语进行了全新的界定。该次修订是基于利益相关者的反馈意见以及全球调查的结果，国际内部审计准则委员会自 2012 年 2 月 20 日至 5 月 20 日对修订稿进行了为期 90 天的意见征询。在审阅了来自世界各地的个人与组织对征求意见稿提出的 1,685 条反馈意见，并进行了适当的完善和调整后，国际内部审计准则委员会批准了此次修订。

　　2017 年修订后的《框架》由三个部分构成：《内部审计的使命》、强制性指南和推荐性指南。《内部审计的使命》是新增部分，描述了内部审计希望在组织内部达成的目标；强制性指南部分新增了《内部审计实务的核心原则》，阐释了内部审计如何实现有效性，同时对《国际内部审计专业实务标准》（以下简称《标准》）和词汇表进行了一系列修改；推荐性指南部分取消了原来的实务公告，将其内容整合为新的执行指南。原来的实务指南、全球技术审计指南（GTAG）和 IT 风险评估指南（GAIT）等内容则统称为补充指南，立场公告不再被作为《框架》的正式组成部分。修订后的《框架》结构和内容表述更加清晰准确，及时反映了内部审计环境和有关监管要求的变化。

2.2.2 国际内部审计专业实务框架内容

《国际内部审计专业实务框架》是国际内部审计师协会发布的权威性指南的概念框架，由强制性指南和强力推荐的指南两部分构成。

强制性指南包括 3 个组成部分：内部审计定义、职业道德规范和国际内部审计专业实务标准。遵循强制性指南的要求对于内部审计师和内部审计部门有效履行职责是必须且重要的。IPPF 的强制性质通过使用"必须"一词加以强调。IPPF 中"必须"特指无条件的强制性要求。在某些例外情况下使用"应当"一词来表示期待相关要求得到遵守，除非根据专业判断所涉情形允许偏离 IPPF 的要求。强制性指南适用于提供内部审计服务的个人或机构。

强力推荐的指南包括立场公告、实务公告和实务指南 3 个部分。强力推荐的指南是通过正式的批准程序取得国际内部审计师协会认可的，由国际内部审计师协会国际技术委员会按照规定的流程制定。这类指南不具有强制性，但它有助于对 IPPF 进行解释，或将 IPPF 应用于特定内部审计环境中。它具体说明了在实务中对内部审计的概念界定、职业道德规范和国际内部审计专业实务标准的执行。强力推荐的指南可以由胜任的内部审计师凭借其专业判断加以运用。

2.3 中国内部审计准则

2.3.1 中国内部审计准则框架

2.3.1.1 我国内部审计准则体系的层次设计

中国内部审计准则是中国内部审计规范体系的重要组成部分，由内部审计基本准则、内部审计具体准则和内部审计实务指南三个层次组成（见图 2-1）。内部审计准则体系中的三个不同层次，具有不同的约束力和权威性。

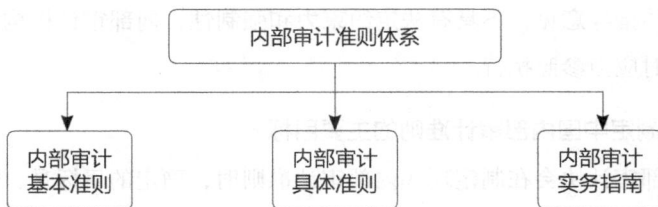

图 2-1　内部审计准则体系

　　在分类的基础上，中国内部审计协会对内部审计准则体系采取四位数编码进行编号。在四位数编码中，千位数代表准则的层次，百位数代表准则在某一层次中的类别，十位数和个位数代表某具体准则在该类中的排序。新的编号方式借鉴了国际内部审计准则的经验，体现了准则体系的系统性和准则之间的逻辑关系，为准则未来发展预留了空间。

　　中国内部审计准则体系的第一层次是内部审计基本准则和内部审计人员职业道德规范，第一准则是内部审计准则的总纲，具有最高的权威性和法定约束力。作为准则体系的第一层次，其编码为 1000。其中内部审计基本准则为第 1101 号，内部审计人员职业道德规范为第 1201 号。

　　内部审计具体准则是我国内部审计准则体系的第二层次，其编码为 2000。内部审计具体准则分为作业类、业务类和管理类三大类。其中，内部审计作业类具体准则的编号为 2100，属于这一类别的九个具体准则编码分别为第 2101 号至第 2109 号；内部审计业务类具体准则的编号为 2200，属于这一类别的五个具体准则编码分别为第 2201 号至第 2205 号；内部审计管理类具体准则的编号为 2300，属于这一类别的九个具体准则编码分别为第 2301 号至 2309 号。以《第 2106 号内部审计具体准则——审计报告》为例，千位数 2 代表该准则为准则体系中的具体准则，百位数 1 代表该准则为具体准则中的作业类准则，个位数 6 代表该准则在作业类准则中的排序。内部审计具体准则的权威性虽低于内部审计基本准则，但要高于内部审计实务指南，并有法定约束力。

　　内部审计实务指南是我国内部审计准则体系的第三层次，其编码为 3000。第 3101 号为审计报告指南，第 3205 号为信息系统审计指南。在四位数编码之前发布的实务指南主要有建设项目审计指南、物资采购审计指南、高校内部审计指南和企业内部经济责任审计指南。内部审计实务指南是给内部审计机构和人员提供操作性的指导意见，不具有法定约束力和强制性，内部审计机构和人员在进行内部审计时应当参照执行。

2.3.1.2 制定中国内部审计准则的主要目标

中国内部审计协会在制定现代内部审计准则时，确定的目标是：①贯彻落实《中华人民共和国审计法》（以下简称《审计法》）及相关法律法规，使内部审计工作得到依法审计、适法而为；②规范内部审计机构和人员的执业行为和执业过程，保证内部审计质量，提高内部审计效率；③明确内部审计机构和人员的责任，发挥内部审计在加强内部控制、改善风险管理和完善公司治理方面的功能；④建立与国际内部审计惯例相衔接、与民间审计和政府审计准则相协调的中国内部审计准则，实现内部审计的制度化、规范化和执业化。

2.3.2 中国内部审计准则的具体内容

2.3.2.1 内部审计基本准则

内部审计基本准则是内部审计准则的总纲，是内部审计机构和人员开展内部审计活动时必须遵循的基本规范，是制定内部审计具体准则、内部审计实务指南的基本依据。2013 年修订的内部审计基本准则由原来的 27 条调整为 33 条，内容包括一般准则、作业准则、报告准则和内部管理准则。考虑到基本准则的简练性和重要性，将其具体条款介绍如下。

1. 一般准则

基本准则中的一般准则对内部审计机构和内部审计人员的基本资格条件和工作方式进行了规范，是内部审计人员合理确定审计目标、设计审计程序、形成审计结论的前提保证。目前基本准则中一般准则包括以下六条。

（1）组织应当设置与其目标、性质、规模、治理结构等相适应的内部审计机构，并配备具有相应资格的内部审计人员。

（2）内部审计的目标、职责和权限等内容应当在组织的内部审计章程中明确规定。

（3）内部审计机构和内部审计人员应当保持独立性和客观性，不得负责被审计单位的业务活动、内部控制和风险管理的决策与执行。

（4）内部审计人员应当遵守职业道德，在实施内部审计业务时保持应有的职业谨慎。

（5）内部审计人员应当具备相应的专业胜任能力，并通过后续教育加以保持和提高。

（6）内部审计人员应当履行保密义务，对于实施内部审计业务中所获取的信息保密。

2. 作业准则

基本准则中的作业准则是内部审计准则的核心，从如何根据审计目标了解被审计单位以充分识别和评估审计风险开始，到对评估的审计风险实施应对措施，即为既定的审计目标选择适当的审计证据，设计适当的审计程序，配置适当的审计测试，再到内部审计技术方法的具体运用和审计计划方案的具体实施，实现了对整个审计证据收集过程的技术性规范。目前基本准则中作业准则包括以下十条。

（1）内部审计机构和内部审计人员应当全面关注组织风险，以风险为基础组织实施内部审计业务。

（2）内部审计人员应当充分运用重要性原则，考虑差异或者缺陷的性质、数量等因素，合理确定重要性水平。

（3）内部审计机构应当根据组织的风险状况、管理需要及审计资源的配置情况，编制年度审计计划。

（4）内部审计人员根据年度审计计划确定的审计项目，编制项目审计方案。

（5）内部审计机构应当在实施审计三日前，向被审计单位或者被审计人员送达审计通知书，做好审计准备工作。

（6）内部审计人员应当深入了解被审计单位的情况，审查和评价业务活动、内部控制和风险管理的适当性和有效性，关注信息系统对业务活动、内部控制和风险管理的影响。

（7）内部审计人员应当关注被审计单位业务活动、内部控制和风险管理中的舞弊风险，对舞弊行为进行检查和报告。

（8）内部审计人员可以运用审核、观察、监盘、访谈、调查、函证、计算和分析程序等方法，获取相关、可靠和充分的审计证据，以支持审计结论、意见和建议。

（9）内部审计人员应当在审计工作底稿中记录审计程序的执行过程，获取的审计证据，以及作出的审计结论。

（10）内部审计人员应以适当方式提供咨询服务，改善组织的业务活动、内部控制和风险管理。

3. 报告准则

基本准则中的报告准则的规范重点在内部审计的结论上，规范了内部审计结论的表现形式，包括内部审计报告的编写要求和内容，也规范了内部审计人员在形成审计结论过程中的具体要求。目前基本准则中的报告准则包括以下四条。

（1）内部审计机构应当在实施必要的审计程序后，及时出具审计报告。

（2）审计报告应当客观、完整、清晰，具有建设性并体现重要性原则。

（3）审计报告应当包括审计概况、审计依据、审计发现、审计结论、审计意见和审计建议。

（4）审计报告应当包含是否遵循内部审计准则的声明。如存在未遵循内部审计准则的情形，应当在审计报告中作出解释和说明。

4. 内部管理准则

基本准则中的内部管理准则是对内部审计机构构建内部管理制度和质量控制体系的具体规范，其目的也在于确保内部审计目标的实现。目前基本准则中的内部管理准则包括以下八条。

（1）内部审计机构应当接受组织董事会或者最高管理层的领导和监督，并保持与董事会或者最高管理层及时、高效的沟通。

（2）内部审计机构应当建立合理、有效的组织结构，多层级组织的内部审计机构可以实行集中管理或者分级管理。

（3）内部审计机构应当根据内部审计准则及相关规定，结合本组织的实际情况制定内部审计工作手册，指导内部审计人员的工作。

（4）内部审计机构应当对内部审计质量实施有效控制，建立指导、监督、分级复核和内部审计质量评估制度，并接受内部审计质量外部评估。

（5）内部审计机构应当编制中长期审计规划、年度审计计划、本机构人力资源计划和财务预算。

（6）内部审计机构应当建立激励约束机制，对内部审计人员的工作进行考核、评价和奖惩。

（7）内部审计机构应当在董事会或者最高管理层的支持和监督下，做好与外部审计的协调工作。

（8）内部审计机构负责人应当对内部审计机构管理的适当性和有效性负主要责任。

2.3.2.2 内部审计具体准则

内部审计具体准则是依据内部审计基本准则制定的，是内部审计机构和人员在进行内部审计时应当遵循的具体规范。新修订的内部审计具体准则分为作业类、业务类和管理类三大类。

作业类准则涵盖了内部审计程序和技术方法方面的准则，具体包括审计计划、审计通知书、审计证据、审计工作底稿、结果沟通、审计报告、后续审计、审计抽样、分析程序等九个具体准则。

业务类准则包括内部控制审计、绩效审计、信息系统审计、对舞弊行为进行检查和报告、经济责任审计等五个具体准则。

管理类准则包括内部审计机构的管理、与董事会或者最高管理层的关系、内部审计与外部审计的协调、利用外部专家服务、人际关系、内部审计质量控制、评价外部审计工作质量、审计档案工作、内部审计业务外包管理等九个具体准则。

2.3.2.3 内部审计实务指南

内部审计实务指南是依据内部审计基本准则、内部审计具体准则制定的，为内部审计机构和人员进行内部审计提供了可操作性的指导意见。

目前形成的实务指南既包括重要但在基本准则和具体准则中未能凸显其特点的行业审计指南（高校内部审计），也包括具有重要性、专业特殊性的重要业务审计指南（信息系统审计、建设项目审计、物资采购审计、企业内部经济责任审计），同时还对审计过程中重要的作业环节进行了拓展性的阐述（审计报告），使其能更好地发挥指导内部审计实践的功能。

2.4 内部审计职业道德规范概述

2.4.1 内部审计职业道德规范的含义

内部审计职业道德是具有内部审计职业特征的道德准则和行为规范，其在本质上体现着内部审计各机构之间以及内部审计人员与其他利益相关者之间的社会关系，是内部审计人员职业品德、职业纪律、专业胜任能力及职业责任的总称。内部审计职业道德规范是在内部审计发展过程中形成的，包括具有内部审计职业特征的道德准则和行为规范。其核心是实事求是、客观公正。"诚信、客观、保密、胜任"这一内部审计职业的座右铭也逐渐深入人心。

2.4.2 内部审计职业道德规范的约束机制

考虑到道德规范的自身性质，内部审计职业道德规范是通过自律和他律共同作用，对内部审计行为进行约束的。

一方面，道德规范是一种社会意识，道德原则并不是由国家、政府或任何组织强制建立并要求个体遵守的，内部审计职业道德规范也是如此，其是自律的约束机制。随着人类社会的发展和进步，道德规范在人们的思想意识中潜移默化地形成，在整个社会体系中发挥作用。当人们接受了道德教育，并自觉将社会普遍认可的基本道德原则作为自己信奉的行为标准之后，就会在内心形成一种内在的推动力，进而转化为一种职业操守，约束、引导和评价自身的职业行为，从而实现道德规范的自律。内部审计职业道德规范作为道德规范的一种，其形成与遵守存在着相应的自律作用机制。

另一方面，道德规范还具有明显的他律性约束机制，虽然对道德规范的遵循在自身内在动力的推动下实现，但是道德规范并非每一个个体自身总结出的规范，而是在社会发展过程中被大多数人普遍认可的标准。通常情况下，每一个个体都是通过各种形式的道德教育了解和明确这些基本道德标准，并在无形而强大的社会舆论监督下按照这些社会普遍认可的道德标准规范自身的职业行为。因此，社会所倡导的道德教育和舆论监督就成为道德规范他律性约束机制的主要方式。道德教育是人们获取和理解道德规范的基本途径，也促使其成为人们信赖和自觉遵守的行为标准，社会舆论则通过对道德行为的评价机制倡导良好的道德行为，批评和摒弃不良的道德行为。

内部审计人员通过职业教育和扮演的社会角色自觉遵守内部审计职业道德规范，而内部审计相关机构也会通过专门的职业道德监控机构对从业人员遵循职业道德规范的情况进行检查，对违反职业道德规范的机构和内部审计人员进行惩戒，从而强化内部审计道德规范的约束力。这种监督检查和惩戒机制不仅体现了事先的警示作用，内部审计机构和内部审计人员知晓存在这样的检查和惩戒机制会促使其自觉地遵守这些规范，这就形成了内部审计职业道德规范的自律性；另外这一机制也体现了事后的惩戒作用，违反职业道德规范的内部审计机构和内部审计人员必然要因此而承担特定的责任，受到相应的处罚，这就形成了内部审计职业道德规范的他律性。

2.4.3 内部审计职业道德规范的作用

内部审计职业道德规范是内部审计职业规范体系的重要组成内容，对于内部审计人员来说重要且必要，是内部审计人员对治理、风险管理和控制做出的客观评价被信任的基础。它从职业道德行为的角度对内部审计人员的职业素质、品质、专业胜任能力等各方面提出了严格的要求，保证内部审计人员能够独立、客观地进行内部审计活动，确保内部审计作用的发挥，促进组织目标的实现。其作用可总结为以下两个方面。

2.4.3.1 对内部审计职业进行严格的道德约束，保证内部审计工作的质量

内部审计是一项专业性较强的职业活动。其实施过程中充满风险，也需要相关人员运用各种各样的复杂技术和手段。只有确立严格的职业道德规范并保证其有效实施，才能对内部审计人员在工作中的操守和品质进行规范，促使从业人员认真勤勉地完成工作，履行所承担的责任。

企业内部审计主要就是通过对企业经济活动的监督，来制约被审计单位的各种不正确、不真实、不合规和不合法的行为，促进企业改进管理、提高效益，并将真实的审计信息提供给企业管理当局，以便其做出正确、合理、有效的经济决策。要达到审计监督的上述目的，内部审计人员应具有高度的社会责任感和使命感，坚持原则，敢于揭露一切违法乱纪的行为，实事求是，客观公正地进行审计

监督，将审计的最终目的定位于服务企业，促进企业规范经营及提高效益。如果内部审计人员在审计过程中没有较强的对社会、对企业、对员工高度负责的态度，不认真、不细致、走过场，甚至徇私情，人为地大事化小、小事化了，瞒报重要违纪事实，谎报成绩，便难以保证内部审计工作的质量，从而不能发挥内部审计应有的作用。因此需要职业道德规范对内部审计职业本身进行严格的道德约束，保证内部审计工作的质量。

2.4.3.2 增强利益相关者对内部审计职业的信赖程度和内部审计工作的权威性

职业道德规范是内部审计人员获取利益相关者，包括其所在组织治理层、高级管理层、被审计单位，甚至社会公众信赖的重要保证。对于被审计单位而言，内部审计扮演着客观公正的检查者和建言献策的建议者的双重身份，获取被审计单位的理解和支持是其履行职责、提升其在组织内部的地位、获取更多组织资源和组织各方配合的重要保证。能否获取社会公众的认可和信任更是关系到内部审计职业的生存和未来发展。没有人会轻易相信一个没有任何道德规范约束、无序运作，甚至存在败德行为的职业，良好的职业道德规范能够向各利益相关方昭示内部审计值得信赖的职业形象，不仅维护了内部审计的权威性，更增强了各利益相关方对内部审计职业的信赖程度。

2.4.4 内部审计职业道德规范的框架原则

2.4.4.1 内部审计职业道德规范的框架要求

内部审计职业道德规范既要体现对内部审计人员道德观念和行为的基本指导思想，又要明确道德规范的具体操作指南。这就要求内部审计职业道德规范框架必须结构分明、层次清晰，内容则应当详略得当，不宜过于抽象简单，也不能过于详细具体，更不应形成机械性的操作规程，使得内部审计人员的职业判断受到限制和变得僵化。为了对现代企业内部审计实际工作起到切实的督促作用，内部审计职业道德规范需要包括内部审计职业道德基本指导原则、具体的行为规则及其详细解释以及对实际问题的裁决等内容。

（1）内部审计职业道德基本指导原则。

内部审计道德规范比技术规范和法律规范更加广泛和全面，涉及的内容非常丰富和复杂。因此道德规范不仅应该包括所有的具体道德行为规则，更要从更高的层面上提出与职业理想、职业责任等相关的高标准道德原则，职业道德的理想标准是内部审计职业希望从业人员能够达到的最高标准，它们往往是一些原则性的、非强制性的规定，其在职业道德规范中以基本道德原则的形式进行界定。原则和规则综合作用，全方位地指导内部审计人员的职业道德行为。

内部审计职业道德基本指导原则明确了内部审计职业的责任，在内部审计职业道德规范中处于基础地位，起着核心的作用。它倡导内部审计职业的所有从业人员树立高度负责的态度，热爱内部审计事业，尊重内部审计职业，以自己的职业为荣，并努力向职业道德的理想标准不断迈进。坚定的职业信念加上高标准的道德准则才能确保内部审计从业人员拥有较高的整体道德水平。

（2）具体的行为规则及其详细解释。

内部审计职业道德规范的行为规则在基本指导原则的基础上，具体规定了内部审计人员可以做的行为和不可以做的行为，是从事内部审计职业的所有人员都必须严格遵守的基本标准。具体的行为规则是对基本指导原则的细化，让内部审计人员有章可循，更易把握要求从而有效履行自己的职责、规范行为。只有将这些具体规定落实到内部审计工作的全过程中，才能确保内部审计人员工作的高质量。

（3）对实际问题的裁决。

由于内部审计工作具有很强的实务操作性，同时也面对着千差万别的实际状况，因此内部审计人员在实际工作中往往会遇到一些十分具体的问题，这些问题可能在职业道德规范中并没有明确的规定，或者按照规范执行之后可能造成不良的后果，即出现所谓的道德两难。在这种情况下，内部审计人员迫切需要得到权威人士就这些问题给予的帮助，以指导他们做出正确的职业判断。

鉴于职业道德规范这一特征，内部审计职业道德规范的制定机构应当充分考虑内部审计人员的实际需求，设置适当的咨询渠道，方便他们提出问题，并给予适当的解释。同时，为便于其他内部审计人员在遇到类似问题时也能够得到及时的指导，内部审计职业道德规范的制定机构可以将这些问题和解释定期汇编成册，这既可以提供参考，又可以供相关人士开展进一步的讨论。这些问题和解释的汇编是对内部审计职业道德规范中行为准则的必要补充，也应视为职业道德规范体系的重要组成部分，虽然通常情况下是非强制性的，但是如果内部审计人员违背其中的规定，也需要充分说明理由。

2.4.4.2 国际内部审计师协会职业道德规范

国际内部审计师协会所制定的职业道德规范的目的是促进内部审计职业道德文化的发展，在全球内部审计职业中提倡一种职业道德文化。该规范对内部审计职业界而言是非常必要和适当的，其基于对风险、控制与治理的客观性保证的信任。国际内部审计师协会制定的职业道德规范拓展了内部审计的定义，经过不断更新，其 2013 年颁布的职业道德规范包括两个主要部分：①与内部审计职业和内部审计实务相关的原则；②描述内部审计师行为规范的行为规则，这些规则有助于相关人员将上述原则运用于实践中，目的在于指导内部审计师的行为。

职业道德规范与协会的实务框架和其他相关的协会公告一起，为向行业组织提供服务的内部审计师提供指导。"内部审计师"是指协会会员、国际内部审计师协会职业资格的获得者或申请者以及在内部审计定义范围内提供内部审计服务的人。

内部审计师应运用并坚守诚信、客观、保密、胜任四项原则，其具体内容如下。

（1）诚信。

诚信，是指诚实、守信。也就是说，一个人的言行与内心思想一致，不虚假；能够通过履行与别人的约定而取得对方的信任。诚信原则要求内部审计师应当在所有的职业关系和商业关系中保持正直和诚实，秉公处事、实事求是。内部审计师的诚信将确立其本人的信用，从而为其做出可靠的判断提供基础。

（2）客观。

客观，是指按照事物的本来面目去考察，不添加个人的偏见。客观原则要求内部审计师公正处事、实事求是，不得由于偏见、利益冲突或他人的不当影响而改变自己的职业判断。如果存在导致职业判断出现偏差或对职业判断产生不当影响的情形，内部审计师不得提供相关专业服务。内部审计师在收集、评价和沟通有关被检查活动或过程的信息时，要显示出最高程度的职业客观性。在做出评价时，内部审计师不应当受到其个人喜好或他人的不适当影响。

（3）保密。

保密原则要求内部审计师尊重所获信息的价值和所有权，没有适当授权不得披露信息，除非是在有法律或职业义务的情况下。涉密信息被泄露或被利用，往往会给企业造成损失。内部审计师在社会交往中应当履行保密义务，警惕无意泄密的可能性，特别是警惕无意中向近亲属或其他关系密切的人员泄密的可能性。近亲属是指配偶、父母、子女、兄弟姐妹、祖父母、外祖父母、孙子女、外孙子女。

（4）胜任。

胜任是指内部审计师应当具备应有的专业知识、技能和经验，并在执行内部审计业务时使用所需要的知识、技能和经验，经济有效地履行其职业责任。

2.4.4.3 中国内部审计人员职业道德规范

2013 年，中国内部审计协会发布了新修订的《内部审计人员职业道德规范》（第 1201 号），此次修订以原《内部审计人员职业道德规范》为基础，吸收了内部审计的独立性和客观性准则和内部审计人员后续教育准则的部分内容，充分借鉴国际内部审计师协会制定的职业道德规范，并参考其他行业的职业道德要求，对内部审计人员的职业道德进行了充实和完善。该规范在体例结构上也与其他准则保持一致，采用分章表述，分为总则、一般原则、诚信正直、客观性、专业胜任能力、保密和附则七个部分，对内部审计人员的职业道德要求进行了较为详细的规定，主要内容如下。

1. 职业道德规范总则

内部审计人员职业道德是内部审计人员在开展内部审计工作中应当具有的职业品德、应当遵守的职业纪律和应当承担的职业责任的总称。

《内部审计人员职业道德规范》的制定是为了规范内部审计人员的职业行为，维护内部审计职业声誉，其制定基础为《审计法》及其实施条例，以及其他有关法律、法规和规章。内部审计人员从事内部审计活动时，应当遵守这一规范，认真履行职责，不得损害国家利益、组织利益和内部审计职业声誉。

2. 职业道德规范一般原则

（1）内部审计人员在从事内部审计活动时，应当保持诚信正直。

（2）内部审计人员应当遵循客观性原则，公正、不偏不倚地作出审计职业判断。

（3）内部审计人员应当保持并提高专业胜任能力，按照规定参加后续教育。

（4）内部审计人员应当遵循保密原则，按照规定使用其在履行职责时所获取的信息。

（5）内部审计人员违反本规范要求的，组织应当批评教育，也可以视情节给予一定的处分。

3. 诚信正直

（1）内部审计人员在实施内部审计业务时，应当诚实、守信，不应有歪曲事实、隐瞒审计发现的问题、进行缺少证据支持的判断、做误导性的或者含糊的陈述的行为。

（2）内部审计人员在实施内部审计业务时，应当廉洁、正直，不应利用职权谋取私利，也不能屈从于外部压力，违反原则。

4. 客观性

（1）内部审计人员实施内部审计业务时，应当实事求是，不得由于偏见、利益冲突而影响职业判断。

（2）内部审计人员实施内部审计业务前，应当采取一定步骤对客观性进行评估；内部审计人员在实施内部审计业务过程中，应当识别可能影响客观性的因素并采取一定措施保障内部审计的客观性。

5. 专业胜任能力

（1）内部审计人员应当具备履行职责所需的专业知识、职业技能和实践经验。

（2）内部审计人员应当通过后续教育和职业实践等途径，了解、学习和掌握相关法律法规、专业知识、技术方法和审计实务的发展变化，保持和提升专业胜任能力。

（3）内部审计人员实施内部审计业务时，应当保持职业谨慎，合理运月职业判断。

6. 保密

（1）内部审计人员应当对实施内部审计业务所获取的信息保密，非因有效授权、法律规定或其他合法事由不得披露。

（2）内部审计人员在社会交往中，应当履行保密义务，警惕非故意泄密的可能性。内部审计人员不得利用其在实施内部审计业务时获取的信息牟取不正当利益，或者以有悖于法律法规、组织规定及职业道德的方式使用信息。

第 3 章

麻雀虽小，五脏俱全——内部审计的机构与人员设置

导入案例

达尔曼上市公司内部审计机构工作的失败之谜

达尔曼股份有限公司（以下简称"达尔曼"）是我国第一个因无法披露定期报告而遭退市的上市公司。位于上海的达尔曼成立于 1993 年。2005 年 3 月 25 日，ST 达尔曼成为我国第一支因无法披露定期报告而遭退市的上市股票。从上市到退市，在长达 8 年的时间里，达尔曼极尽造假之能事，通过一系列精心策划的系统性舞弊手段，制造出具有欺骗性的发展轨迹，从股市和银行骗取资金高达 30 多亿元，给投资者和债权人造成严重损失。调查表明，达尔曼从上市到退市，在长达 8 年的时间里都是靠造假维持经营的。这场造假圈钱骗局的"导演"就是公司原董事长许宗林。达尔曼虚假陈述、欺诈发行、银行骗贷、转移资金等行为是一系列有计划、有组织的系统性财务舞弊和证券违法行为。在上市的 8 年时间里，达尔曼不断变换造假手法，持续地编造公司经营业绩和生产记录。

在达尔曼中，内部审计机构也是存在的，但事实上，其内部审计机构形同虚设，根本没有发挥内部审计查核舞弊的作用。达尔曼于 1993 年以定向募集方式设立，主要从事珠宝、玉器的加工和销售。2004 年 5 月 10 日，达尔曼的股票被上海证券交易所实行特别处理，变更为"ST 达尔曼"，同时证监会对公司涉嫌虚假陈述行为立案调查。2005 年 5 月 17 日，证监会公布了对达尔曼及相关人员的行政处罚决定书（证监罚字〔2005〕10 号），指控达尔曼虚构销售收入、虚增利润，通过虚构建设施工合同和设备采购合同、虚假付款、虚增工程设备价款等方式虚增在建工程，重大信息（主要涉及公司对外担保、重大资产的抵押和质押、重大诉讼等事项）未披露或未及时披露。笔者主要是从《上海达尔曼实业股份有限公司董事会审计委员会会议事

规则》（以下简称《规则》）及对达尔曼内部审计委员会对业务的实际审计过程的分析中，揭露达尔曼的内部审计机构实质上形同虚设的现实情况。

【案例评述】

第一，该公司内部审计独立性较差。应该赋予达尔曼内部审计委员会一定的权力，这个权力要与董事长保持一定的独立性，这样才可以保证内部审计机构及人员的独立性。这一点是解决达尔曼出现内部审计问题的关键。如果不先解决这个问题，可以说即使达尔曼内部审计委员会想要做好内部审计工作，但实际操作起来还是会碰到很多困难。这些困难是来自方方面面的，包括从管理层、财务部到实际的操作层。其实，从《规则》看，达尔曼在形式上还是体现出了内部审计人员的独立性，具体表现在：审计委员会成员由3人组成，独立董事占多数，委员中至少有1名独立董事为专业会计人士。但在形式上做到独立还不够，在实际工作中，内部审计机构还要与董事会的领导脱钩，另外内部审计人员的福利、职称、待遇及绩效考评也要纳入考虑的范围，尽可能地为内部审计人员提供一个独立的内部审计环境。

第二，该公司内部审计人员技术水平低下。在解决达尔曼内部审计独立性的问题后，就需要提高内部审计人员的相关技术水平。达尔曼的造假手段极其高明，它聘请了专家进行精心策划和严密伪装，它的造假过程具有严密的流程：从编制充分的原始资料和凭证到按照账面收入真实缴纳税款以及最后的分派利润，都做得天衣无缝，因此从形式上很难发现它的造假行为。这就需要内部审计人员的技术水平更加高超，这相比过去审计凭证、账簿、报表的传统模式提出了更高的要求及挑战。除了要依据以往使用的财务指标以外，还要依据一些非财务的数据及指标。例如：从营业周转指标来看，虚构业绩的公司，往往存在虚构往来和存货的现象，在连续造假时，公司应收款项相应地持续膨胀，导致周转速度显著降低；从销售客户情况、销售集中度和关联交易来看，虚构业绩往往是通过与关联公司进行交易，这样公司的销售集中度会异常地高。

第三，该公司的内部审计机构的审计机制缺乏灵活性，即公司内部审计工作的重点应随公司客观条件与环境的变化而及时进行转换与调整，否则就无法发挥内部审计监督与评价的基本职能，从而导致审计失败。例如《规则》总则中的第一条强调：做到事前审计。其实只做到事前审计是远远不够的。一个好的内部审计机构应该做到事前审计防患于未然，事中审计及时应对问题及突发事件，事后审计做到万无一失。同时，还应该积极发展风险管理审计，它是一种最直接的内部审计参与风险管理的方法。但其作用的发挥离不开对风险管理信息的有效收集。因此，从自我控制评价和管理建议中获取的信息可以帮助内部审计师规划审计工作的重点以及合理分配审计资源。

另外，公司治理结构完善程度，董事和高管的背景、任职情况、更换情况，遭受监管机构谴责和处罚情况，诉讼和担保情况，财务主管和外部审计师是否频繁变更等也是重要的信息来源。

3.1　内部审计机构设置与模式选择

内部审计机构是指部门、单位内部从事组织和办理审计业务的专门组织。从三权分立的公司治理基本原理来看，内部审计的作用越来越引起重视。一方面，内部审计是公司治理结构中不可或缺的部分；另一方面，内部审计职能的充分发挥又依赖于公司治理机制的完善。

3.1.1　内部审计机构设置原则

3.1.1.1 独立性原则

独立性原则是设立内部审计机构最重要的原则。内部审计机构在组织、人员、工作和经费等方面应独立于被审计单位，独立行使审计职权，不受其他职能部门和个人的干涉，以体现审计的客观性、公正性和有效性。无论是部门中的还是企业单位中的内部审计机构，都必须保持其组织上和业务上的独立性。独立性是内部审计机构设置的前提要求，一定要结合企业的规模、管理层次、股权结构等状况进行内部审计机构、组织形式的设计。

3.1.1.2 权威性原则

权威性原则主要体现在内部审计机构的地位和设置层次上。内部审计机构的组织地位和设置层次越高，权威性越大，内部审计的作用就发挥得越充分。只有具有一定的权威,内部审计机构才能顺利开展内部审计工作。

3.1.1.3 法定性原则

无论是国家机关,还是金融机构、企业事业组织、社会团体,无论是国有单位还是非国有单位,都应当按照国家有关规定建立健全内部审计制度。法律、行政法规规定设立内部审计机构的单位,必须设立独立的内部审计机构。一般来讲,内部审计还是企业自身的事情,企业可以独立决定,所以这里所强调的法定性原则主要是指应该在企业章程中明确内部审计机构的设置、领导关系、人力资源计划、预算安排等保证内部审计发挥作用的环境,以及按照规定必须设置内部审计机构的企业的法定性。

3.1.1.4 实效性原则

内部审计机构不是直接产生效益的部门,但现代企业,尤其是在内部审计制度比较健全的企业中,内部审计在企业价值增值过程中的作用非常明显。如果内部审计机构的设置只是增加了企业的管理费用,而没有对企业的经营管理产生实际的作用,就违背了实效性原则。

3.1.1.5 适应需要性原则

鉴于我国需要建立内部审计制度的单位涉及国家机关、金融机构、企业事业组织、社会团体等社会经济的各个领域,部门间、单位间、行业间存在诸多不可比因素,因此在内部审计机构的设置上应从实际需要出发,根据不同情况设置。另外,内部审计机构的设置要与国家政策环境、企业历史沿革、企业组织架构、企业管理层对内部审计的认知、企业从股东到基层职工对内部审计的期望相适应。

3.1.2 内部审计机构常见设置模式

随着现代企业制度的建立和企业集团的形成,内部审计机构在组织中的地位也在不断变化,因企业利益相关者的主导需求不同,其设置模式也有所不同。从单一法人企业的角度看,按照内部审计机构的领导机制划分,其设置模式可以分为单一领导模式和双重领导模式。

（一）单一领导模式

在单一领导模式下，内部审计机构只对一个上级主管负责。单一法人企业内部审计机构设置的主要模式包括隶属于财会部门、隶属于总经理（高级管理层）、与纪检监察合署办公、隶属于监事会、隶属于董事会五种，如表 3-1 所示。

表 3-1　单一法人企业内部审计机构设置的主要模式

设置模式	层次、地位和独立性	特点
隶属于财会部门	较差	内部审计机构只是开展部分日常性的审计工作，不能直接为经营决策者服务，不能很好地实现审计的根本目的
隶属于总经理（高级管理层）	稍差	虽然有利于对企业直接的生产经营活动进行审计，但不利于对企业高层次决策及经济行为进行监督，审计范围相对窄小，审计工作受到一定限制
与纪检监察合署办公	稍差	纪检、监察、审计等职能融为一体，相关机构合署办公，职能发挥不够充分，影响其独立性
隶属于监事会	较高	内部审计机构设在监事会下，实际中往往会将二者的工作混为一谈或顾此失彼从而削弱彼此应有的作用
隶属于董事会	很高	不足之处是董事会是集体讨论制，凡事都通过董事会集体讨论决定，正常的审计工作就很难进行

（二）双重领导模式

双重领导模式与单一模式相对应，在该模式下，在董事会下设审计委员会，在企业行政系统—经营管理系统中设置内部审计机构。单一领导模式下，考虑到内部审计工作性质的广泛性，领导职权的有限性限制了内部审计职能作用的发挥，双重领导模式解决了这一问题。此种模式下，内部审计机构的地位高，独立性强。

内部审计机构，就审计业务（职能上），要向审计委员会负责并报告工作；就行政内容（行政上），要向总经理负责并报告工作；审计委员会成员由董事长、非执行董事、总审计长和非公司董事（外聘）等组成。这样的双向报告关系能够最大限度发挥内部审计机构的各项职能，内部审计机构的人事管理、资源计划决策权属于审计委员会。从内部审计机构设置的原则上看，董事会下设审计委员会、在行政系统—经营管理系统中设置内部审计机构最为科学有效。这种模式是现代企业制度下内部审计机构设置的最佳模式，比较符合国际内部审计实务标准的要求，也是国际内部审计师协会所倡导的内部审计机构设置模式，有利于内部审计人员独立开展工作。

3.1.3　企业集团内部审计机构设置

长期以来，我国企业集团建立的内部审计体制多为分级管理模式，即各级企业按需设置审计机构，对各自管辖的企业和部门实施审计工作。这种模式最开始起到了一定的作用，但随着我国经济的发展和市场化的深入，企业集团的规模逐渐增大，层级更多，这种分级管理模式使得内部审计机构设置不再能适应集团的发展要求，现代企业集团内部审计管理模式逐渐走向集中管理。通过构建尽可能集中的企业集团内部审计体系，可有效防范企业集团的内部失控，增强集团控制力，合理配置资源，使集团财富增值。目前，我国多层级企业集团内部审计管理模式主要分为以下四种。

（一）分级管理模式

在分级管理模式下，集团及其所属法人单位根据自身需要设立本单位内部审计机构。内部审计机构在行政上对本单位负责并报告工作，即各单位所配置的审计人员，其人事、行政、经费都由本单位管理层管理；在审计业务上，在接受上一级审计机构的指导的同时以本单位管理层管理为主，以"分级管理、下审一级"的方式对所属单位进行审计监督。

分级管理模式让集团内各法人单位的内部审计活动具有较好的适应性、灵活性和针对性，但内部审计机构受本单位的领导，导致内部审计的独立性较差。

（二）垂直管理模式

在垂直管理模式下，内部审计机构设置在企业集团总部，各层级的下属单位都不再设立内部审计机构。集团总部分区域向下逐级派出审计机构（或审计专员），派出机构根据委派机构的要求对派驻单位实施审计监督，派出机构和人员纳入委派单位编制，对委派单位负责并报告工作。

垂直管理模式的主要特征是"上审下"，适合上下级单位业务内容比较统一、管理体系本身就是垂直控制的企业，例如银行。

（三）集中管理模式

在集中管理模式下，只在企业集团设置内部审计机构，下属单位均不设立内部审计机构。内部审计机构对企业集团管理层负责并报告工作，由专门派出的审计人员对下属单位进行审计监督、提供审计服务。

集中管理模式下，内部审计派出人员对下属单位来说具有较高的权威，其独立性也较高。但在组织审计工作时，内部审计派出人员要加强审计工作的计划性，要深入基层，了解下属单位的实际经营情况。

（四）组合式管理模式

组合式管理模式也就是上述模式的组合形式，如垂直管理和分级管理相结合的模式，即在总部设立内部审计机构（局），并下设审计分支机构（中心或分局）负责审计业务，其所属企业仍设内部审计机构，由总部和本单位高级管理层双重管理，以总部管理为主，"上审下"和"同级审"同时存在。集中管理与分级管理相结合的模式，即总部设立一个功能完善的审计中心，下属各级管理层根据需要设置内部审计机构，审计中心对下级内部审计机构的审计计划实行统筹管理，统筹调配审计资源。分级管理与垂直管理相结合的方式，即总部和二级单位都设置内部审计机构，二级单位内部审计机构执行总部 80% 以上的审计任务。各二级单位的内部审计机构向本级管理层负责，并且根据需要对三级单位实行派驻制，或设置审计联络员，三级及以下单位基本不设置内部审计机构，这一模式中对二级单位的审计力度加大。

总之，内部审计机构的设置是有弹性的，有时集中管理模式、分级管理模式、垂直管理模式不能完全分开、相互独立，企业可以根据实际情况设置，或使用组合式管理模式。企业集团内部审计机构设置如图 3-1 所示。

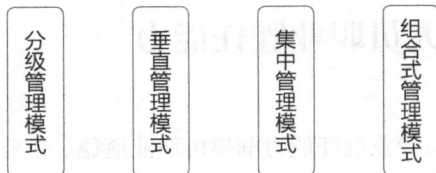

图 3-1　企业集团内部审计机构设置

3.2 内部审计机构的职责

根据我国审计署 2018 年发布的《审计署关于内部审计工作的规定》第十二条，内部审计机构应当按照国家有关规定或本单位的要求，履行下列职责：

（1）对本单位及所属单位贯彻落实国家重大政策措施情况进行审计；

（2）对本单位及所属单位发展规划、战略决策、重大措施以及年度业务计划执行情况进行审计；

（3）对本单位及所属单位财政财务收支进行审计；

（4）对本单位及所属单位固定资产投资项目进行审计；

（5）对本单位及所属单位的自然资源资产管理和生态环境保护责任的履行情况进行审计；

（6）对本单位及所属单位的境外机构、境外资产和境外经济活动进行审计；

（7）对本单位及所属单位经济管理和效益情况进行审计；

（8）对本单位及所属单位内部控制及风险管理情况进行审计；

（9）对本单位内部管理的领导人员履行经济责任情况进行审计；

（10）协助本单位主要负责人督促落实审计发现问题的整改工作；

（11）对本单位所属单位的内部审计工作进行指导、监督和管理；

（12）国家有关规定和本单位要求办理的其他事项。

3.3 内部审计人员职业胜任能力

我国内部审计人员专业胜任能力框架由职业道德、执业技能体系和职业知识体系 3 个部分组成。其中，职业道德在专业胜任能力框架中处于基础性地位，它决定了内部审计人员以何种价值观、职业操守和精神开展工作。执业技能体系和职业知识体系在职业道德约束下发挥作用。

在内部审计人员职业胜任能力方面，《内部审计基本准则》要求内部审计人员具备 4 个基本条件：一、具备必要的学识及业务能力，熟悉本组织的经营活动和内部控制，并不断地通过继续教育来保持和提高专业胜任能力；二、遵循职业道德规范，并以应有的职业谨慎态度执行内部审计业务；三、坚持独立性和客观性，不得负责被审计单位经营活动和内部控制的决策与执行；四、具有较强的人际交往技能，能恰当地与他人进行有效的沟通。职业道德体系前面已经介绍过，本节主要介绍内部审计人员的执业技能体系、职业知识体系。

3.3.1　执业技能体系

执业技能体系主要介绍内部审计人员要达到胜任能力标准所要求的业绩而应具备的个人技能水平。个体技能包括认知技能和行为技能这两个方面，每个方面又具体细分为 3 项，共计 6 项技能，具体内容如表 3-2 所示。

表 3-2　内部审计人员所需技能简要描述

	技术技能	根据既定规则熟练地工作
认知技能	分析 / 设计技能	识别问题或界定任务并构建典型的解决或执行方案
	鉴别技能	在不确定条件下做出复杂的、有创意的判断
行为技能	个人技能	能很好地应对挑战、压力、冲突、时间紧迫和变化的环境
	人际技能	通过人际互动取得收获
	组织技能	利用组织网络来取得收获

3.3.2　职业知识体系

职业知识体系是内部审计人员达到执业胜任能力标准的保证，因此国际各职业组织发布的职业胜任能力公告都包含职业知识体系的内容。从我国内部审计制度的背景、内部审计准则的要求与现实出发，面向未来和经济全球化的发展趋势，可将我国内部审计人员职业知识体系划分为 3 个部分，即职业基础知识、执业技能知识和职业环境知识。

（1）职业基础知识。其是指通过普通教育所获得的一般知识。这些知识为内部审计人员的终身学习和相关专业学习提供了基础。

（2）执业技能知识。其是指内部审计人员在执行具体的审计业务时，为达到有效的实务标准的要求和进行合理的职业判断所必须具备的商业、管理、沟通、财务会计与审计、数量方法与信息技术等专门化的知识。

（3）职业环境知识。其主要是指内部审计所涉及的制度、准则、法律、政策等方面的知识，如会计与审计准则、税法、审计法、会计法、公司治理准则、会计制度等。

我国内部审计人员的职业知识体系如表 3-3 所示。

表 3-3　我国内部审计人员的职业知识体系

构成		要素
职业知识体系	职业基础知识	经济政策分析基础
		管理经济分析基础
		会计基础
		审计基础
		计算机信息系统基础
	执业技能知识	公司治理
		计算机信息系统审计
		组织行为
		组织战略
		管理会计
		风险管理
		项目管理
		财务管理
		内部审计组织管理
		内部控制
		资产评估
		职业道德标准
		人际关系沟通技巧
	职业环境知识	法律法规
		制度政策
		专业准则应用与分析

第 2 篇　审计实践

第 4 章

环环相扣，循序渐进——恪守内部审计的基本流程

导入案例

百事集团内部审计实践

1. 内审组织

美国百事（Pepsi）集团的内审部门是在集团总经理和董事会审计委员会的双重领导下工作的，完全独立于其他业务事业部及其财务部门。内审部门的一切开销入总部账户，其对各子公司的审计报告都将直接抄送集团首席执行官、首席财务官、董事会审计委员会、各相关事业部总裁等高级管理人员。

绝大部分内审人员都是从世界各著名会计师事务所招募进来的，具有十分丰富的审计经验和独立的工作能力。他们进入百事集团后，会接受全面的业务及财务审计政策培训并跟随其他审计小组进行学习。他们正式接受内审工作后，仍会定期接受集中培训。内审人员拥有较高的收入，内审纪律规定内审人员不得在审计期间接受被审计单位的请客及送礼，这些措施能在很大程度上减小其接受贿赂的可能性。为了增强内审工作的客观、公正性，内审小组经常有其他区域的同事加入。同时，内审人员若非高级管理人员，其任职期限一般为 3 年，期满后原则上不可以转入百事集团财务或其他业务部门，从而确保内审人员与被审计部门不存在利益关系。

2. 内审标准

百事集团内审部门首先会根据《百事财务政策手册》制定《百事内审标准》，并将其发放至集团总公司和全球各子公司作为定期自查工具。《百事内审标准》是就《百事财务政策手册》中所有重要制度来分类、设计审查事项并以问卷形式反映出来的一套风险评估标准。

内审部门在对子公司的审计过程中会侧重审查两方面：一是子公司是否完全按《百事财务政策手册》运作；二是及时查找手册在实际操作中有无漏洞，不断对其进行更新。

3. 内审程序

常规性的一般项目的内审任务的完成时间一般为一个月，内审人员会在审计前一星期内通知子公司将进行内审，并告知内审重点及时间。

内审人员到达子公司后，会先了解子公司的业务运作情况，再做出审计计划，然后分头进行审计，提出他们发现的问题并要求予以答复。若答复不令人满意，内审人员将把此问题及整改建议列入审计报告，并根据其风险及严重性将问题分为 a、b、c、d 4 类。

4. 内审结果

内审小组将根据查出的 a、b、c、d 各类问题的数量，给出最初评级并将审计报告送交审计总部做最终评审，审计结果将抄送集团最高管理层。

内审部门对各子公司进行定期审计的结果分为 4 个等级：良好控制、较高标准控制、基本控制和较低标准控制。子公司如果拿到最高等级评定，将可以在 4 年后再接受内审，第二等级是 3 年，第三等级是 2 年，最差等级则需在第二年重新接受评定。对评为最差等级的子公司，内审部门及其所属事业部的财务人员会联合进驻并协助整改。内审的结果需经双方同意，若子公司对评定结果有异议，也可直接与内审最高管理人员协商，若问题无法解决，子公司可向集团提起申诉，从而保证审计结果的公正客观，起到相互牵制的作用。

审计报告的结果将直接影响各子公司及事业部的业绩，较差的评定结果极可能导致撤换该子公司的领导人。因此，无论是事业部还是子公司，对内审都极其重视，并予以积极配合，内审机构的独立性和权威性都毋庸置疑的。

百事集团的内审人员肩负查找子公司问题的重任，还需就所提问题提出整改建议。这可以增强内审人员工作的审慎性和专业性，被审查的子公司还可通过内审工作获得其他子公司的先进管理经验，达到集团内部进行横向交流的良好效果。

【案例评述】

1. 百事集团具有独特的公司治理结构和先进的内审管理理念

百事集团的治理层或管理层均非常重视内审在公司治理中的监督与制衡作用。

该集团的内审部门在集团总经理和董事会审计委员会的双重领导下工作，完全独立于其他业务事业部及财务部门，机构设置的独立性为内审工作的顺利开展提供了良好的工作环境与基础。

2. 百事集团的内审人员具有较强的执业判断能力与职业怀疑能力

该集团的内审人员绝大部分都是从世界各著名会计师事务所招募进来的，具有十分丰富的审计经验和独立的工作能力。同时，管理层坚持对内审人员进行定期业务培训，禁止内审人员接受贿赂，对内审人员设置了严格的内部控制制度，有利于内审人员提升专业胜任能力，减少发生审计舞弊和审计失败的可能性。

3. 百事集团的内审工作拥有清晰的工作标准

例如，百事集团制定《百事内审标准》，并将其发放至集团总公司和全球各子公司作为定期自查工具。《百事内审标准》是其开展内审工作的基本依据，涉及审查事项并以问卷形式反映出来。

4. 百事集团拥有明确的审计程序

如整个内审的时间一般为一个月，内审人员会在审计前一星期内通知子公司将进行内审，并告知内审重点及时间。内审人员在审计前会先了解子公司的业务运作情况，再做出审计计划，然后分头进行审计，提出发现的问题并要求予以答复。若答复不令人满意，内审人员将把此问题及整改建议列入审计报告，并根据其风险及严重性将问题分为a、b、c、d 4类，说明该集团的内审流程比较规范。

5. 该集团的内审成果应用效果较好

内审小组将根据查出的a、b、c、d各类问题的数量，给出最初评级并将评估报告送交审计总部做最终评审，审计结果将抄送集团最高管理层，说明该集团的内审意见的传递渠道比较通畅。此外，内审成果还可以用来促进子公司的工作，说明内审成果的转化效果比较好。该集团的内审机构具有较强的独立性和权威性。

4.1 千里之行始于足下：准备阶段

4.1.1 确定审计项目

4.1.1.1 项目来源

一般而言，企业内部审计机构的业务来源于三个方面：一是董事会和高级管理层批准的年度审计计划；二是企业权力机构或高级管理层临时分配的任务；三是企业内其他部门或集团内其他单位提出需求的项目。内部审计的主要服务对象为董事会和高级管理层，因此前两个来源是内部审计业务的主要来源。项目来源如图 4-1 所示。

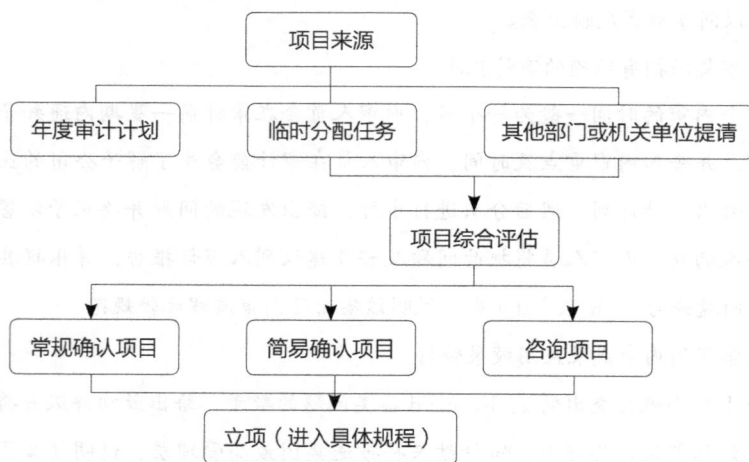

图 4-1　项目来源

4.1.1.2 内部审计机构的权限

根据我国审计署 2018 年发布的《审计署关于内部审计工作的规定》第一三条，单位主要负责人或者权力机构应当制定相应规定，确保内部审计机构具有履行职责所必需的权限，具体如下。

（1）要求被审计单位按时报送发展规划、战略决策、重大措施、内部控制、风险管理、财政财务收支等有关资料（含相关电子数据，下同），以及必要的计算机技术文档。

（2）参加单位有关会议，召开与审计事项有关的会议。

（3）参与研究制定有关的规章制度，提出制定内部审计规章制度的建议。

（4）检查有关财政财务收支、经济活动、内部控制、风险管理的资料、文件和现场勘察实物。

（5）检查有关计算机系统及其电子数据和资料。

（6）就审计事项中的有关问题，向有关单位和个人开展调查和询问，取得相关证明材料。

（7）对正在进行的严重违法违规、严重损失浪费行为及时向单位主要负责人报告，经同意作出临时制止决定。

（8）对可能转移、隐匿、篡改、毁弃会计凭证、会计账簿、会计报表以及与经济活动有关的资料，经批准，有权予以暂时封存。

（9）提出纠正、处理违法违规行为的意见和改进管理、提高绩效的建议。

（10）对违法违规和造成损失浪费的被审计单位和人员，给予通报批评或者提出追究责任的建议。

（11）对严格遵守财经法规、经济效益显著、贡献突出的被审计单位和个人，可以向单位党组织、董事会（或者主要负责人）提出表彰建议。

4.1.1.3 项目综合评估

对于年度审计计划中的项目，在计划制订和批准的过程中，已经对每个项目进行了综合评估并分类，这样的项目直接进入立项即可；而对于来源于其他两个渠道的项目，需要经过专门的综合评估程序先行归类，再进入相应规程操作。

（一）综合评估项目

对于现代企业内部审计而言，一般在制订审计规划和年度审计计划时会依据风险评估确认一些项目的安排，但在具体的实施中，一般要根据企业权力机构或管理层特批或其他部门提请来安排一些临时项目。对于这些临时项目，要对其进行综合评估以确认所属项目类型，以进入相应规程操作。在综合评估项目时，应主要关注以下内容。

（1）项目涉及内容的性质。

（2）委托人（权力机构、管理层、其他部门）的要求。

（3）项目涉及单位或部门以往审计的情况。

（4）该项目涉及的主要风险因素。

（5）执行该项目的主要障碍。

（6）其他需要专门关注的内容。

项目综合评估表如表 4-1 所示。

表 4-1　项目综合评估表

项目名称	
项目来源	
项目涉及事项基本情况	
项目要求	
评估者	风险评估意见
内部审计人员 A	
内部审计人员 B	
内部审计人员 C	
审计负责人意见	内审负责人签字：　　　　　　　　　年 月 日
评估为不能接受的原因	
评估接受后归类结果	常规确认项目□　简易确认项目□　咨询项目□

评估记录人：　　　　　　　　　编制日期：　　　　　　　　　年 月 日

（二）内部审计项目归类

审计项目分为确认项目和咨询项目。确认项目是指内部审计人员在对证据进行客观评估后，可对程序、系统或其他事项出具独立的意见或结论的业务，其性质和范围由内部审计人员确定，例如对财务、绩效、合规性、系统安全和应尽责任的审查。咨询项目是指内部审计人员提供建议以及相关的客户服务的业务，这种业务的性质和范围由内部审计人员与客户协商确定，目的是在内部审计人员不承担管理层职责的前提下，增加企业价值并改进组织的治理、风险管理以及控制过程，例如顾问、建议、协调、培训等。

根据我国企业管理的实际情况，可将现代企业中内部审计项目分为常规确认项目、简易确认项目和咨询配合项目。

1. 常规确认项目

在常规确认项目中，内部审计人员要对企业发展中的主要风险进行持续评估，通过这些项目使内部审计能够发挥为企业"保驾护航"的作用，在企业偏离既定战略航道时及早发现并报告相关风险。对现代企业的内部审计机构而言，常规确认项目在年度审计计划中必须详细列出。

2. 简易确认项目

与常规确认项目相比，简易确认项目涉及的业务内容简单、相关风险较小，但需要进行内部确认，如果按照常规确认项目规程操作这些简易项目，将浪费企业资源，也会影响审计效率。一般来说，完成常规确认项目需要 20 ~ 30 天，甚至更长，而简易确认项目要求在较短时间内完成，有的要在几天内出具确认意见，时效性要求较高。

3. 咨询配合项目

上文对常规审计项目做了介绍，在内部审计实务工作中，审计部门还经常要做一些顾问、建议、协调、培训等工作，这些项目与确认项目的性质完全不同，所以完成这类项目的规程也就不同。

4.1.1.4 项目启动

内部审计机构应当根据年度审计计划或按其他方式确定的审计项目和时间要求，选派内部审计人员开展审计工作。内部审计机构负责人应在综合考虑部门当前的任务和人员情况以及该项目性质的基础上，成立项目审计组，并确定该项目的组长和主审人员、审计组成员，在组成审计组时要根据审计内容的难易程度、被审计单位的管理水平、业务性质、业务复杂程度以及审计资源情况等来配备内部审计人员。

4.1.2　知彼知己　百战不殆：初步了解被审计单位

在实施审计之前，内部审计人员应通过查阅、访谈、审前调查等方式初步调查了解被审计单位的情况，并根据不同审计目标、审计对象选择收集相关信息资料，作为制订项目审计计划和业务工作方案的依据。

初步调查的内容具体包括以下几点：

（1）了解被审计单位的情况和被审计的活动；

（2）获取开展审计活动的有用信息；

（3）确认需要特别注意的重要领域；

（4）决定是否需要／如何开展下一步审计。

初步调查为内部审计人员实地获取原始资料提供了一个良好的机会，有助于内部审计人员熟悉被审计单位所从事的工作及相关的内部控制制度。具体的调查活动如下：

（1）与被审计单位展开讨论；

（2）与被审计事项有关人员进行面谈；

（3）进行现场观察；

（4）审核管理层的研究工作报告；

（5）实施穿行测试（从头至尾对具体工作活动进行测试）；

（6）记录关键控制活动。

4.1.2.1 审核之前的审计报告和其他相关资料

审前调查一般包括审查企业基本情况、组织结构、企业经营环境及状况、企业主要产品及工艺流程、企业市场竞争情况、企业重大投资及资本性支出情况、企业重大改组与购并情况、控制环境、企业会计政策等。审前调查重点了解下列情况：业务活动概况；内部控制、风险管理体系的设计及运行情况；财务、会计资料；重要的合同、协议及会议记录；上次审计结论、建议及后续审计情况；上次外部审计的审计意见；其他与项目审计方案有关的重要情况。

4.1.2.2 编制检查清单、内部控制调查问卷

内部审计人员常常采用编制检查清单的方法来建立和维持秩序，并通过设计由一系列与控制相关的问题组成的调查问卷来判断被审计单位内部控制的健全程度。在初步调查的最后阶段，内部审计人员应编制检查清单，即用书面形式表达初步调查中已经进行和将要进行的调查内容，并记载通过问卷调查获得的资料和形成的初步判断，确定下一步审计的重点领域、重点内容，以及审计中应注意的内部控制问题等。

（一）检查清单

检查清单必须包括必要的信息，但又要简洁明了，可以按照特定的审计项目进行编制。例如，对于咨询业务和确认业务可以编制独立的检查表。检查清单可以在计划、调查、外勤、报告编写等审计的任何阶段使用，在工作底稿的审核工

作中尤为有用。

（二）调查问卷

内部审计人员可根据对被审计单位应具备的标准内部控制的理解，事先设计出一系列有针对性、模式化的调查问卷。通过有关人员的回答，检查其应有的各项控制是否存在，应该控制的关键环节是否设置，以此来判断被审计单位内部控制体系的健全程度。调查问卷由一系列与控制有关的问题组成，通常这些控制是为防止或检测每种类型的交易中可能发生的错误和舞弊。

4.1.2.3 面谈

面谈是一种通过交谈获得审计证据的方法。面谈的对象包括被审计单位的内部人员、其他与被审计单位有联系的人员以及独立的第三方人员。审计面谈介于礼貌性交谈和问询之间。审计面谈需要按照一套正式的流程来进行，同时也面临一些风险，面谈对象可能对审计师所提出的问题有所顾忌，因此采用能够鼓励面谈对象积极参与沟通交流的面谈技术是非常有益的。

高效的面谈中，内部审计人员需要应用一些基本的主动倾听技术。内部审计人员应该：在面谈对象说话的时候，以温和的（而不是尖锐的）眼神注视对方；通过面部表情表示理解，例如点头、表达对交谈内容感兴趣的态度；在提出问题或给出答案后，允许出现简短的沉默（有时，由于一段时间的沉默，面谈对象可能提供新的内容）；对面谈对象所说的话做出解释，这样既可以确定面谈对象表达的内容，又可以向对方表示理解了其所说的话；以不引人注目的方式做记录。

在面谈过程中可采用开放式和封闭式问题。开放式问题要求有描述、有意见、有对一些特征的叙述；封闭式问题可以用一个词或一个简洁的事实性说明来回答。通常，开放式问题是用于发起谈话的一个好方法，而封闭式问题在面谈对象似乎没有理解问题或者不愿意回答问题时是有效的。在需要额外的特殊信息验证以前的答案时，封闭式问题也是有效的。内部审计人员采用面谈技术是为了收集和发现信息，所以使用开放式问题会更加有效。开放式问题的例子：告诉我你推迟记录生产过程中形成废料的方法？封闭式问题的例子：你遵守生产手册中规定的步骤了吗？

在面谈中，通常是按照能够强调中立态度和提高问题清晰度的方式提出问题。第一，应该按照一定的逻辑顺序提出问题；第二，问题不应该带有假设性质或带有偏见；第三，问题的内容不应该是令人感到疑惑不解的。

面谈通常分初步面谈、事实收集面谈、后续面谈、退出面谈四个类型。初步面谈主要是为了收集一般信息制定未来将要进行的面谈内容。事实收集面谈主要是为证实个别面谈者所提供的额外信息。后续面谈是在对事实收集面谈信息进行分析并且发现问题后进行的，目的是寻找解决问题的方法，同时测试面谈对象对内部审计人员提出的新观点的接受程度。退出面谈通常是指审计工作结束时举行的退出会议。

内部审计人员进行面谈时会经历四个阶段。第一阶段是准备面谈，这一阶段的工作包括设置面谈的目标和目的，收集面谈对象的背景资料，设计特殊问题和制定面谈策略，确定得到认可的面谈时间和地点。第二阶段是实施面谈，内部审计人员应该尽量按照计划实施面谈，不要偏离事先制定的计划。第三阶段是与面谈对象达成一致。在面谈中，内部审计人员应概括关键点，以取得面谈对象的认可或消除误解。第四阶段是记录面谈过程，尽快形成面谈报告。

在应用面谈技术收集审计证据时，内部审计人员应该注意以下事项。首先，寻求机会进行交叉检验，面谈对内部审计人员了解被审计单位的经营活动、认识和分析客户经营活动中出现的例外情况以及异常变动的可能原因是特别重要的。其次，同审计目标所涉及的被审计单位内部人员进行面谈所获得证据的有效性，要低于内部审计人员采用分析性程序、观察等方式所获得证据的有效性，也低于与独立第三方面谈所获得证据的有效性。最后，面谈所获得的证据需要通过收集其他客观数据加以证实。

4.1.2.4 穿行测试

穿行测试是指在对企业、单位内部控制进行研究、复核时，在每一类交易循环中选择一笔或若干笔具有典型代表性的业务进行测试，以验证审计工作底稿中描述的内部控制相关信息的客观性和准确性的审计方法。

具体步骤如下：

（1）先将公司规范某项经济业务行为的制度按业务流程的方式描述出来，这表明公司的该项经济业务应该都是按所描述的业务流程运行的；

（2）抽取某几笔业务样本；

（3）要求受监察的单位提供所有所抽取业务样本的运行记录；

（4）按照流程环节，描述样本业务的实际运行情况；

（5）对照流程环节与要求，比较并记录没有做到位的地方。

在穿行测试中，审计人员可能面临两种审计风险：一是被审计单位原设计的内部控制制度已发生变化或者部分发生了变化，需要进行穿行测试，但审计人员却认为不必进行测试而产生"信赖过度风险"；二是原设计的内部控制制度并未发生变化，但审计人员认为其发生了变化需要进行测试而产生"信赖不足风险"。实际上，随着审计流程的推进，与穿行测试伴生的审计风险，特别是审计人员更为关注的"信赖过度风险"，还可以通过后续的测试程序及实质性测试所收集的证据予以削弱或消除。

然而，穿行测试并不是为了检查内部控制制度的合理性和运行的有效性，而是为了揭示描述内部控制的工作底稿记录的客观性、真实性和完整性。

4.1.3　风险评估

国际内部审计师协会要求必须为每项业务确定目标，内部审计人员必须对与被检查活动相关的风险进行初步评估，业务目标中必须反映该评估结果。内部审计人员确定业务目标时，必须考虑存在重大差错、舞弊、违规和其他风险的可能性。进行风险评估控制时需要依据适当的标准，以确定目标是否实现。

4.1.3.1 风险评估的考虑因素

实施相关领域的风险评估时，内部审计人员应考虑管理层对与被检查业务相关的风险的评估情况。内部审计人员也应考虑以下因素：

（1）管理层风险评估的可靠性；

（2）管理层监管、报告、消除风险和控制问题的程序；

（3）管理层对超出组织风险偏好的事件的报告以及对这些报告的反应；

（4）与被检查活动相关的风险。

4.1.3.2 风险评估总结

内部审计人员应对管理层的风险评估、背景信息以及所有调查工作的结果进行总结。总结内容应包括如下几点：

（1）重要的业务事项以及进行深入探索的原因；

（2）业务目标和程序；

（3）所用的审计方法和技术；

（4）潜在的关键控制点、控制缺陷和控制过度情况；

（5）适当时中断审计业务或对业务目标做重大修改的原因。

4.1.3.3 完善风险评估管理的方法

在制订年度审计计划阶段，内部审计人员应当站在整个组织的角度进行全面的风险评估，即发现、评价与被检查活动相关的风险，还应考虑存在严重错误、违法、违规及其他风险的可能性。

可通过以下方法，进一步完善审计活动领域的风险评估管理：

（1）确定审计业务计划同企业风险评估相一致；

（2）制订审计业务计划时，从企业风险评估中获取信息；

（3）关注审计活动中的风险；

（4）应用风险控制矩阵。

4.1.3.4 风险评估过程中应考虑的审计程序

（1）研究、检查与组织开展的业务有关的当前情况、发展趋势、行业信息以及其他恰当的信息资源，确定是否存在可能影响组织的风险，以及用以解决、监督与再评估这些风险的相关控制程序。

（2）检查公司政策和董事会会议记录，以确定组织的经营战略、风险管理理念和方法、风险偏好以及可接受的风险水平。

（3）检查管理层、内部审计人员、外部审计师以及其他有关方面以前公布的风险评估报告。

（4）与行政经理和业务部门经理交谈，确定业务部门的目标、相关的风险以及管理层开展的降低风险的活动和控制监督活动。

（5）收集信息，以独立评估风险控制、风险监督、风险报告和相关控制活动的有效性。

（6）评估针对风险监督活动所建立的报告关系的适当性。

（7）评估风险管理结果报告的适当性和及时性。

（8）评估管理层的风险分析是否全面，评估为纠正风险管理过程中发现的问题而采取的措施和提出的改进建议的完整性。

（9）确定管理层自我评估过程的有效性，这可以通过实地观察、直接测试控制和监督程序、测试监督活动所用信息的准确性以及其他恰当的技术方式来进行。

（10）评估与风险相关、可能说明风险管理实务中存在薄弱环节的问题，在适当情况下与高级管理层和董事会就此进行讨论。

4.1.3.5 风险控制矩阵

风险控制矩阵是一种很有用的工具，它有助于确保内部审计人员充分考虑审计时的风险，确保所有被确认的显著风险都能够得到处理。

应用常见风险控制矩阵的具体步骤如下。

第一步是识别经营目标。

第二步是识别经营目标的相关风险。

第三步是按照可能性和重要性度量每一项风险。根据发生的可能性和后果的严重性，风险通常分为高、中、低三等。

第四步是识别控制活动。控制识别是真正的风险管理方法，常见的方法有：避免、分担、接受、降低、增加。

第五步是评价控制是否充分。在本步骤中提问："这个风险的控制程序设计得怎么样？"使用分析技巧和职业判断来确定答案。内部审计人员要做如下工作：一是识别和记录管理层声称已经到位的控制；二是评价控制设计的效果是否经济和有效率，是否按照设计的方式运行。

第六步是测试内部控制的有效性。对那些被认为是充分有效和设计良好的控制进行测试，看实际的运转是否同预期一样。

第七步是就控制的充分性和有效性出具最终意见。例如，一项控制由于同程序的一致性不足，控制可能虽然充分但并不有效。

4.1.4　确定审计目标和审计范围

内部审计人员必须为每项业务确定目标。审计目标是内部审计人员确定的，用于确定审计业务希望实现内容的概要声明。内部审计人员确定业务目标时，必须考虑存在重大差错、舞弊、违规和其他风险的可能性。内部审计人员应针对与被检查工作相关的风险来确定业务目标。由于风险评估过程是年度审计计划的来源，因此，计划内的业务目标应源自风险评估过程中初步确定的那些业务目标并与其保持一致。计划外的业务目标则在业务开展前确定，以应对急需解决的特殊问题。对于咨询业务的目标，内部审计人员必须在客户允许的范围内，针对治理、风险管理和控制过程等因素来确定。

审计范围是指内部审计人员将要检查什么活动和不会检查什么活动。审计范围确立了内部审计的界限，它依据组织的内部审计章程和管理层的要求等因素确定。在具体的审计业务活动中应根据审计目标和业务性质来确定审计范围，考虑相关的制度、记录、人员和实物资产等，以确保满足实现审计目标的要求。

在实施确认时，如果出现重要的咨询机会，应当与客户达成具体的书面协议，规定业务目标、范围、各自的职责和其他要求，并遵循咨询业务相关标准，沟通咨询业务的结果。在开展咨询业务时，内部审计人员必须确保业务范围足以实现与客户协商确定的目标。如果内部审计人员在开展咨询业务过程中对该范围有所保留，就必须针对保留的原因与客户进行讨论，并决定是否继续开展此项业务。审计业务范围的大小与被检查的信息系统或经营系统本身及所要求的审查深度有关。

4.1.5 确认评价标准和审计资源

4.1.5.1 确认业务的评价标准

在开展审计业务之前，首席审计官必须要确定在审计活动中将依照的标准。通常来讲，标准应当同审计目标相一致，并最终为客户提供有用的信息。公认的评价标准包括法律法规、政策和程序、指引标准、风险管理、控制框架、经营成果信息、员工的管理决策和责任、行业最优实践、认证部门专家提供的指南等。

4.1.5.2 确认所需的审计资源

在开展具体的审计业务时，内部审计人员必须根据每项业务的性质、复杂程度、时间限制以及可获得的资源，确定实现审计目标所需要的适当、充分的资源。在制订审计计划时应考虑如下事项：

（1）所需的内部审计人员数量、其应具备的经验水平和其他能力；

（2）根据审计任务的性质、复杂程度及时间限制，挑选符合要求的内部审计人员；

（3）结合内部审计部门不断发展的需要，对内部审计人员进行培训；

（4）如果不具备开展业务的条件，应考虑是否需要聘请外部专家。

4.1.6 制定项目审计方案

项目审计方案是对项目的具体程序及其时间节点等做出的详细安排，项目审计方案应在审计实施前编制完成，并经首席审计官或其指定人员（通常是审计经理或审计组组长）批准。

4.1.6.1 审计方案的内容

审计方案的内容如下：

（1）被审计单位基本情况；

（2）审计目的；

（3）审计期间；

（4）审计的特殊关注要求；

（5）审计重点；

（6）审计依据；

（7）审计内容与方法；

（8）项目负责人、分组及成员；

（9）审计程度及时间安排。

4.1.6.2 审计方案模板

为操作方便，现设计内部审计方案模板如图 4-2 所示。

（审计项目名称）审计方案

一、审计依据

二、被审计单位基本情况

三、审计目标和范围

四、审计期间

五、审计内容和重点

审计事项：

1.×××××××××（审计责任人：×××；被审计单位：×××）

审计程序：

（1）审计步骤

（2）审计步骤

2.×××××××××（审计责任人：×××；被审计单位：×××）

审计程序：

（1）审计步骤

（2）审计步骤

六、审计组成员及分工

七、审计进度安排

八、对专家和外部审计工作结果的利用

九、其他

图 4-2　内部审计方案通用模板

4.1.7　下达审计通知书

4.1.7.1 审计通知书的内容

审计通知书应当包括下列内容：

（1）审计项目名称；

（2）被审计单位名称或者被审计人员姓名；

（3）审计范围和审计内容；

（4）审计时间；

（5）需要被审计单位提供的资料及其他必要的协助要求；

（6）审计组组长及审计组成员名单；

（7）内部审计机构的印章和签发日期。

4.1.7.2 审计通知书的编制及下发要求

内部审计机构应当根据经过批准的年度审计计划和其他授权或者委托文件编制审计通知书；内部审计机构应当在实施审计三日前，向被审计单位或者被审计人员送达审计通知书。特殊审计业务的审计通知书可以在实施审计时送达；审计通知书送达被审计单位，必要时可以抄送组织内部相关部门。经济责任审计项目的审计通知书送达被审计人员及其所在单位，并抄送有关部门。

4.1.7.3 范例

审计通知书范例如图4-3所示。

审计通知书

×审通字〔××××〕××号

××××××关于审计××××××（审计项目名称）的通知

×××（被审计单位）：

根据×××公司年度审计计划安排，决定派出审计组，自××××年××月××起，对你单位（×××时间段）（×××内容）（审计目的及审计范围）进行审计。接此通知后，请予积极配合，并提供有关资料和必要的工作条件。

审计组组长：×××

主审：×××　　　联系电话：×××　　　电子邮箱：×××

审计组成员：×××××××××××

内部审计机构公章

审计机构负责人签字

签发日期：

图4-3　审计通知书范例

审计内容：

（1）述职报告。

（2）每年工作总结和年度计划。

（3）管理制度及内部机构设置、职责分工资料。

（4）会议纪要、记录。

（5）财务预决算及会计凭证、账簿、报表和财务报告。

（6）经济合同、协议。

（7）年度会计师事务所审计报告。

（8）有关经济监督部门提出的检查报告及处理意见。

（9）审计组认为需要的其他资料。

4.2 运筹帷幄 事半功倍：实施阶段

在编制好审计方案并获得批准后，内部审计人员应根据审计方案实施审计。这个阶段的工作关系到整个审计工作的成败，是审计全过程的中心环节，是整个审计程序的关键阶段。这一阶段的工作主要有：通过进点会与相关人员进行比较充分的沟通、现场了解被审计单位的业务流程、了解内控制度设计与进行内控运行有效性测试、获取审计证据、总结审计发现及结论、编制及复核审计工作底稿等。非现场审计不召开进点会，应以审计通知书中确定的开始时间为实施阶段的起始时间，实施结束以提交非现场审计实施工作小结为节点。

4.2.1 开展现场工作

4.2.1.1 现场进点会

现场进点会是审计组在现场工作开始前，与被审计单位管理层及相关人员正式的初次沟通，这种沟通一般采用会议的形式完成，所以叫作"进点会"。

（一）现场进点会的程序

（1）审计组组长向被审计单位介绍审计组成员。

（2）宣读审计通知书。

（3）审计组组长对本次审计的依据、目的、内容做简要解释。

（4）被审计单位有关人员向审计组介绍参会人员。

（5）被审计单位或个人进行总体情况介绍或述职（一般为非必需程序，但在经济责任审计中为必需程序）。

（6）审计组组长提出审计计划工作时间，以及对被审计单位就审计事项及相关沟通、协调、工作场所、资料等有关事项提出要求。

（7）管理层可以对本次审计工作提出疑问，对审计组提出的问题予以回答。

（8）双方讨论有关事项。

（9）将《管理当局声明书》等给被审计单位签署。

（10）宣布进点会结束并开始工作。

（二）现场进点会中应注意的问题

内部审计人员通过现场进点会与被审计单位管理层进行沟通，应注意的问题如下。

第一，积极、主动地向组织的适当管理层阐明审计的目标、大致工作范围、时间安排、要求提供的资料和帮助，以及其他为完成审计任务所做的具体安排和要求；与组织的适当管理层就审计计划进行沟通，以达成共识。

第二，内部审计人员向管理层了解被审计单位的经营规模、经营范围、经营管理方式、基本财务状况、内部控制制度、以往年度审计情况、企业的历史沿革、存在的主要风险等。在审计沟通中做好充分的准备是非常必要的。

第三，了解、发现对审计有重大影响的本期经营情况的变化和对被审计单位有影响的新出台的法律、法规。在某些情况下，还可以就管理当局感兴趣的特定事项共同讨论，比如新的部门或新的子公司等。

第四，现场进点会会后应形成会议纪要，与管理层初次沟通纪要的格式，一般以文书形式表示。其文书格式与审前会议纪要文书相同。

第五，要区分好审计与非审计责任。内部审计人员在审计工作正式开始时，应明确区分审计责任与非审计责任。要求被审计单位签署《管理当局声明书》，以个人为审计对象的经济责任审计还应当要求被审计责任人签署《被审计责任人承诺书》。

4.2.1.2 索取、收集必要的资料

根据审计通知书的要求，内部审计人员应向被审计单位索取相关资料。常规审计中一般需要索取、收集的资料主要有：被审计单位有关的规章、制度、文件、计划、合同文本，被查期间的各种审计资料、分析资料，上年财务报表、分析资料及以往接受各种检查、审计的资料，各种自制原始凭证的存根，未粘附在记账凭证上的各种支票、发票、收据的存根，以及银行账户、银行进账单、备查簿等相关的经济信息资料。

在索取、收集资料时，一定要做好登记、清点移交工作。收集的资料要当面清点，注意残缺页码并列表登记，注明资料来源。移交与接收双方都要在移交表或调阅单上签名。

4.2.1.3 现场观察

观察是内部审计人员检查企业经营活动时经常采用的方法，它能够为判断被审计单位是否实施了内部控制制度及经营活动是否遵守相关标准提供有效的证据。

观察又被称为"四处行走审计"，通过直接观察经营活动和人员活动，内部审计人员可以收集第一手信息，这些信息是不能通过检查交易事项和研究打印资料获取的。作为观察者，内部审计人员不仅要观察相关经营活动和人员活动，还要用心记录所看到的，以便为编制工作底稿、证实发现和提出建议做好准备。

有效的观察不应局限于注意并记录事实，而是要求事先对观察的对象做一定的了解。如果内部审计人员将观察放入审计全局中考虑，那么观察就会变得很重要。这意味着内部审计人员要精心将观察到的事实与过去的观察结果、被审计单位说明、行业标准、法律法规等进行比较。

从观察本身来说，它所提供的信息通常是较弱的证据。为了充分支持审计报告，需要其他证据和分析来支持观察结果，以证实内部审计人员的所见。在有些情况下，让被审计单位参与观察过程并同意观察结果，有助于证实通过观察获得的证据。如果没有证据支持观察结果，那么内部审计人员应该在审计报告中说明哪些信息是通过观察得到的。

虽然通过观察所获得的信息具有一定的洞察力，但是如果没有认真进行观察并且没有其他方法来交叉验证，那么所获得的信息也有可能误导人。因为观察能够引起相关岗位的工作人员做出与以往不同的行为。比如，如果有内部审计人员在场，平时因为方便忽视安全条例的工人和管理人员会成为遵守该条例的模范。

4.2.2 内部控制有效性测试

4.2.2.1 了解内部控制制度

（一）了解相关内部控制情况

了解内部控制是内部审计人员评价内部控制的首要步骤。内部审计人员可以通过问卷调查、个别走访和召开座谈会等多种方式来了解与被审计业务相关的内部控制情况，了解组织内的业务循环及分类，通过业务流程图、风险矩阵图或文字表达的方式加以描述。例如，制造业业务的内部控制可以按销售与收款循环、采购与付款循环、生产循环、筹资与投资循环划分，内部审计人员可按这四类业务循环进行研究和评价。内部审计人员在检查中，应将主要精力集中在影响会计报表反映的内部控制环节上。

（二）了解内部控制的程序

了解内部控制的程序如下：

（1）询问被审计单位有关人员，并查阅相关内部控制文件；

（2）检查内部控制生成的文件和记录；

（3）观察被审计单位的业务活动和内部控制的运行情况。

内部审计人员了解内部控制所执行程序的性质、时间和范围，主要取决于以下因素：

（1）被审计单位的经营规模及业务复杂程度；

（2）被审计单位数据处理系统的类型及复杂程度；

（3）审计重要性；

（4）相关内部控制类型；

（5）相关内部控制的记录方式；

（6）固有风险的评估结果。

在上述工作的基础上，内部审计人员采用流程图、内部控制问卷和文字描述这三种方式来描述被审计单位内部控制制度的健全性。这一过程可使内部审计人员对组织的内部控制制度有完整的了解与认识，其可通过分析进一步明确原有的内部控制制度是否适当，有无必要进行修改与完善。

4.2.2.2 测试内部控制制度

在全面描述和初步分析的基础上，内部审计人员实施符合性测试程序，证实有关内部控制的设计和执行的效果。在这项工作中，内部审计人员应首先选择若干具有代表性的交易和事项进行穿行测试，而后进行小样本测试以了解经营系统内部控制的实施情况，同时进一步对信息系统进行测试，以检查被审计单位在其经营过程中所依赖的信息系统是否可靠，信息本身是否真实完整。

内部控制测试主要包括运行测试与效果分析两个过程。运行测试，一是要测定内部控制各组成部分是否按原计划工作运行，二是要检查正式的组织机构是否正常运行以及相互间是否协调配合。效果分析是在运行测试的基础上进行的，即分析内部控制的优缺点，充分估计它们的影响，尤其要分析资源是否有效使用这一基本问题。

4.2.2.3 调整审计方案或进行扩大性测试

完成了对上述内部控制制度的描述和测试之后，内部审计人员立即对审计项目的内部控制情况进行分析，而后，内部审计人员应决定是否需要调整审计方案，同时在下结论、提出建议之前决定是否应进行扩大性测试。与初步调查、评估内部控制相比，扩大性测试意味着对被审计事项的深入调查。对内部控制的评估分析如果显示可能的控制强点和弱点，则扩大性测试可以帮助分析控制强点和弱点的影响程度等更深入的问题。扩大性测试可作为内部审计人员出具结论与建议的基础。

如果通过风险重估，觉得有必要进行扩大性测试，则需要完成如下工作。

（一）调整审计方案

其实，扩大性测试是相对于原来的审计方案而言的，即测试内容将超过原定方案的范围。在这样的情况下，需要对原审计方案进行调整和补充并要取得管理层的批准，同时配备与之相适应的内部审计人员，并做好时间上的安排。

（二）编写书面审计报告的初步框架

审计报告的初步框架应包括审计报告的基本内容、审计报告所反映的主要问题等内容，并明确报告的篇幅、格式等。

（三）实施扩大性测试

扩大性测试与一般的内部控制测试要求基本一致，主要包括以下三项内容。

（1）检查经营活动的范围以及为保证这些经营活动有效开展的内部控制制度的建立情况。

（2）对内部控制制度的执行情况进行测试，以评价其符合性。

（3）评价内部控制设计及其执行的有效性。

扩大性测试为内部审计人员得出审计结论和提出审计建议打下了基础，它是提高内部审计质量、降低内部审计风险的主要方法之一。

4.2.3　实施审计测试程序

4.2.3.1 收集、鉴定审计证据

在开展审计业务时，内部审计人员应收集、分析、评价和记录足够的证据，以实现审计目标。

（一）审计证据的类型

审计证据包括书面证据、实物证据、视听证据、电子证据、口头证据、环境证据等。

（二）审计证据的分类

审计证据可以按照证据的来源、特征、法律标准和证明力等进行分类。

1. 按证据的来源分类

内部证据是指由被审计单位产生、处理及保存的一些信息资料。一般来说，其证明力低于在形成或处理过程中有外部单位参与的证据。例如，现金日记账。

内—外证据是指形成于被审计单位，但是经历了外部单位的经营活动过程并由这些单位进行处理后的一些信息资料。虽然内部证据和内—外证据都会受到被审计单位的制约，但在一般情况下，内—外证据的证明力大于内部证据。例如，经银行核销的支票。

外—内证据是指形成于被审计单位，后由被审计单位处理或保存的一些信息资料。这些证据虽然是外部单位编制的，但被审计单位有可能会篡改或错误地使用，从而会削弱其可靠性。例如，供货商开具的发票。

外部证据是指形成于外部单位，由内部审计人员直接从外部获得的一些信息资料。外部审计证据来自独立的第三方，被审计单位无法修改，通常被认为是证明力最强的审计证据。例如，直接邮寄给内部审计人员的应收账款查询回函。

由此可见，证据的证明力可以按以下顺序排列：外部证据 > 外—内证据 > 内—外证据 > 内部证据。

2. 按证据的特征分类

实物证据指内部审计人员通过对人、财、物和活动的直接观察和审查所获得的证据。例如，通过实地盘点存货获得的证据。实物证据最可靠，证明力最强，它可以有效地证实资产和实物的状态、数量、特征、质量等，但不能证明资产或

实物的所有权、计价及分类等。

证明证据指被审计单位的内部人员、其他与被审计单位有联系的人员以及独立第三方，在回答询问或在面谈时所做的口头或书面的说明。这种证据的可靠性较弱，应获取其他形式的证据来支持它。

文件证据是内部审计人员收集的证据中最常见的类型，它是指以文件记录形态作为证明事项真实情况的表现形式的证据。文件证据数量大、来源广，作用广泛，容易被伪造篡改，因此，需要其他因素来保证其可靠性，最好、最有效的办法是运用能相互印证或佐证的文件证据。

分析证据是内部审计人员通过分析证据之间的相互关系，或分析内部控制情况下证据形成的特殊政策及过程所得到的证据。分析证据属于旁证，分析过程包括计算、比较、推理、分析等程序。

3. 按证据的法律标准分类

直接证据是指不需要经过推测或推理就能证明审计结论的审计证据。例如，内部审计人员通过审阅原始凭证、观察交易活动或进行有关的测试所获得的证据。

旁证是为证明尚待证实事情的真相而由非本人提供的一种声明，是间接证据。旁证不能通过交叉检查加以验证，所以一般不容易被接纳。

最优或首要证据是证实需要证实事情的最有说服力的审计证据。例如，文件证据。

意见证据因存在潜在的偏见，通常在法庭上不能作为有用的审计证据。但在核实了专家的胜任能力和客观、公正性后，专家的意见可以作为证据。

在无法获得直接证据时，通常要用到与推论相一致的附属证据。附属证据属于间接证据，需要用佐证证据来增强其说服力。

确证证据是指不需要任何额外的佐证，就可以无可争议地被认为是合理结论的审计证据。间接证据不是确证证据，但经过了充分佐证的直接证据可以作为确证证据。

佐证证据是指可以支持其他审计证据的审计证据。佐证证据的数量越多，其证明力就越强。例如，两个亲历证人的证词的证明力就强于一个亲历证人的证词。

4.按证据的证明力分类

具有充分证明力的证据是不需要佐证证据的支持就可以支持内部审计人员做出审计结论的证据。有证明力的证据必须是客观的、有力的和充分的。

具有部分证明力的证据是必须在其他佐证证据的辅助下，才能支持内部审计人员做出审计结论的证据。该证据只有部分证明力。例如，通过与被审计单位相关人员面谈所获得的证据只有部分证明力，需要通过详细检查和分析性程序的结果加以验证。

无证明力的证据是证据本身不具有证明力的证据，内部审计人员不能依靠其做出审计结论，但这些证据可以为审计工作提供线索或指引审计方向。

（三）证据的相关性、可靠性和充分性

内部审计人员获取的审计证据应当具备相关性、可靠性和充分性。

相关性即审计证据与审计事项及其具体审计目标之间具有实质性联系。

可靠性即审计证据真实、可信。

充分性即审计证据在数量上足以支持审计结论、意见和建议。

例如，在对组织的现金控制进行审计时，内部审计人员发现现金并不是每天都完整地存入银行。通过对现金收入清单的样本进行比较，发现每张现金收款清单与现金日记账的金额相等，但与每日银行存款金额不等，而现金收入清单中的总额长期以来一直等于银行存款总额。支持内部审计人员这一发现的审计证据是充分、可靠和相关的。因为比对公司现金日记账与内部审计人员独立获得的审计证据，对现金收入是否被完整存入银行这一审计目标来说是很有说服力的，所以证据具有充分性。从银行得到的对账单属于从独立的第三方获取的审计证据，通过检查该账单来核实银行存款而得到的审计证据可以被认为是可靠的。审计程序与现金收入是否原封不动存入银行这一事项也是相关的，因此具有相关性。

审计证据具有多样性，内部审计人员应采用多种类型的证据，以便用全面、充分的证据来证明审计结论，提高审计质量，增强审计的客观性。

（四）内部审计人员在获取审计证据时，应当考虑的因素

（1）具体审计事项的重要性。内部审计人员应当从数量和性质两个方面判断审计事项的重要性，以做出是否需要获取更多审计证据的决策。

（2）可以接受的审计风险水平。证据的充分性与审计风险水平密切相关。

可以接受的审计风险水平越低，所需证据的数量越多。

（3）成本与效益的合理程度。获取审计证据时，内部审计人员应当考虑成本与效益的对比，但对于重要审计事项，不应当将审计成本的高低作为减少必要审计程序的理由。

（4）适当的抽样方法。

4.2.3.2 审计证据的获取与处理

内部审计人员向有关单位和个人获取审计证据时，可以采用（但不限于）下列方法：审核、观察、监盘、访谈、调查、函证等。

如何经济有效地收集审计证据，是关系到审计工作成败的重要问题。因此，内部审计人员在完成证据收集后，需要对收集到的证据进行分析，从而发现问题，得出结论。

（一）分析性测试

分析性测试是内部审计人员通过分析比较数据间的关系或比率来取证的一种方法。一般情况下，内部审计人员会事先确定一个预期数，实施审计后将得出的审定数与预期数进行比较，以发现异常的变动。分析性测试具体包括下列几种方法。

1. 多期比较

多期比较就是把本年数据与上年数据进行比较，把本期数据与上期数据进行比较，以及把本期数据与上年同期数据进行比较等。多期比较的前提是各期数据是可比的。如果数据出现大幅度变动，说明很有可能存在问题，那就需要进一步审查。

2. 预算与实际比较

使用这种方法的前提是预算要合理，有了合理可靠的预算，就可通过实际和预算指标的比较发现异常变动，然后确认和分析存在的差异，最后决定是否扩大审计范围。

3. 账户间关系分析

账户间关系分析是利用复式记账的原理来比较各个账户的勾稽关系，以发现账务处理上的错误。例如，按应收账款的一定比例计提坏账准备，利息费用根据借款额的一定比例支付等。内部审计人员通过审查账户间的内在关系，可以发现财务处理上的错误。

4. 与行业指标比较

行业指标能为评价某些比例和趋势的合理性提供有用的外部标准。将本组织的标准与所在行业的类似标准进行比较，可以评价组织中某些比例和趋势是否具有合理性。例如，将部门员工水平与行业标准相比，可以了解部门现有的绩效水平。

5. 与经营数据比较

可将来源于生产经营的数据与财务报表的数据进行比较，从而得到一些有用的信息。例如，将产品销量与存货数量比较，可以发现销售收入是否虚报。

6. 与经济数据比较

将组织经营方面的数据与市场经济数据比较，可以更好地解释与评价组织的经营业绩。通过将反映经营总体情况的数据与经济数据进行比较，有助于内部审计人员更好地分析和评价有关的比率和趋势，从中发现某些不易觉察的风险。

7. 与非财务数据比较

这种比较有助于解释财务数据。非财务数据可以是员工人数、员工结构、市场份额等。

在实施分析性测试审计程序时，内部审计人员如果发现了一些非预期的情况或关系时应给予高度关注，并要采取一些技术方法来检查和评估这些情况或关系，如询问管理层、采取其他的审计方法等，直到对有关解释感到满意为止。如果没有得到充分的解释，则可能表明存在重要的情况，内部审计人员应该向适当的管理层通报，并根据具体情况提出采取适当的措施建议。分析性测试的关键在于分析和比较，在于内部审计人员利用积累的经验和收集的合理标准，对照分析被审计单位提供的资料和信息，从中发现异常的变动、不合常理的趋势或比率。

首先要分析所收集数据之间可能存在的关系，其次是所收集信息资料必须具有可比性。一般可以建立下列比较关系：

（1）用预期值和实际值进行比较；

（2）将同期数据与计划数据进行比较；

（3）将实际值与上年同期值进行比较；

（4）与相同或相近行业的情况进行比较；

（5）同历史最高水平进行比较；

（6）和同行业先进水平比较；

（7）和同行业平均水平比较。

可通过以上比较分析出产生差异的原因，从中找出规律。分析性复核的关键即分析和比较。最后可比性应当剔除有关因素，例如企业扩大规模、重组、兼并等。也就是说，可比性要建立在同一基础上。

（二）详细测试

所谓详细测试，就是对经营活动过程中所编制的原始凭证进行详细的检查。这类凭证是直接证据，内部审计人员应明确原始凭证是来源于被审计单位还是来源于独立的第三方，因为来源于独立第三方的证据强于来源于被审计单位的证据。

在详细测试中，需要收集的证据是由审计目标决定的，这也是决定详细测试具体程序的基础。核单和追踪是两种常用的审计程序。核单就是通过检查原始凭证核实入账金额，其审计目标是要查明是否所有的记录都源于真实的交易。追踪则是从原始凭证入手，然后跟踪其整个处理过程，其审计目标是要查明是否所有已发生的真实交易都已入账。

4.2.3.3 符合性测试与实质性测试

在审计实施阶段应用符合性测试与实质性测试开展审计业务，有效结合使用这两种测试，可以提高审计工作的效率。

（一）符合性测试

符合性测试是指内部审计人员对被审计单位的内部控制设计和执行的有效性进行了解，并对该内部控制是否得到一贯遵循加以审计的过程，也称为遵循性测试。实施符合性测试的根本目的是：查明被审计单位的生产经营等各项管理活动中的各项控制措施是否都真实存在，是否确确实实、始终如一地遵守了制度规定的全部要求，是否真正发挥了作用，其遵循制度的程度如何，有无失控和不完善之处。进行符合性测试一般可以采用追踪法、实验法和观察法。

1. 追踪法

追踪法又称为检查证据法。在该方法下，内部审计人员应检查与该业务有关的凭证、账簿和报表等资料是否已按内部控制制度的规定认真贯彻执行。

2. 实验法

实验法又称重做法。在该方法下，内部审计人员应按照内部控制制度的要求，将有关业务重新做一遍，以查明有关人员是否遵循了内部控制制度的规定。

3. 观察法

在该方法下，内部审计人员应在不通知有关人员的情况下，到工作现场实地观察工作人员是否按照制度的规定进行业务处理。

符合性测试一般采用抽样的方法进行，测试的范围和抽样的数量取决于内部控制的初步评价结果。经过初步评价，若认为被审计单位的内部控制系统较为健全，则测试的范围可较小；若认为被审计单位的内部控制系统不太健全，就应相应扩大测试的范围和抽样的数量。

一般说来，符合性测试的范围越大，所能提供的被审计单位有关控制政策或程序执行有效性的证据就越充分。但是，如果内部审计人员进行符合性测试的工作量可能大于由此而减少的实质性测试的工作量，则大可不必进行符合性测试，而直接进行实质性测试。此外，符合性测试建立在被审计单位内部控制制度健全的基础上，如果被审计单位不存在内部控制制度，或虽存在但通过了解发现其没有被有效执行，则内部审计人员也可不进行符合性测试。因此，在审计实务中，内部审计人员要根据对被审计单位内部控制制度健全性了解的情况，合理确定符合性测试的范围。

（二）实质性测试

实质性测试是指在符合性测试的基础上，为取得直接证据而运用检查、监盘、观察、查询及函证、计算、分析性复核等方法，对被审计单位会计报表的真实性和财务收支的合法性进行审查，以得出审计结论的过程。

实施实质性测试的目的是取得内部审计人员赖以做出审计结论的足够的审计证据。实质性测试通常采用抽样方式进行，其抽样的规模需根据对内部控制的评价和符合性测试的结果来确定。

符合性测试为实质性测试打基础，符合性测试的结果为确定实质性测试的范围、重点、时间提供依据。实质性测试是在符合性测试的基础上进行的，实质性测试的程度取决于符合性测试的结果。

测试方式及内容如表 4-2 所示。

表 4-2　测试方式及内容

测试方式	符合性测试	实质性测试
内容	1. 追踪法； 2. 实验法； 3. 观察法 — — — —	1. 盘点实物； 2. 检查凭证； 3. 核实； 4. 函证； 5. 复算； 6. 查询； 7. 其他

4.2.4　工作底稿的编制和复核

审计工作底稿是内部审计人员在审计过程中形成的审计工作记录和获取的证据资料，能证明内部审计人员是否对这些资料进行了恰当、充分的分析审查，它既包括书面记录等常规形式，又包括电子媒介记录形式。

4.2.4.1 审计工作底稿的编制

编制审计工作底稿有利于内部审计人员在审计过程中形成审计工作记录，并整理获取的资料。它形成于审计过程，也反映整个审计过程。

（一）编制目的

内部审计人员在审计工作中应当编制审计工作底稿，以达到下列目的：

（1）为编制审计报告提供依据；

（2）证明审计目标的实现程度；

（3）为检查和评价内部审计工作质量提供依据；

（4）证明内部审计机构和内部审计人员是否遵循内部审计准则；

（5）为以后的审计工作提供参考。

（二）编制要求

审计工作底稿应内容完整、记录清晰、结论明确，客观反映项目审计计划与审计方案的制定及实施情况，并包括与形成审计结论和建议有关的所有重要事项。审计工作底稿的形式可以是纸质文件、磁带、磁盘、胶片或其他有效的信息载体。无纸化的审计工作底稿应制作备份。

（三）底稿内容与格式要求

审计工作底稿主要包括以下记录：

（1）内部审计通知书、项目审计计划、审计方案及其调整的记录；

（2）审计程序执行过程和结果的记录；

（3）获取的各种类型审计证据的记录；

（4）其他与审计事项有关的记录。

审计工作底稿中应载明下列事项：

（1）被审计单位的名称；

（2）审计事项及其期间或截止日期；

（3）审计程序的执行过程和执行结果记录；

（4）审计结论；

（5）执行人员姓名和执行日期；

（6）复核人员姓名、复核日期和复核意见；

（7）索引号及页次；

（8）审计标识与其他符号及其说明等。

（四）范例

审计工作底稿范例如表 4-3 所示。

表 4-3　审计工作底稿范例

索引号：

被审计单位名称			
审计事项			
会计期间或者截止日期			
审计人员		编制日期	
审计过程记录：			
审计结论或者审计查出问题摘要及其依据：			
处理处罚建议及法律法规依据：			
科目调整要求：			
复核意见			
复核人员		复核日期	

共　页第　页附件（共　页）

4.2.4.2 审计工作底稿的复核

所谓审计工作底稿复核制度，是指审计部门对有关复核人级别、复核程序和要点以及复核人员的职责等做出的明文规定。对审计工作底稿复核的目的是保证所有必要的业务程序均已完成，记载的内容恰当地支持了最终审计报告。复核人员需要确定审计工作底稿是否能够充分支持审计发现、审计结论以及审计建议。

具体需要确定：

（1）内部审计人员是否遵循了业务工作程序；

（2）内部审计人员是否遵守了特定指令要求；

（3）审计工作底稿是否反映出内部审计人员实施了可接受的程序；

（4）内部审计人员做出的结论是否充分；

（5）内部审计人员是否完成了所有的步骤；

（6）内部审计人员是否记录了与被审计单位交流沟通的情况；

（7）内部审计人员是否遵守了有关审计工作底稿的编制指南。

适当的督导证据应予以记录并保留。实务中也明确规定了内部审计人员应该提供复核审计工作底稿的证据。通常情况下，可以利用下列方法来实现这一要求：

（1）复核结束后，由复核人员在每张审计工作底稿上签字并注明日期；

（2）编制已复核过的审计工作底稿清单；

（3）编制说明复核性质、范围和结果的复核备忘录，或者编制说明电子工作底稿软件的评估结果和认可度的复核备忘录。

审计工作底稿形成后，应将其分类汇总、装订成册、归档保存，形成审计档案。审计工作底稿的所有权归组织所有。尽管审计工作底稿的收集整理由内部审计人员完成，但是其编制的底稿不应是其私有财产。审计工作底稿由内部审计部门保管，并且在内部审计部门的控制下，只有获得授权的人才能接触。但在以下几种情况下，经首席审计官批准后可以使用审计工作底稿：

（1）外部审计师可以调用审计工作底稿；

（2）法院在执行公务过程中正常调用或借阅；

（3）被审计单位的管理层或其他成员为了证实和解释审计结果，可以调用审计工作底稿；

（4）其他的外部组织也可以调用审计工作底稿，如税务审计、法规检查、政府合同检查等。

在有些情形下，机构外部的有关方面（外部审计师除外）要求查看审计工作底稿的审计报告。在公开这些文件之前，首席审计官应该获得管理高层或法律顾问的批准。

为了妥善保管审计工作底稿，应做好以下工作：第一，在现场工作中，审计工作底稿应暂时由内部审计人员管理；第二，注意防火、防盗；第三，如果采用电子媒介来形成、传递和储存审计工作底稿，要求内部审计人员提高对底稿安全性的关注，应考虑制作备份，并且电子工作底稿只能由制作底稿的内部审计人员更改；第四，首席审计官负责制定审计工作底稿的保持政策，并应获得本组织法律顾问的批准以保证符合法律、法规或合同的规定。

4.2.5 召开小结会与撤点会

采用现场审计方式的项目，在工作正式结束前应当召开撤点会，进一步加强沟通，以利于下一步工作顺利并有效地完成。至少召开一次小结会，如有重大审计发现，需编写期中报告，也应及时召开专题小结会。

4.2.5.1 小结会

在项目实施审计结束前，项目组长在审计工作过程中至少要召开一次审计组小结会。审计组组长应该主持召开全体内部审计人员参加的审计组内部小组会议，归纳每个内部审计人员在审计过程中发现的问题，进行简单分析和总结，为编制审计报告初稿做好准备，这也是为了防止出现重大遗漏。同时，对本次审计方案的执行情况、审计中重大事项的处理方法等进行对照与检查。此外，这个小结会也是开好撤点会的一个预备会议。内部审计工作在很大程度上是寻找审计发现、获取审计发现的过程。审计发现是对有关事实的声明，内部审计人员以"应该是什么"和"实际是什么"相比较的形式获取审计发现，并在最终的内部审计报告中描述重要的审计发现。所以小结会应以对审计发现的讨论为核心。

4.2.5.2 期中报告

在项目审计实施过程中，内部审计人员有时会在初步审查时发现一些事实已经清楚且亟待解决的问题，这就要随即编写期中报告，及时引起管理层注意以采取适当措施加以解决，而不能等到整个审计项目全部完成才出具最终报告。通常出现以下情况之一时，内部审计人员应根据组织适当管理层的要求和内部审计工作的需要编制并报送期中审计报告：

（1）审计周期过长；

（2）被审计项目内容特别庞杂；

（3）突发事件引起特殊要求；

（4）组织适当管理层需要审计项目进展情况的信息；

（5）其他需要提供期中审计报告的情况。

在项目审计实施过程中，内部审计人员完成某一领域的审计工作后，可能会发现一些不规范的行为，甚至重大控制缺陷。这些不规范的行为或缺陷任其存在，就会给企业带来更大的不利影响和损失。这时，内部审计人员就应适时编写期中报告，指出发现的问题并提出建议，与被审计单位适当管理层进行交流，以便被审计单位及时采取纠正行动。如果涉及重大审计发现或管理层急需掌握的信息，内部审计人员应向组织管理层或董事会提交期中报告。期中报告不仅有助于企业及时采取改进措施，改变不良状况或遏制其发展趋势，也为内部审计人员检查审计发现的正确性，撰写最终审计报告提供了有效的信息。期中报告不能取代最终审计报告，但能作为最终审计报告的编制依据。

4.2.5.3 撤点会

审计组应在离场前与被审计单位相关人员召开撤点会，就审计工作情况及主要审计发现进行沟通，会议完成后将会议相关信息记录在文书中。内部审计与组织的目标是一致的，双方应多沟通，增进互信，以达到互利共赢的效果。

一般来说，撤点会与进点会的出席人员一样，特别是涉及重大审计发现的管理层。会议以沟通审计情况为主，内部审计人员也可针对发现的问题，揭示风险，提出初步意见和建议。同时，要求被审计单位及相关人员谈谈看法。

4.2.5.4 总结与考核

撤点会虽然意味着实施阶段形式上的结束，但审计组组长还要对实施阶段的情况进行考核与总结。审计组组长要对项目审计实施工作进行总结与考核，形成书面记录，并报送内部审计机构。总结与考核可以是陈述式说明，也可以是表格记录。其所要反映的主要内容包括：

（1）项目审计实施工作中主要发现的问题；

（2）审计方案中所布置任务的完成情况；

（3）审计日记中审计发现的核实情况；

（4）审计目标的完成情况；

（5）主审关于内部审计人员的任务完成的考核结果；

（6）项目组长的最后校定记录。

现场工作总结与考核表范例如表 4-4 所示。

表 4-4 现场工作总结与考核表范例

项目名称：

执行人	具体审计业务内容	审计目标完成情况	补充内容	主要发现	考核结果
审计工作底稿重大审计发现汇总：					
现场工作总结：					

项目组长：　　　日期：　　　　　　　　　　　　项目主审：　　　日期：

4.3　一分耕耘　一分收获：报告阶段

审计报告阶段要求内部审计人员对审计项目实施阶段的大量审计证据及其形成的审计工作底稿进行汇总、整理、分析判断，以得出恰当审计结论与意见，并在适当的时候编制审计建议书，与被审计单位、组织适当管理层沟通审计结果，然后编制审计结论，向有关方面报告。

4.3.1 审计中期报告

在进行审计的过程中以及业务结束时，内部审计人员必须及时报告业务的结果。在审计的过程中，为了使发现的问题得到及时的解决，提高工作效率和业务质量，降低风险，内部审计人员应定期与其他同事、主管审计师、首席审计官沟通业务进展情况，以确定是否需要更改业务计划、扩展业务程序、扩大审计范围。如果认为必要，或为了满足某些业务的特殊需要，内部审计人员也可以在实施过程中，就有关事项与被审计单位、高级管理层进行沟通。

4.3.1.1 向主管审计师汇报测试结果

在实施审计业务期间，当对某些信息采取及时行动成为必需时，内部审计人员可能需要向主管审计师报告重大测试结果。内部审计人员应记录有关的信息，特别是将审计过程中收集的审计资料、做出的审计分析、得出的审计发现向主管审计师汇报。主管审计师有责任保证内部审计人员的工作质量。

此外，一些审计信息非常重要，必须立即与上级进行汇报、讨论，而不是在最后的报告中才出现。例如，可能某个内部审计人员刚完成一项审计测试后就发现了舞弊的信号，这类信息就应该作为需要引起即时注意的事项尽快上报给主管审计师。

4.3.1.2 中期报告

沟通中期进展情况最好采取编制中期报告的方式，由内部审计人员在业务工作结束前交给被审计单位或高级管理层。编制中期报告的特殊情况包括：

（1）业务工作需要延长一段时间；

（2）审计业务中发现的需要立即引起注意的重要问题，如舞弊问题、可能引起严重后果的重大违法违规问题等；

（3）管理当局迫切需要了解的某些特殊问题；

（4）审计范围发生变化。

编制中期报告的作用在于：及时向被审计单位反馈重大信息；促进被审计单位对发现的问题及时采取行动，这也有助于内部审计人员完成一份满意的最终报告；在业务结束前，内部审计人员有机会跟踪了解报告中提到的问题的进展。

中期报告可以是书面的，也可以是口头的；可以是正式的，也可以是非正式的。中期报告可以用于报告需要立即引起注意的事项，报告被审计活动审计范围的变化或当审计延续时间较长时将审计的进展通报管理层。请注意,虽然一些信息在中期报告中已经提及,但这并不影响需要在最终报告中提及这些信息。

4.3.2 审计发现、结论、建议

4.3.2.1 审计发现

审计发现是与事实有关的恰当说明,目的是支持内部审计人员做出结论和提出建议,防止发生误解。审计发现的叙述应与审计目标有关,审计发现的细节应向阅读者提供足够的信息,以便他们了解事实,并针对存在的问题提出所应采取的纠正措施。不太重要的审计发现可以不包括在最终审计报告中,通常可以采用非正式方式与被审计单位进行沟通。

内部审计人员在说明审计发现时,应考虑以下因素。

(1)标准,即进行评价和验证时采用的标准、评价或预期值。

(2)情况,即审计发现的事实证据。

(3)原因,即标准与情况不同的原因。

(4)影响,即对组织的影响,或者标准与情况的差异。

4.3.2.2 审计结论

在审计结束后,内部审计人员应该根据专业判断和审计目标形成审计结论。审计结论应有充分的证据支持。审计结论是内部审计人员在充分分析和评价所收集证据的基础上得出的。

内部审计人员的结论可以是发现的负面问题,也可以是对被审计单位令人满意的业绩的肯定。不管是负面的问题还是正面的肯定,都要有充分的理由和证据,以体现内部审计人员是客观的、公正的,对被审计单位不带任何偏见。内部审计人员表现得客观公正,不仅能改善其与被审计单位的关系,还有助于被审计单位接受审计发现和审计建议。

4.3.2.3 审计建议

为了促进被审计单位纠正存在的问题、改善经营状况,内部审计人员应根据审计发现在适当时编制审计建议书。编制审计建议书的目的主要是:帮助企业解决存在的问题,改善经营管理,提高经济效益;提出有必要采取纠正措施的建议;

提出需要管理层进一步调查或进行后续工作的相关事宜；为管理层实现预期目标提供建设性意见。

审计建议可作为与被审计单位讨论内容的一部分，内部审计人员应努力争取被审计单位认可审计结果，必要的话，还应该争取被审计单位同意拟采取的纠正措施。在提出审计建议时，内部审计人员应特别注意不能承担属于管理人员应该承担的责任。

业务层面的意见可以是评级、结论或其他对结果的表述，该业务可能与围绕特定流程、风险或业务部门的控制相关。这些意见的形成需要同时考虑业务结果及其重要性。内部审计人员提出的审计建议只是意见、不是命令，所以不应该提出必须执行的唯一行动建议。

内部审计人员在实施咨询业务时，如果认为需要对依据审计建议所采取的活动负有一定的责任，那就说明该内部审计人员在今后的确认业务中，其客观性会受到质疑。内部审计人员在得出结论和为管理层提供建议时，应该保持客观性。在实施业务前或在实施业务过程中存在有损独立性的事项，应及时提示出来，使管理层了解。

4.3.3 审计结果沟通

内部审计机构应当在正式提交内部审计报告之前，与被审计单位、组织适当管理层进行认真、充分的沟通，听取其意见，保证审计结论的可靠性和审计建议的可行性。

4.3.3.1 结果沟通的概念

内部审计的结果沟通是指内部审计机构与被审计单位、组织适当管理层就审计概况、审计依据、审计发现、审计结论、审计意见和审计建议进行的讨论和交流。

内部审计机构应当与被审计单位、组织适当管理层进行认真、充分的沟通，听取其意见，促进其工作的改进。这是内部审计机构与被审计单位之间建立良好的人际关系，推动内部审计工作顺利进行的重要环节。内部审计人员编制审计报告前，应当就审计报告中的主要内容，诸如审计概况、审计中所发现的问题和审计意见、建议等事项与被审计单位进行沟通。内部审计机构通过与被审计单位的有效结果沟通，可以确保审计结果的客观和公正，促进审计结论和建议得到最终落实和贯彻。

4.3.3.2 结果沟通的目的

进行内部审计结果沟通的目的是提高审计结果的客观性、公正性，并取得被审计单位、组织适当管理层的理解和认同。为此，内部审计机构应当建立审计结果沟通制度，明确各级人员的责任，与其进行积极有效的沟通，并听取其意见。结果沟通是内部审计工作中不可缺少的一个重要环节，其主要作用体现在以下方面。

（一）明确责任

内部审计机构与被审计单位进行结果沟通，可以明确各自的责任与义务，增进彼此间的相互了解，促使双方认真履行职责，从而保护有关各方的合法权益，避免内部审计机构和人员受到不公正的指责或控告。

（二）建立良好的工作关系

内部审计机构在遵守职业道德原则的前提下，与被审计单位、组织适当管理层进行必要的沟通，有利于与被审计单位形成良好的工作关系，加强相互间的协作与配合，保证各种必要的审计程序得到顺利实施，最终实现审计目标。

（三）为组织提供更好的增值服务

在执行审计业务过程中，内部审计人员往往会发现被审计单位在内部控制、经营管理方面存在的问题，对此，通过与管理层进行适当的沟通，可以帮助组织改善内部控制、提高经营效率和管理效果，从而为组织提供更好的增值服务。

（四）有利于保证内部审计人员的工作质量

结果沟通有助于内部审计人员对各种复杂、疑难问题进行正确的分析，做出合理的判断，从而降低审计风险，这有利于内部审计工作的规范化，有利于保证其工作质量。

4.3.3.3 结果沟通的方式

内部审计的结果沟通可以采取书面或者口头方式。对于诸如最终的审计结果等重要的审计事项，通常需要采取书面沟通的方式。书面沟通更利于明确各方的责任，复杂的内容和较大量的信息以书面的形式进行沟通可以获得更加清晰和明确的表达，也便于阅读者有充分的时间对沟通的内容进行研究和思考。书面沟通还便于资料的归档保管。对于诸如阶段性的审计结果或者需要相关各方及时回复的审计事项，则可以采取口头沟通的方式。口头沟通可以得到快速的反馈，更便于内部审计人员及时澄清某些事实、弄清某些问题，方便下一步审计工作的开展。

（一）口头沟通方式

口头沟通是以口头语言进行的信息交流。内部审计人员利用口头语言进行信息交流的方式包括询问、会谈、调查、讨论、召开会议、征求意见等。例如：通过询问被审计单位职能部门相关人员以了解组织的相关情况；与被审计单位负责人或高层管理者进行会谈，反映工作中发现的问题；对被审计单位人员进行调查以取得口头证据，在出具审计报告前征求被审计单位负责人的意见；处理对方提出的各种异议，迅速做出反应，给出令人信服的回答等。这种沟通途径灵活方便，简便易行，容易达到沟通的目的。尤其是在面对面的口头沟通中，沟通双方可以很好地把握对方的立场和态度，有利于充分协商，加快沟通过程中的各种信息传递和交流。但是，通过口头沟通方式所获得信息的保留时间较短，信息也容易模糊失真，有时还无据可查。

口头沟通的优点在于内部审计人员可以很快地得到反馈，可以及时听取对方的意见和建议，并可以立即做出回答和解释。口头沟通的缺点在于交流时可能有多种噪声，会影响听者的信息接收和处理。另外，口头沟通的信息在发出前不可能像书面资料那样得到充分的编辑和修改，可能会传达出错误的信息，而且口头沟通的信息无法存档。

（二）书面沟通方式

书面沟通是利用书面文字来进行的信息交流。内部审计人员利用书面语言进行信息交流的相关文档包括审计通知书、调查问卷、审计工作底稿、审计报告和管理建议书等。例如：对被审计单位下达审计通知书；对被审计单位提交各种意见和建议书；向组织负责人和高层管理者提交审计报告和管理建议书；如有必要还可以就审计中发现的重要事项向组织负责人、高层管理者和被审计单位提交中期报告，以便其采取迅速而有效的行动纠正错误等。书面沟通比较正式，相关文档可以长期保存，便于反复研究，更为慎重和准确。但是，书面沟通方式对客观情况变化的适应性较差，所沟通的信息内容对语言文字的依赖性很强。

书面沟通的优点在于沟通的信息通过书面形式可以得到清晰、明确的表达；当书面信息内容比较复杂，或者信息量较多时，阅读者有充裕的时间进行研究和思考；沟通资料容易归档保管。书面沟通的缺点在于当阅读者在阅读书面资料时，如果存在疑问，可能得不到及时解答，并可能因此而造成误解，使沟通的效果和效率受到影响。

4.3.3.4 结果沟通的内容、时间和记录

（1）结果沟通的内容。内部审计机构和人员应当及时、有效地就审计概况、审计依据、审计发现、审计结论、审计意见以及审计建议等内容与被审计单位进行沟通，认真听取和研究被审计单位的意见，做到既敢于坚持原则，又平等待人，以理服人，减少被审计单位对审计的抵触情绪。

（2）结果沟通的时间。内部审计机构与人员应当在正式提交内部审计报告之前，与组织适当管理层进行结果沟通，以及时报告审计中发现的重大问题，从而为管理层决策提供依据，并促进与适当管理层构建良好的人际关系。

（3）结果沟通的记录。内部审计机构在与被审计单位进行结果沟通时，应当详细记录沟通的内容和过程，并将结果沟通的有关书面材料作为审计工作底稿归档保存。

4.3.3.5 结果沟通的对象和方法

（1）结果沟通的对象。内部审计机构应当与被审计单位进行结果沟通，听取被审计单位对审计发现问题的解释，并了解他们对审计结论和审计意见的看法。如果被审计单位对审计结果持有异议，审计项目负责人及相关人员应当进行核实和答复。如果能够得到被审计单位的理解和支持，更加有助于审计结论和建议的最终落实。与此同时，内部审计机构负责人应当与组织适当管理层就审计过程中发现的重大问题及时进行沟通。由于组织适当管理层通常能够对审计中发现的问题采取纠正措施或者确保纠正措施得到执行，所以取得组织适当管理层的理解和支持是内部审计工作有效开展的保证。

（2）结果沟通的方法。在进行结果沟通之前，内部审计人员应当做好充分的准备，确定所要表达的内容，并考虑需要从对方获取哪些信息。同时，还应当选择适当的时间和地点，并根据沟通对象的特点，采取适当的沟通方式，以保证

良好的沟通效果。内部审计机构与被审计单位进行结果沟通时，应当注意沟通技巧。进行结果沟通的内部审计人员应当能够清晰、完整地表达自己的想法，能够让对方充分理解自己所要表达的信息。同时，内部审计人员也应当认真听取对方的想法和意见，充分理解对方所传达的信息。

4.3.4 撰写内部审计报告

4.3.4.1 内部审计报告的定义和作用

（一）内部审计报告的定义

内部审计报告是指内部审计人员根据审计计划对被审计单位实施必要的审计程序后，就被审计事项做出审计结论，提出审计意见和审计建议的书面文件。内部审计人员通过审计报告完成审计目标、表达审计意见或得出审计结论。内部审计人员对出具的审计报告的真实性、合法性负责。内部审计人员所做的一切审计工作都将在内部审计报告中体现，同时内部审计报告也是发挥内部审计的服务和监督作用的必要条件，是内部审计人员能力和业绩的证明文件。

（二）内部审计报告的作用

内部审计报告对于不同的主体，作用也不尽相同，表现如下。

（1）内部审计报告对内部审计人员的作用。内部审计报告总结了审计工作的目的、范围和结果，是评价内部审计人员工作的主要依据；内部审计报告能促进对内部审计人员的教育与培训；内部审计报告能为评价内部审计人员的工作业绩提供方便；内部审计报告能为内部审计人员的后续审计提供便利条件。

（2）内部审计报告对管理层的作用。内部审计报告能提供一系列的行动计划，可以促进管理层采取必要的改善措施；内部审计报告有助于提醒管理层关注应引起注意的事项；内部审计报告有助于评价管理层的经营业绩。

（3）内部审计报告对高级管理人员的作用。内部审计报告提供了其他报告不能提供的有关经营和控制的详细情况；内部审计报告可向高级管理人员提供客观、全面的信息；内部审计报告提供有关审计活动的信息，使高级管理人员了解正在进行的重要的或高风险事项是否正在接受审计。

（4）内部审计报告对其他组织的作用。内部审计报告是一项重要的信息来源，可以为外部审计师提供方便，避免重复工作；内部审计报告有助于保障监管机构的利益。

4.3.4.2 内部审计报告的质量要求

内部审计报告应当客观、完整、清晰，具有建设性、完整性和及时性，并体现重要性原则。内部审计报告的编制应当符合下列要求：

（1）实事求是、不偏不倚地反映审计事项的事实；

（2）要素齐全、格式规范，不遗漏审计中发现的重大事项；

（3）逻辑清晰、用词准确、简明扼要、易于理解；

（4）充分考虑审计项目的重要性和风险水平，对于重点事项应当重点说明；

（5）应针对被审计单位业务活动、内部控制和风险管理中存在的主要问题或者缺陷提出可行的改进建议，促进组织目标的实现。

内部审计报告应及时编制，以便被审计单位及时采取有效纠正措施；内部审计机构应当建立健全审计报告分级复核制度，明确规定各级复核人员的责任。

4.3.4.3 内部审计报告的内容

（一）内部审计报告的基本要素

内部审计报告的基本要素包括标题、收件人、正文、附件、签章和报告日期、其他事项等。

（1）标题。内部审计报告的标题应当能够反映审计项目的性质，力求言简意赅并有利于归档和检索。标题中通常包括被审计单位的名称、审计事项（类别）、审计期间和审计报告字样。

（2）收件人。内部审计报告的收件人应当是对审计项目有管理和监督责任的机构或人员。收件人可能是被审计单位的适当管理层、董事会或其下设的审计委员会或者组织中的主要负责人、组织最高管理层、上级主管部门等。内部审计人员应当考虑组织的法人治理结构、管理方式的差异，根据具体情况确定适当的审计报告的收件人。

（3）正文。内部审计报告的正文是内部审计报告的核心内容，主要包括审计概况、审计依据、审计中发现的问题、审计结论、审计意见和审计建议等内容。

（4）附件。内部审计报告的附件是对内部审计报告正文进行补充说明的文字和数据资料。附件应当包括针对审计过程中发现的问题所做出的具体说明，被审计单位的反馈意见等内容。例如：审计过程中相关问题的计算及分析程序；审计中所发现问题的详细说明；被审计单位及被审计责任人的反馈意见；记录内部审计人员修改意见、明确审计责任、体现审计报告版本的审计清单；需要提供解释和说明的其他内容等。

（5）签章。内部审计报告应当由主管的内部审计机构盖章，并由审计机构负责人、审计项目负责人以及其他经授权的人员签字。

（6）报告日期。内部审计报告的日期一般采用内部审计机构负责人批准送出日，但是在下列情形下则需要使用相关的日期：因采纳组织主管负责人的某些修改意见、内部审计人员在本机构负责人审批之后又发现被审计单位存在新的重大问题或者内部审计报告存在重大疏忽等。

（7）其他事项。内部审计报告中应当声明内部审计是按照内部审计准则的规定实施的，若存在未遵循该准则的情形，应当做出解释和说明。内部审计报告中应当说明报告是针对被审计单位业务活动、内部控制和风险管理的适当性、合法性和有效性所做出的合理保证。

（二）内部审计报告的正文内容

内部审计报告正文的主要内容包括审计概况、审计依据、审计发现、审计结论、审计意见和审计建议。

（1）审计概况。审计概况是对内部审计项目总体情况的介绍和说明，一般应当包括审计目标、审计范围、审计内容及重点、审计方法、审计程序及宣计时间。

（2）审计依据。审计依据是实施内部审计所依据的相关法律法规、内部审计准则等规定，内部审计报告中应当声明内部审计是按照内部审计准则的规定实施的，若存在未遵循该准则规定的情形，应当做出解释或说明。

（3）审计发现。审计发现是在对被审计单位的业务活动、内部控制和风险管理实施审计过程中所发现的主要问题的事实。内部审计报告应当对所发现的事实的具体情况、应遵照的标准、事实与标准的差异、已经或可能造成的影响以及产生原因做出说明。

（4）审计结论。审计结论是根据已查明的事实，对被审计单位业务活动、内部控制和风险管理所做的评价。内部审计人员提出的结论可以是对经营活动或内部控制的全面评价，也可以仅限于对部分经营活动和内部控制的评价。如果必要，审计结论还应当包括对被审计单位出色业绩的肯定。

（5）审计意见。审计意见是针对审计发现的主要问题提出的处理意见。审计意见的权威性取决于组织适当管理层对内部审计机构的授权情况。

（6）审计建议。审计建议是针对审计中发现的主要问题，提出的改善业务活动、内部控制和风险管理的建议。例如，如果现有系统需要全部或局部改变，审计建议可以包括改进的方案设计、方案实施的要求、方案实施效果的预计以及未实施改进方案的后果分析等。

内部审计报告的基本要素和正文内容如表 4-5 所示。

表 4-5 内部审计报告的基本要素和正文内容

内部审计报告的基本要素	内部审计报告的正文内容
标题	审计概况
收件人	审计依据
正文	审计发现
附件	审计结论
签章	审计意见
报告日期	审计建议
其他事项	—

4.3.4.4 内部审计报告注意事项

内部审计报告没有公认的或固定的格式，不同单位的最终内部审计报告在格式上可能存在不同程度的差别，但最终审计报告必须是正式的书面报告，采用的格式应该经过认真仔细的设计，而且必须经过首席审计官或其委派者的检查、批准和签字后才能签发。在内部审计实务中，编制内部审计报告时需要注意的事项如图 4-4 所示。

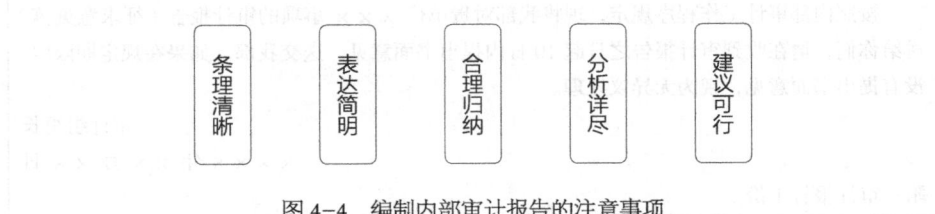

条理清晰　　表达简明　　合理归纳　　分析详尽　　建议可行

图 4-4 编制内部审计报告的注意事项

4.3.5 内部审计报告的复核与报送

4.3.5.1 内部审计报告的复核

(一)征求意见

审计组应当在实施必要的审计程序后,及时编制内部审计报告,并征求审计对象的意见。被审计单位对审计报告有异议的,审计项目负责人及相关人员应当核实,必要时应当修改内部审计报告。被审计单位或被审计责任人自收到内部审计报告之日起 10 日内没有提出书面意见的,视为无异议,并由内部审计人员予以注明。征求意见的内部审计报告应予保留。

在每个项目审计结束后,征求意见时,内部审计人员应认真听取被审计单位或被审计责任人对有关问题的陈述和说明,有出入的应及时调查核实纠正,确保内部审计报告反映的违纪、违规问题事实清楚、数据准确,并严格履行被审计单位或被审计责任人审计报告阅文签字手续。同时,要求各审计组在汇报项目审计结果时,把征求意见情况和被审计单位意见、要求一并反馈,不允许截留或遗漏。通过严把征求意见关,把问题解决在审计意见下发之前,从基础环节上防范审计风险。

内部审计报告征求意见书一般应包括:标题;收件人(即被审计单位);范围段,应当说明征求意见的内容、反馈的形式与时间要求及责任;意见段,被审计单位反馈的意见,可以另附说明反馈,也可以列表填写,被审计单位应对审计情况与发现的问题明确表态,表明事实是否清楚、评价意见是否恰当、定性是否准确、处理是否适当、建议是否可行,不得含糊;签章及报告日期。内部审计报告征求意见书如图 4-5 所示。

内部审计报告征求意见书

××××× 单位:

　　按照内部审计工作程序规定,现将我部对贵单位 ××× 事项的审计报告(征求意见稿)送给你们,请在收到审计报告之日起 10 日内提出书面意见,送交我部。如果在规定期限内没有提出书面意见,视为无异议处理。

审计组组长

××× 年 ×× 月 ×× 日

附:审计报告 1 份

图 4-5　内部审计报告征求意见书

（二）与管理层进一步沟通

若审计中发现了重大问题或对企业全局有重大影响的事项，除了以书面正式方式征求意见外，还应与管理层进行当面沟通，深入了解管理层的意图。

（三）修改内部审计报告

审计项目负责人在收到被审计单位或被审计责任人就内部审计报告"征求意见稿"的反馈意见后，提出对"征求意见稿"的修改意见，必要时可在当面沟通或补充调查的基础上对内部审计报告进行修改。审计组组长综合考虑各种因素，并从企业整体战略规划、内部控制、风险防范等系统化角度出发，修订内部审计报告。内部审计报告修订稿与原内部审计报告征求意见稿有差异时，应详细说明出现差异的原因与相关事实。

（四）复核内部审计报告

内部审计机构应当建立健全审计报告分级复核制度，明确规定各级复核人员的责任。对内部审计报告进行复核的基本内容如下：（1）检查是否已经实施了所有必要的审计程序，运用的审计方法是否恰当有效，是否遗漏重要的事项；（2）检查所收集的审计证据是否达到标准，审计依据是否恰当，审计判断是否准确；（3）检查内部审计报告中的审计结论、审计决定、审计建议是否明确、恰当，是否存在错误表述；（4）检查内部审计报告是否在整体上反映了审计工作的广度和深度。

被审计单位对内部审计报告有异议的，审计项目负责人及相关人员经过核实，必要时应当修改内部审计报告。内部审计报告经过必要的修改后，应当连同被审计单位的反馈意见及时报送内部审计机构负责人复核。

4.3.5.2 内部审计报告定稿

为确保审计质量，审计组应将修订的内部审计报告提交内部审计机构进行审理和定稿。

（一）内部审计报告审理

内部审计报告审理是指审计组将审计报告报送给内部审计机构进行审核确认的过程。负责审理的内部审计人员可依据准则和事实资料对内部审计报告进行修改、更正，以保证内部审计报告的质量。企业在内部审计机构规模较大、人员较充足的条件下，还可以设置专人对内部审计报告进行审理。表 4-6 为审计报告审理文书范例。

表 4-6　审计报告审理文书范例

报告类型：　　　　　　　　　　　　送达日期：
审计期间：　　　　　　　　　　　　编号：

审计报告名称	
主要内容	
组长签字	
审理意见	审理人：

（二）形成正式审计报告

审理之后，由内部审计机构负责人对审计报告进行最后的审定。

标准审计报告示例如图 4-6 所示。

××××有限公司××××（审计项目）审计报告

××××有限公司于××××年××月××日××××（背景起因）。为向管理层提供决策依据，经公司××××年第××次经理办公会研究决定，我室组成审计组，于××××年××月××日至××××年××月××日，对××××有限公司进行了××××（审计项目）。××××有限公司签署了《管理当局声明书》，对财务会计资料及其他有关资料的真实性和完整性承担责任。我们依据中国内部审计若干准则及有关财经制度等开展工作。我们的责任是对提供的资料发表审计意见，出具客观、公正的审计报告。现将审计情况报告如下：

一、××××有限公司基本情况

二、财务状况

三、略

四、略

　　　　　　　　　　　　　　　　　　　　××××有限公司审计部
　　　　　　　　　　　　　　　　　　　　××××年××月××日

图 4-6　标准审计报告示例

（三）审计结果报告

在现代内部审计实务中，除最终的内部审计报告外，内部审计人员还可以根据审计项目的实际需要与管理层的要求，编制审计结果报告，作为内部审计报告的简化形式，与之结合使用，取长补短，使内部审计报告更有针对性和时效性，提高内部审计成果的利用率。

审计结果报告是内部审计机构在审定内部审计报告后，向上级及委托部门提交的审计情况及审计结果的报告。内部审计人员应根据审计结果报告的要求对内部审计报告进行提炼、调整和取舍。审计结果报告是上级及委托部门认定某一事项或处理问题的重要依据。审计结果报告按委托和办理业务的内容，可分为企业领导人经济责任审计结果报告、部门单位预算执行或指标完成情况的审计结果报告及其他需要查证事项的审计结果报告。

审计结果报告的使用对象为被审计单位或内部审计机构的上级及委托部门，而非被审计单位本身，报告重在评价，因此需要对内部审计报告在文字内容上进行取舍。其格式相对于内部审计报告可以简略一些，一般包含 3 个部分。

（1）审计简况：审计方法与程序（包括重点审计、调查、抽查和延伸）；审计发现的主要问题，即资产质量、重大决策、控制管理等方面存在的问题。

（2）审计结果及评价：总体评价被审计单位或被审计人的业绩、管理水平，内部控制制度的建立健全情况，会计信息失真情况等。

（3）审计建议：针对发现的主要问题，提出处理和处罚意见，同时提出改善经营活动和内部控制的建议。

4.3.5.3 形成审计意见

内部审计报告定稿后，应连同被审计单位的反馈意见及时送内部审计机构审理后形成审计意见草案，并经内部审计机构负责人审定后，按企业规定的权限送至审计委员会或高级主管领导进行审阅，或直接根据授权进行处理。对内部审计报告应采取适当的方式进行讨论，审慎形成审计意见，审计意见应送至组织适当管理层，并要求被审计单位进行整改或采取措施向某方向努力。

内部审计机构依据校定的内部审计报告，或根据企业权力机构或管理当局研究形成意见，提出被审计单位应纠正的事项和改进建议，出具审计意见书。依据内部审计报告涉及事项的重要程度，审计意见书分为两种：企业审计意见书和内部审计机构意见书。企业审计意见书是由企业审计委员会或者高管层办公会研究，对重大审计事宜进行处理的文书，其级次高，涉及的有关单位必须执行。内部审计机构意见书是根据主管领导批准的内部审计报告及研究形成的意见，按照企业规定的授权处理范围，对一般审计事宜进行处理的文书。企业审计意见书和内部审计机构意见书分别如图4-7和图4-8所示。

××××公司

×审字〔××××〕××号

关于××××有限公司××××的审计意见

××××有限公司：

经研究，现对××××有限公司××××提出以下审计意见。

1. 同意审计部出具的审计报告。

2. 略。

3. 略。

审计报告附后。

××××集团公司
××××年××月××日

图4-7　企业审计意见书

审计部门意见书

×审字〔××××〕××号

××××单位：

根据年度审计工作计划，审计部于近期对你单位××××年至××××年的财务收支进行了审计。现根据领导批准的审计报告，审计建议如下。

1. 略。

2. 略。

3. 略。

请你单位将以上建议的采纳情况，于××××年××月××日前报审计部。

审计部
××××年××月××日

图4-8　内部审计机构意见书

4.3.5.4 内部审计报告发送及存档

（一）内部审计报告的分发

最终内部审计报告的发送范围一般局限于组织内部，可以根据内部审计机构的要求和审计活动本身的性质来决定分发的对象。首席审计官在发送最终审计结果时应考虑以下几点。

（1）最终内部审计报告应该发送给有权采取纠正措施或能够保证采取纠正措施的人。

（2）总结报告或报告摘要一般应发送给较高层次的组织成员。

（3）内部审计报告可能会发送给董事会成员，或者可能受审计结果影响或与审计结果有利益关系的人。如果与外部审计协作，还应发送给外部审计师。

（4）通常，凡是在业务开始之前，内部审计人员必须与其联系的人，都有权利而且有必要在业务结束时，得到一份最终内部审计报告的副本。

首席审计官必须向适当对象通报结果，除非法律法规或其他规章另有规定，首席审计官向组织外部通报结果之前必须考虑以下几点。

（1）评估组织面临的潜在风险。

（2）必要时向高级管理层或法律顾问咨询。

（3）通过限制结果的使用，控制对结果的发送。

已经出具的内部审计报告如果存在重要错误或者遗漏（如遗漏了重要信息，无意的错误陈述），内部审计机构应当及时更正，并将更正后的内部审计报告提交给原内部审计报告接收者。

（二）内部审计报告存档

内部审计报告是重要的审计资料，内部审计机构应当及时将内部审计报告归入审计档案，按照审计档案管理制度妥善保存。

4.4 百尺竿头 更进一步：后续审计跟踪阶段

通常情况下，外部审计人员出具审计报告就意味着审计工作的基本完成，但是内部审计人员在发出内部审计报告之后，仍然需要对报告中所涉及的审计结果和审计建议进行后续跟踪。

4.4.1 整改情况调查

整改是企业管理当局应当的作为，而不是内部审计人员的责任。整改情况调查是提高审计成果利用率的重要手段。完成整改，将所有问题解决，才是审计项目的真正结项。否则，内部审计人员对未整改的问题应当持续关注，直至得到解决。

4.4.1.1 下达整改通知书

整改通知书是在审计意见下发后，内部审计机构通知被审计单位就审计中发现的问题进行整改的一种审计文书。整改通知书主要对被审计单位的整改时限及待整改事项进行说明，被审计单位需在规定期限内将整改情况反馈给内部审计机构，确保被审计单位及时实施纠正措施，同时确保重要的审计中发现的问题得到解决，相关建议得到落实。

审计整改通知书的要素有：标题、被审计单位、审计的基本情况、整改内容、整改时限等，如图4-9所示。

整改通知书

×××有限公司：

根据×××规定，你单位应自《关于××××的审计意见》下发之日起××个月内，针对审计报告中反映的问题和建议进行认真研究，将整改情况上报××××有限公司派出人员管理办公室，并报××××有限公司审计部备案。

签发人（总经理）：

××××年××月××日

图4-9　审计整改通知书

4.4.1.2 审计整改调查

审计整改是指被审计单位根据审计意见或建议中提出的企业内部管理不善或存在隐患的地方，通过建立健全相关制度、配备相应人员、处理有关账务等手段，完善制度，纠正错误做法，控制经营管理中的风险。审计整改调查就是内部审计机构在下发审计意见后，根据审计意见的性质、被审计单位需要整改的时间以及企业相关管理层和领导的指令，针对被审计单位对审计意见的处理情况进行调查和分析。

审计整改调查的程序如下。

（一）被审计单位及时反馈审计整改情况

内部审计机构在审计意见中，一般会提出对各种责任事故的处理意见和管理弊端的纠正措施以及改进建议。审计意见下发后，内部审计机构有必要对被审计单位规定审计整改期限，被审计单位应在此期限内将审计整改情况反馈给内部审计机构。

内部整改反馈书是内部审计机构发送至被审计单位，由被审计单位根据内部审计机构的要求，填写的用于向内部审计机构反馈对审计意见的落实情况的一种审计文书。内部审计机构通过内部整改反馈书，监督被审计单位对审计意见的采纳和执行是否充分、有效和及时，以保证审计工作质量，扩大审计成果，为后续审计打下基础。内部整改反馈书的要素有标题、文号、被审计单位或被审计人、审计的基本情况、反馈时间，并附有反馈表。其主要内容有审计意见和执行情况、被审计单位及负责人或被审计人签字（章），如图 4-10 所示。

×审执字〔××××〕××号　　　　签发：

（被审计单位或被审计人）：

　　××××年××月××日，我部派出审计组对你单位（或对××领导人员）进行××××审计，并针对具体问题提出审计处理意见，请将执行情况于××××年××月××日前反馈给我部。（审计意见执行情况反馈表可另附页。）如无执行情况，请附明原因。

审计部（章）

××××年××月××日

图 4-10　内部整改反馈书

审计意见执行情况反馈表如表 4-7 所示。

表 4-7　审计意见执行情况反馈表

序号	审计意见（决定）内容	执行情况
1		
2		
3		
4		
5		
6		
7		

填报单位负责人：（签字）　　　　　填报单位：（章）　　　　　年 月 日

（二）内部审计机构归纳、分析整改汇报情况

对一定期间内下属单位以及部门反馈的整改情况汇报资料，内部审计机构要进行归纳、整理、分析，在此基础上着手准备审计整改调查。因为一般审计整改调查工作并不是年度审计计划中能够准确确定的，所以审计整改调查前的分析准备工作非常重要。

审计发现问题整改情况调查表是内部审计人员在内部审计整改反馈表的基础上汇总编制的，是对审计中发现的问题及整改情况的汇总调查、分析，是审计结果执行情况的体现，既维护了审计监督权威，同时也是对审计成果质量的监督，为内部审计机构制订后续审计计划、确定审计重点提供了重要依据。审计发现问题整改情况调查表的要素有被审计单位名称、审计中发现的问题及审计意见、整改反馈情况及时间、执行调查情况。审计发现问题整改情况调查表范例如表 4-8 所示。

表 4-8　审计发现问题整改情况调查表范例

被审计单位名称	审计中发现的问题及审计意见	整改反馈情况及时间	执行调查情况

（三）制订调查计划，下发调查通知

制订调查计划时要注意两点：一是取得调查结果要及时；二是不影响其他审计项目的开展。然后根据审计整改调查计划下发调查通知，通知下发越早越好。因为下发越早，被审计单位就会越早重视整改工作。

（四）实地调查

审计整改调查通知中一般不能确定具体的实地调查时间，因为审计调查不同于其他审计事项，实地调查比较灵活，开展时间短。通知下发后，在与被审计单位沟通后，随时都可以进行实地调查工作。

（五）汇总、分析调查问题

审计整改调查结束后，没有必要就每一个调查项目进行单独报告，最好是将一段时期内，比如一季度、一年中的所有审计整改项目汇总，进行分析，找出审计整改工作不顺利、问题依旧存在等带有共性的情况。

（六）撰写整改调查报告

根据以上分析撰写审计整改报告，如果有必要，对已经随同审计报告下发的审计意见可以重新出具更具操作性的意见。

（七）下发审计整改调查结果意见

根据相应管理层或领导的批示，下发审计整改调查结果处理意见。

4.4.2　后续审计

后续审计是指内部审计机构为跟踪检查被审计单位针对审计中发现的问题所采取的纠正措施及其改进效果而进行的审查和评价活动。内部审计人员在发出内部审计报告后，仍然要对报告中涉及的审计结果和审计建议进行跟踪。审计整改调查更多是由内部审计机构组织完成，后续审计要征得董事会和高层管理者的认可和批准。

4.4.2.1　编制后续审计方案

审计项目负责人应当编制后续审计方案，对后续审计做出安排。编制后续审计方案时应当考虑下列因素：审计意见和审计建议的重要性；纠正措施的复杂性；落实纠正措施所需要的成本；纠正措施失败可能产生的影响；被审计单位的业务安排和时间要求。

在后续审计中，采取合适的工作方式和合理安排审计时间的注意事项如下。

（1）根据审计意见的具体情况，确定实施后续审计的时间。

（2）在审计实施阶段对那些可行的项目尽可能地进行后续整改纠正。

（3）鼓励被审计单位及时将纠正措施通知内部审计人员；将后续审计的注意力放在最重要的审计项目上，对一些无关紧要项目的后续审计主要采用询问及简短的讨论；对一些不是十分重要的审计发现可只审查纠正措施实施的有关情况。

（4）后续审计要把握重点、突出质量。

4.4.2.2 后续审计程序

后续审计的程序如下。

（一）检查并阅读审计回复

审计回复是被审计单位针对内部审计报告或意见提出的审计发现和建议做出答复的一种书面文件。内部审计机构应适时组成审计组，在进行后续审计时，内部审计人员首先应检查被审计单位的审计回复情况。对于没有提交审计回复的被审计单位，要积极催促其尽快补报审计回复。被审计单位对内部审计报告及意见提及问题的回复有四种情况：不回复，回复不充分，有异议或误解，拒绝整改。

内部审计人员要以审计意见及报告为依据，阅读回复内容，以决定哪些事项需要与被审计单位探讨，哪些事项需要深入审查。

内部审计人员在阅读和评价被审计单位的审计回复时，应注意了解被审计单位在审计回复中是否针对内部审计报告或意见中提出的审计发现，进行了现象和原因分析。同时，还要了解审计回复中是否指出了已经采取和将要采取的措施，安排何时、何人负责实施。

（二）纠正行动的检查、询问和记录工作

在被审计单位做出审计回复之后，内部审计人员应认真做好以下几点。

（1）检查被审计单位已实际采取的纠正行动（纠正行动的运行情况），并将其与审计回复中所述的已经采取的纠正行动（纠正行动的书面记录）相比较，看两者是否一致。

（2）询问被审计单位已实施了哪些纠正行动，并将其与审计回复中所述的将要实施的纠正行动做比较，看是否达到要求。

（3）将情况做好记录，并就被审计单位的审计回复进行书面总结，以便督促被审计单位认真实施纠正措施。

与此同时，内部审计人员要对审计回复中不清楚或未做答复的内容进行沟通，与被审计单位做面谈或电话询问，并做好审计工作记录。

（三）适当的现场审计

内部审计人员应对纠正行动和与重大审计发现有关的事项进行现场审计，以

保证纠正措施的真正落实和重大问题得到解决。现场审计的方法包括访问、直接观察、测试和检查纠正措施的有关文件。

（四）对整改情况进行评估

在经过讨论、澄清及实施项目跟踪审计等必要程序后，内部审计人员要对已整改情况进行再评估。审计评价时应注意：正确区分已整改的问题和未整改的问题，并具体分析，区别对待；对新发现的问题进行客观评价，新发现的问题并不完全是后续审计期间出现的问题，有的是上次审计应发现而未发现延续至今的问题。

4.4.2.3 后续审计报告

（一）撰写后续审计报告

在完成上述审计程序后，内部审计人员应根据后续审计结果，编写后续审计报告。后续审计报告中要说明后续审计的目的，重申以前的审计发现和审计建议，概括所采取的纠正措施、后续审计时的审查结果，以及内部审计人员对纠正措施的评价。后续审计报告应当报送单位负责人审阅，如果单位负责人不提出其他要求，审计项目就可宣告结束。后续审计报告是指内部审计人员根据后续审计计划和方案，对审计单位实施后续审计后，就被审计单位对原审计报告中提出的问题及建议而采取行动的适当性、有效性、及时性出具的书面文件，主要内容有基本情况、有关整改情况和建议。后续审计报告应提交公司审计委员会或总经理审阅处理。后续审计报告范例如图 4-11 所示。

关于对××××年的审计意见执行情况的后续审计报告

××公司审计委员会：

根据××××年工作计划，审计部于近期对××××年审计意见执行情况进行了后续审计，现将有关情况报告如下。

1. 基本情况

××××年审计部共完成审计项目××项，审计总金额约××亿元，提出审计意见××条。我部于××××年××月××日对有关被审计单位下发了对××××年审计意见执行情况后续审计的通知，要求各单位书面上报审计意见执行情况，进行了审计抽样。

我部对各单位上报的材料进行了统计汇总，其中已执行的审计意见××条，已处理纠正的不良资产、违纪违规等有问题金额约××万元。总体来看，对我部下发的审计意见，被审计单位都十分重视，并且逐项落实整改。

2. 后续审计情况

我部于××××年××月对×××、×××、×××、×××单位进行了实地后续审计。从审计情况看，这些单位实际执行情况与上报的情况基本一致，对我部提出的审计意见都进行了一一落实、整改，各单位根据审计意见整改后增加收益×××万元。

在后续审计中，我们发现有些审计意见虽然被审计单位非常重视，但在执行上尚有一定难度，有的需要集团公司相关部门协调解决，有的因涉及外部单位（如地方税务部门）一时无法解决，具体情况如下。

（1）

（2）

3. 审计建议

（1）

（2）

审计部
××××年××月××日

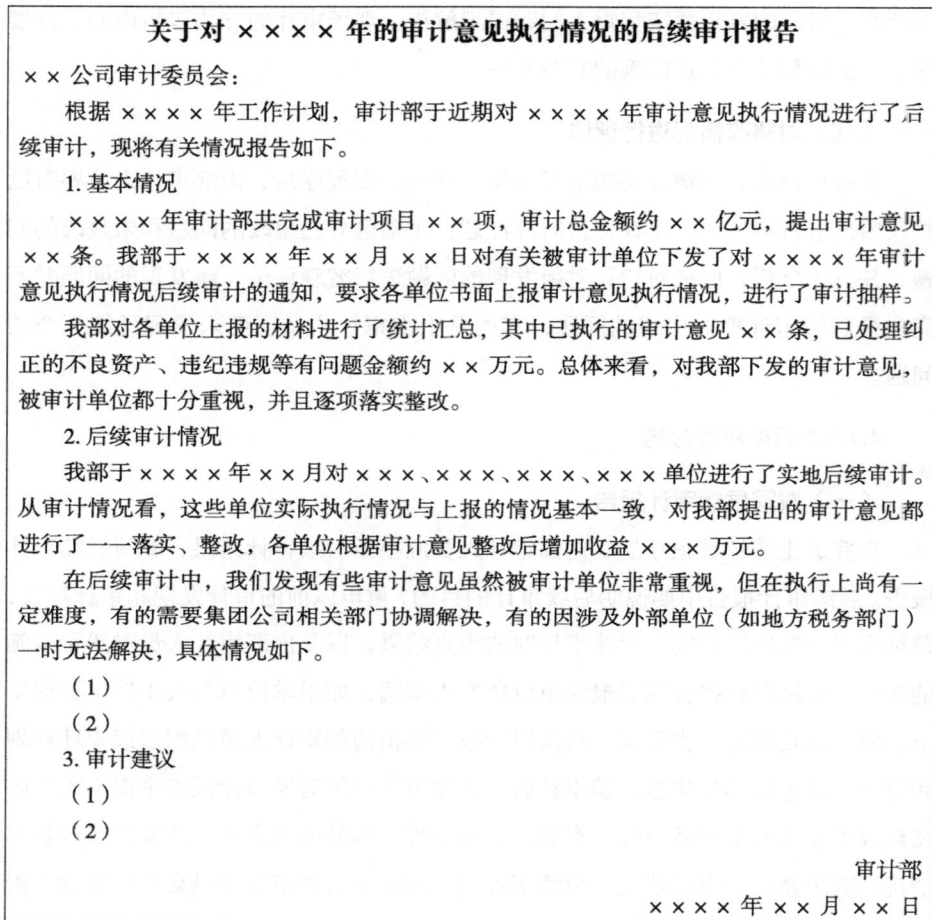

图4-11　后续审计报告范例

（二）后续审计中各个方面的协调和配合

内部审计人员是后续审计的监督主体，监督应贯穿后续审计的全过程。被审计单位是实施后续审计的主体，应在内部审计人员的协助和配合下采取适当的措施，纠正存在的问题。在后续审计过程中，高级管理层承担着监控和协调职责。

1. 审计人员的职责

内部审计人员应及时进行后续审计以确定被审计单位对审计发现是否已采取了适当的行动。内部审计人员应以书面形式向被审计单位、高级管理层、董事会报告在后续审计过程中所做的判断和评价，并对被审计单位准备采取的其他纠正行动进行评价。内部审计人员应保持审计工作的独立性，不要将具体的纠正措施强加给被审计单位。内部审计人员必须让管理层注意真实的和潜在的风险，若管理层或董事会做出了接受和不采取纠正行动的选择，内部审计人员没有进一步的监督责任。内部审计人员在实施后续审计工作时，要考虑被审计单位的业务安排和时间要求，尽量减少对被审计单位生产经营的影响。首席审计官应确定后续审计的性质、时间和范围。

2. 被审计单位的职责

被审计单位应对报告做出及时的、全面的回复，分析风险产生的具体原因，并承担风险。在管理层的口头或书面答复已经说明采取了有效的措施的情况下，后续审计工作就可以作为下一次审计的部分内容。被审计单位应对报告中提到的问题采取纠正行动，全面、及时地纠正存在的问题，协助内部审计人员进行后续审计；向内部审计人员和高级管理层汇报纠正行动的进展，若被审计单位在纠正方法方面与内部审计人员有不同的意见，应以书面形式承诺对有关的风险承担责任。

3. 高级管理层的职责

高级管理层应监控后续审计的过程，检查并鼓励被审计单位对审计报告做出恰当的回复，避免干涉审计人员的后续审计工作，以确保内部审计人员的客观性和独立性。

（三）后续审计应注意的问题

内部审计人员在进行后续审计时应注意以下几点。

（1）应尽可能对更多事项实施后续审计，在审前会议上，鼓励被审计单位在审计结束前实施可行的纠正措施。

（2）将注意力集中于十分重要的或潜在的风险上，对于不太重要的审计发现，可以只审查与纠正措施有关的文件记录。

（3）只对值得注意的具体问题进行后续审计测试，跟踪重要的审计发现和建议，直到问题得到解决。

（4）不要把个人的偏好强加给被审计单位，内部审计人员的责任仅限于审查、评价、建议和报告，要避免对纠正措施负责。

4.4.3 审计文件整理归档

4.4.3.1 审计档案的内容和整理

审计档案材料应当包括以下几个内容。

（1）审计方案、审计通知书、管理层声明书、被审计单位基本情况表等。

（2）审计证据及原始审计工作底稿、汇总审计工作底稿、调查记录等。

（3）审计报告及审计报告征求意见书、审计意见书等审计公文的代拟稿和正式稿。

（4）审计文书送达回执、审计意见执行回单。

（5）有关审计事项的请示、报告、批复、批示、问函、复函、信息等文件材料。

（6）与审计事项有关的群众来信、来访记录等举报材料。

（7）其他应归入审计档案的文件材料，如与审计事项有关的、由被审计单位填制并提供的各项财务报表等。

审计文件材料主要以审计项目案卷为单位进行归档。审计项目案卷中文件材料一般应以结论性文件材料、证明性文件材料、立项性文件材料及其他备查文件材料4个单元为序进行排列。结论性文件材料采用逆审计程序并结合文件材料的重要程度进行排序；证明性文件材料按与审计报告所列问题和审计评价意见相对应的顺序，依汇总审计工作底稿、单项审计工作底稿与审计证据排列；立项性文件材料按文件材料形成的时间顺序，并结合文件材料的重要程度进行排列。

审计项目案卷内每份或每组文件之间的排列规则是：正件在前，附件在后；定稿在前，拟稿在后；批复在前，请示在后；批示在前，报告在后；重要文件在前，次要文件在后；汇总性文件在前，原始性文件在后。

4.4.3.2 审计档案归档注意事项

内部审计机构应当及时地将审计文件材料归入审计档案，妥善保存。审计文件归档应注意以下事项。

（1）内部审计档案应有专人负责管理，做好审计档案的搜集、整理、保管、利用、编研、统计工作，为审计工作服务，定期对本机构库存审计档案进行鉴定、移交和处理。

（2）审计档案的建立实行谁审计谁立卷（主审）、审结卷成、定期归档的责任制度，采取按职能分类、按项目立卷、按单元排列的立卷方法。审计案卷内文件页号按立卷的所有文件材料的实有页数编流水号。

（3）审计文件材料按项目立卷，一个审计项目可立一个卷或几个卷，一般不得将几个审计项目的文件材料合并立为一个卷。跨年度的审计项目在项目审计终结的年度立卷。

（4）审计案卷排列方法应当统一，前后保持一致，不可随意变动。对保密档案要做好保密标识。

（5）内部审计机构应当建立健全审计档案保管制度，定期对审计档案保管情况进行检查，确保审计档案的安全。

（6）审计档案的工作底稿和工作记录的用纸应当统一，包括规格大小等。审计档案的书写要求工整、整洁，必须用钢笔或签字笔书写。审计档案的装订要牢固、整齐、美观、不毛页、不压字、不损坏文件、不妨碍阅读，卷内文件目录和案卷封面要认真填写清楚。

4.4.3.3 审计档案归档及保管期限

以审计项目案卷为单位进行归档的审计文件材料，其归档时间一般不得迟于该审计项目结束后的次年 6 月底；审计档案保管期限应该按照项目审计案卷的保存价值确定，分为长期（10 年以上）和短期（5~10 年）两种，审计档案至少保存 5 年。

内部审计档案工作是指内部审计机构对审计档案进行的搜集、整理、保管、利用、编研、统计、鉴定和移交。内部审计档案是单位或部门档案的组成部分。借阅审计档案只限内部审计机构相关人员，并经内部审计机构负责人批准；其他部门（含外部审计，即政府审计和社会审计）借阅审计档案需书面申请，内部审计机构负责人应根据档案密级、申请部门与审计档案内部相关性确定是否借阅。外单位（除外部审计外）借阅审计档案必须经主管审计的公司领导批准。借阅审计档案必须进行登记，登记内容包括：借阅日期、档案卷号、档案名称、借阅人签字、批准人签字、归还日期等。

4.4.4 审计成果利用

只有将审计成果加以利用，内部审计的价值才能真正发挥出来。现代内部审计要在公司治理、风险管理和内部控制中发挥作用，就必须有利用审计成果的途径。根据审计成果的不同，审计成果利用的途径通常有整改落实、审计情况通报、责任追究、移送、结果公告、考核评优、人事任免等。

导入案例

恒基公司 2019 年度财务报表审计

内部审计人员张杰在对恒基公司 2019 年度财务报表进行审计时，收集到以下 6 组证据：

（1）收料单与购货发票；

（2）销货发票副本与产品出库单；

（3）领料单与材料成本计算表；

（4）工资计算单与工资发放单；

（5）存货盘点表与存货监盘记录；

（6）银行询证函回函与银行对账单。

要求：请分别说明每组证据中哪些审计证据较为可靠，并简要说明理由。

【案例提示】

（1）购货发票比收料单可靠。这是因为购货发票来自公司以外的机构或人员，而收料单是公司自行编制的。

（2）销货发票副本比产品出库单可靠。这是因为销货发票是在外部流转的，并获得公司以外的机构或个人的承认，而产品出库单只在公司内部流转。

（3）领料单比材料成本计算表可靠。这是因为领料单预先被连续编号。

（4）工资发放单比工资计算可靠。这是因为工资发放单需经会计部门以外的工资领取人签字确认，而工资计算单只在会计部门内部流转。

（5）存货监盘记录比存货盘点表可靠。这是因为存货监盘记录是内部审计人员自行编制的，而存货盘点表是公司提供的。

（6）银行询证函回函比银行对账单可靠。这是因为银行询证函回函是内部审计人员直接获取的，未经公司有关职员之手，而银行对账单经过公司有关职员之手，存在伪造、涂改的可能性。

5.1 内部审计证据

5.1.1 内部审计取证相关概念

内部审计证据是指内部审计人员为了得出审计结论、形成审计意见而使用的所有信息。内部审计证据包括构成财务报表基础的会计记录所含有的信息和其他信息。证据是一个适用性较广的概念，不仅内部审计人员执行审计工作需要证据，科学家和律师也需要证据。在科学实验中，科学家获取证据，以得出关于某项理论的结论；在法律案件中，法官需要根据严密确凿的证据，以提出审判结论；内部审计人员必须在每项审计工作中获取充分、适当的审计证据，以满足发表审计意见的要求。

5.1.1.1 会计记录中含有的信息

依据会计记录编制财务报表是被审计单位管理层的责任，内部审计人员应当测试会计记录以获取审计证据。会计记录主要包括原始凭证、记账凭证、总分类账和明细分类账、未在记账凭证中反映的对财务报表的其他调整，以及支持成本分配、计算、调节和披露的手工计算表和电子数据表。上述会计记录是编制财务报表的基础，构成内部审计人员执行财务报表审计业务所需获取的审计证据的重要部分。这些会计记录通常是电子数据，因而要求内部审计人员对内部控制予以充分关注，以测试这些记录的真实性、准确性和完整性。进一步说，电子形式的会计记录可能只能在特定时间获取，如果不存在备份文件，特定期间之后有可能无法再获取这些记录。

会计记录取决于相关交易的性质，它既包括被审计单位内部生成的手工或电子形式的凭证，也包括从与被审计单位进行交易的其他企业处获得的凭证。除此之外，会计记录还可能包括：

（1）销售发运单和发票、顾客对账单以及顾客的汇款通知单；

（2）附有验货单的订购单、购货发票和对账单；

（3）考勤卡和其他工时记录、工薪单、个别支付记录和人事档案；

（4）支票存根、电子转移支付记录、银行存款单和银行对账单；

（5）合同记录，如租赁合同和分期付款销售协议；

（6）记账凭证；

（7）分类账账户调节表。

将这些会计记录作为审计证据时，其来源和被审计单位内部控制的相关强度（对内部生成的证据而言）都会影响内部审计人员对这些原始凭证的信赖程度。

5.1.1.2 其他信息

会计记录中含有的信息本身并不足以提供充分的审计证据作为内部审计人员对财务报表发表审计意见的基础，内部审计人员还应当获取用作审计证据的其他信息。可用作审计证据的其他信息包括内部审计人员从被审计单位内部或外部获取的会计记录以外的信息，如被审计单位会议记录、内部控制手册、询证函的回函、分析师的报告、与竞争者的比较数据等；通过询问、观察和检查等审计程序获取的信息，如通过检查存货获取的有关存货的证据等；自身编制或获取的可以通过合理推断得出结论的信息，如内部审计人员编制的各种计算表、分析表等。

财务报表依据的会计记录中包含的信息和其他信息共同构成了审计证据，两者缺一不可。如果没有前者，审计工作将无法进行；如果没有后者，内部审计人员可能无法识别重大错报风险。只有将两者结合在一起，才能将审计风险降至可接受的低水平，为内部审计人员发表审计意见提供合理基础。

必要审计证据的性质与范围取决于内部审计人员对何种证据与实现审计目标相关做出的职业判断。这种判断受到重要性评估水平、与特定认定相关的审计风险、总体规模以及影响账户余额的各类经常性或非经常性交易的影响。

内部审计人员要获取不同来源和不同性质的审计证据，不过，审计证据很少是绝对的，从性质上来看反而是说服性的，并能佐证会计记录中所记录信息的合理性。因此，在确定报表公允表达时，内部审计人员最终评价的正是这种累计的审计证据。内部审计人员将不同来源和不同性质的审计证据综合起来考虑，这样能够反映出结果的一致性，从而佐证会计记录中记录的信息。如果审计证据不一致，而且这种不一致可能是重大的，内部审计人员应当扩大审计的范围，直到不一致得到解决，并针对账户余额或各类交易获得必要保证。

5.1.1.3 审计证据的类型

内部审计人员应当依据审计目标获取不同类型的审计证据。审计证据包括下列几种：（1）书面证据，（2）实物证据，（3）视听证据，（4）电子证据，（5）口头证据，（6）环境证据。

5.1.1.4 审计证据的分类

审计证据可以按照证据的来源、特征、法律标准和证明力等进行分类。

1.按证据的来源分类

内部证据由被审计单位产生、处理及保存的一些信息资料。一般来说，其证明力低于那些在形成或处理过程中有外部单位参与的证据。例如，现金日记账。

内—外证据形成于被审计单位，但经过外部单位的经营活动并由这些单位进行处理后的一些信息资料。虽然内部证据和内—外证据都会受到被审计单位的制约，但在一般情况下，内—外证据证明力大于内部证据。例如：经银行核销的支票。

外—内证据形成于被审计单位，后由被审计单位处理或保存的一些信息资料。这些证据虽然是外部单位编制的，但被审计单位有可能会篡改或错误地使用，从而会削弱其可靠性。例如，供货商开具的发票。

外部证据形成于外部单位，由内部审计人员直接从外部获得的一些信息资料。由于外部审计证据来自独立的第三方，被审计单位无法修改，所有通常被认为是证明力最强的审计证据。例如：直接邮寄给内部审计人员的应收账款查询回函。

由此可见，证据的证明力可以按以下顺序排列：外部证据 > 外—内证据 > 内—外证据 > 内部证据。

2. 按证据的特征分类

实物证据指内部审计人员通过对人、财、物和活动的直接观察和审查所获得的证据。例如实际观察和实地盘点资产、存货所获得的证据。实物证据最可靠，证据力最强，它可以有效地证实资产和实物的状态、数量、特征、质量等，但不能证明资产或实物的所有权、计价及分类等。

证明证据指被审计单位的内部人员、其他与被审计单位有联系的人员以及独立第三方，在回答询问或在面谈时所做的口头或书面的说明。证明证据的主要作用是为下一步审计工作提供线索和提供重要的方向。这种证据可靠性较弱，应获取其他形式的证据来支持它。

文件证据是内部审计人员收集的证据中最常见的类型，它是指文件记录形态作为证明事项真实情况表现形式的证据。它可以是外部的证据，也可以是内部的证据，除了纸制证据以外，还包括其他介质记录的证据，包括信件、发票会计记录、文件、合同、电子邮件、控制日志等。文件证据数量大，来源广，作用广泛，容易被伪造篡改，因此，需要其他因素来保证其可靠性，最好、最有效的办法是运用能相互印证或佐证的文件证据。

分析证据是内部审计人员通过分析证据之间的相互关系，或分析内部控制情况下证据形成的特殊政策及过程所得到的证据。分析证据属于旁证，分析过程包括计算、比较、推理、分析等程序。

3. 按证据的法律标准分类

直接证据是指不需要推测或推理就能证明审计结论的审计证据。例如，内部审计人员亲自审阅原始凭证观察交易活动或进行有关的测试所获得的证据。

旁证是为证明尚待证实事情的真相而由非本人提供的一种声明，是间接证据。旁证不能通过交叉检查加以验证，所以一般不容易被接纳。

最优或首要证据是证实需要证实事情的最圆满和最有说服力的审计证据。例如，文件证据。

意见证据因存在潜在的偏见，通常在法庭上不能作为有用的审计证据。但在核实了专家的胜任能力和客观、公正性后，专家的意见可以作为证据。

附属证据是当直接证据无法得到时，通常要用到与推论相一致的附属证据。附属证据属于间接证据，需要用佐证证据来增强其说服力。

确证证据是指那些不需要任何额外的佐证，就可以无可争议地被认为是合理结论的审计证据。间接证据不是确证证据，但经过了充分佐证的直接证据可以作为确证证据。

佐证证据是指可以支持其他审计证据的审计证据。佐证证据的数量越多，其证明力就越强。例如，两个亲历证人的证词的证明力就强于一个亲历证人的证词。

证据按法律标准分类，关键是为了发现所获证据的潜在缺陷，并尽可能增强证据的客观性和证明力，但法律对证据的要求高于内部审计人员对审计证据的要求，因此，内部审计人员在搜集证明时应考虑成本／效益原则。

4.按证据的证明力分类

充分证明力的证据是不需要佐证证据的支持就可以支持内部审计人员作出审计决定的证据。有证明力的证据必须是客观的、有力的和充分的。

部分证明力的证据是必须在其他佐证证据的辅助下，才能支持内部审计人员作出审计决定的证据。该证据只有部分证明力。例如，通过与被审计单位相关人员面谈所获得的证明证据只有部分证明力，需要以详细检查和分析性程序的结果加以验证。

无证明力的证据是证据本身不具有证明力，内部审计人员不能依靠其作出审计结论，但这些证据可以为审计工作提供线索或指引审计方向。

5.1.2 内部审计证据的特性

内部审计人员获取的审计证据应当具备相关性、可靠性和充分性。

相关性即审计证据与审计事项及其具体审计目标之间具有实质性联系。特定的审计程序可能只为某些认定提供相关的审计证据，而与其他认定无关。例如，检查期后应收账款收回的记录和文件可以获取有关存在和计价的审计证据，但未必能获得与截止测试相关的审计证据。类似地，有关某一特定认定（如存货的存在认定）的审计证据，不能替代与其他认定（如该存货的计价认定）相关的审计证据。但是，不同来源或不同性质的审计证据可能与同一认定相关。

可靠性即审计证据真实、可信。例如，内部审计人员亲自检查存货所获得的证据，就比被审计单位管理层提供给内部审计人员的存货数据更可靠。审计证据的可靠性受其来源和性质的影响，并取决于获取审计证据的具体环境。内部审计人员在判断审计证据的可靠性时，通常应遵守下列原则。

（1）从外部独立来源获取的审计证据比从其他来源获取的审计证据更可靠。从外部独立来源获取的审计证据未经被审计单位有关职员之手，从而减少了伪造、更改凭证或业务记录的可能性，因而其证明力最强。此类证据如银行询证函回函、应收账款询证函回函、保险公司等机构出具的证明等。相反，从其他来源获取的审计证据，由于证据提供者与被审计单位存在经济或行政关系等，其可靠性应受到质疑。此类证据如被审计单位内部的会计记录、会议记录等。

（2）内部控制有效时内部生成的审计证据比内部控制薄弱时内部生成的审计证据更可靠。如果被审计单位有着健全的内部控制且在日常管理中得到一贯的执行，会计记录的可信赖程度将会增加。如果被审计单位的内部控制薄弱，甚至不存在任何内部控制，被审计单位内部凭证记录的可靠性就大为降低。例如，如果与销售业务相关的内部控制有效，内部审计人员就能从销售发票和发货单中取得比内部控制不健全时更加可靠的审计证据。

（3）直接获取的审计证据比间接获取或推论得出的审计证据更可靠。例如，内部审计人员通过观察某项内部控制的运行得到的证据比询问被审计单位某项内部控制的运行得到的证据更可靠。间接获取的证据有被涂改及伪造的可能性，降低了可信赖程度。推论得出的审计证据，其主观性较强，人为因素较多，可信赖程度也受到影响。

（4）以文件、记录形式（无论是纸质、电子或其他介质）存在的审计证据比口头形式的审计证据更可靠。例如，会议的同步书面记录比对讨论事项事后的口头表述更可靠。口头证据本身并不足以证明事实的真相，仅仅提供了一些重要线索，为进一步调查确认所用。如内部审计人员在对应收账款进行账龄分析后，可以向应收账款负责人询问逾期应收账款收回的可能性。如果该负责人的意见与内部审计人员自行估计的坏账损失基本一致，则这一口头证据就可成为证实内部审计人员对有关坏账损失判断的重要证据。但在一般情况下，口头证据往往需要得到其他相应证据的支持。

（5）从原件获取的审计证据比从传真件或复印件获取的审计证据更可靠。内部审计人员可审查原件是否有被涂改或伪造的迹象，排除伪证，提高证据的可信赖程度。而传真件或复印件容易被篡改或伪造，可靠性较低。

内部审计人员在按照上述原则评价审计证据的可靠性时，还应当注意可能出现的重要例外情况。例如，审计证据虽然是从独立的外部来源获得的，但如果该证据是由不知情者或不具备资格者提供的，审计证据也可能是不可靠的。同样，如果内部审计人员不具备评价证据的专业能力，那么即使是直接获取的证据，也可能不可靠。

充分性即审计证据在数量上足以支持审计结论、意见和建议。审计证据的充分性是对审计证据数量的衡量，主要与内部审计人员确定的样本量有关。例如，对某个审计项目实施某一选定的审计程序，从 200 个样本项目中获得的证据要比从 100 个样本项目中获得的证据更充分。获取的审计证据应当充分，足以将与每个重要认定相关的审计风险限制在可接受的水平。

内部审计人员需要获取的审计证据的数量受其对重大错报风险评估的影响（评估的重大错报风险越高，需要的审计证据可能越多），并受审计证据质量的影响（审计证据质量越高，需要的审计证据可能越少）。然而，内部审计人员仅靠获取更多的审计证据可能无法弥补其质量上的缺陷。

5.2　内部审计证据的获取方法

内部审计人员向有关单位和个人获取审计证据时，可以采用（但不限于）下列方法：审核、观察、监盘、访谈、调查、函证、计算、分析程序。

如何经济有效地收集审计证据，是关系到审计工作成败的重要问题，因此，内部审计人员在完成证据收集过程后，需要对收集到的证据进行分析和解释，从而发现问题，得出结论。

5.2.1　分析性测试

分析性测试是内部审计人员通过分析比较数据间的关系或比率来取证的一种方法。一般情况下，内部审计人员会事先确定一个预期数，实施审计后将得出的审定数与预期数进行比较，以发现异常的变动。具体包括下列几种方法：

1. 多期比较

多期比较就是把本年数据与上年数据进行比较，把本期数据与上期数据进行比较以及把本期数据与上年同期数据进行比较等。多期比较的前提是各期数据是可比的。如果数据出现大幅度变动时，说明很有可能存在问题，那就需要进一步审查。

2. 预算与实际比较

这种方法是预算要合理，有了合理可靠的预算，就可通过实际和预算指标的比较发现异常变动，然后进行比较，确认和分析存在的差异，最后决定是否扩大审计范围。

3. 账户间关系分析

账户间关系分析是利用复式记账的原理来比较各个账户的勾稽关系，以发现账务处理上的错误。例如，按应收账款的一定比例计提坏账准备，利息费用是根据借款额的一定比例支付等。内部审计人员通过审查账户间的内在关系，可以发现财务处理上的错误。

4. 与行业指标比较

行业指标能为评价某些比例和趋势的合理性提供有用的外部标准。将本组织的标准与所在行业的类似标准进行比较，可以评价组织中某些比例和趋势是否具有合理性。例如，将部门员工水平与行业标准相比，可以了解部门现有的绩效水平；将子公司的存货周转率与行业公认标准相比，可以评价业绩并显示哪里需要额外的审计等。但是，由于组织所处的环境与行业中其他组织是有差异的，单凭这些指标的对比还不能形成结论，所以，在进行比较前，内部审计人员需要很好地理解和说明行业标准，增强其可操作性，同时还需要对一些问题作进一步分析。

5. 与经营数据比较

将来源于生产经营的数据与财务报表的数据进行比较，从而得到一些有用的信息。例如，将产品销量与存货数量比较，可以发现销售收入是否虚报。将员工人数与工资费用比较，可以了解工资费用是否超支等。这种方法还有助于评价组织的会计核算工资质量。

6. 与经济数据比较

将组织经营方面的数据与市场经济数据比较，可以更好地解释与评价组织的经营业绩。通过将反映经营总体情况的数据与经济数据进行比较，有助于内部审计人员更好地分析和评价有关的比率和趋势，从中发现某些不易觉察的风险。

7. 与非财务数据比较

这种比较有助于解释财务数据。非财务数据可以是人口年龄、国内政治事件、国际危机等。

在进行分析性测试审计程序时，内部审计人员如果发现了一些非预期的情况或关系时应给予高度关注，并要采取一些技术方法来检查和评估这些情况或关系，如询问管理层、采取其他的审计方法等，直到对有关解释感到满意为止。如果没有得到充分解释的情况或关系，则可能表明存在重要的情况，内部审计人员应该向适当的管理层通报，并根据具体情况提出采取适当的措施建议。分析性测试的关键在于分析和比较，在于利用审计人员积累的经验和收集的合理标准，对照分析被审计单位提供的资料和信息，从中发现异常的变动、不合常理的趋势或比率。

首先要分析所收集数据之间可能存在的关系，其次是所收集信息资料必须具有可比性。一般可以建立下列比较关系：

（1）用预期值和实际值进行比较；

（2）同期与计划进行比较；

（3）实际值与上年同期值进行比较；

（4）相同行业相同或相近情况的比较；

（5）同历史最高水平进行比较；

（6）和同行业先进水平比较；

（7）和同行业平均水平比较。

通过以上比较分析出差异原因，从中找出规律性的东西，实现分析性复核的关键，即分析和比较。最后是可比性应当剔除有关因素，例如企业扩大规模、重组、兼并等。也就是说，可比性要建立在同一基础上。

5.2.2 详细测试

所谓详细测试，就是对经营活动过程中所编制的原始凭证进行详细的检查。这类凭证是直接证据，内部审计人员应明确原始凭证是来源于被审计单位还是来源于独立的第三方，因为来源于独立第三方的证据强于来源于被审计单位的证据。

在详细测试中，需要收集的证据是由审计目标决定的，这也是决定详细测试具体程序的基础。核单和追踪是两种常用的审计程序。核单就是通过检查原始凭证核实入账金额，其审计目标是要查明是否所有的记录都源于真实的交易。追踪则是从原始凭证入手，然后跟踪其整个处理过程，直至总账，其审计目标是要查明是否所有已发生的真实交易都已入账。例如，在对会计记录的完整性进行审计时，通过核单所获取的证据的相关性就较弱，因为核实已入账的交易并不意味着所有交易都已入账，而通过追踪程序所获取的证据的相关性就强。

第6章
倚天不出，谁与争锋——审计技术百家争鸣

导入案例

ABC 银行信息系统开发中的风险审计问题

2019 年年末，某国有商业银行有限公司董事会为了解某地分行的信息系统建设与运行状况，召开了有关对该分行进行信息系统专项审计的董事会议，会议责成公司总经理派出内部审计部对该分行信用卡客户信息管理系统的设计开发情况进行审计评价并提出改进建议。此内部审计项目组审计师经过调查与走访，了解到该分行主要是出于对成本效益问题的考虑，才采用了业务外包的方式进行此项业务的开发。

在开发过程中，该分行派出了一名信用卡管理部门的工作人员王某同外包商一起开展该项工作，为外包商提供关于银行需求的详细信息，同时也参与信息系统开发的程序设计工作。双方沟通融洽，合作顺利，在合约期内很好地完成了该项工作。开发完成的信息系统交由银行进行系统的初始化录入工作。由于王某参与了系统开发，对该系统比较了解，银行决定仍由他主持参与该系统的初始化工作。在录入过程中，王某利用自己对系统程序的了解，在信用卡透支限额扫描、超额锁卡等的信息录入中，篡改了程序，使系统扫描时跳过了对自己的信用卡的检测，使自己的信用卡不会因透支限额限制而被停止使用。这次之后，王某的信用卡就成了没有任何透支限额的"至尊卡"。但是一年多以后，由于一次偶发的停电事故，银行不得不对信用卡透支额度做人工扫描，这时才发现王某的信用卡已存在巨额透支，并且仍可以正常使用，而系统却从未检测到。经过有关部门的调查取证，王某最终受到了相应处罚，该分行最终也维护了信用卡信息系统。

6.1　固本培元——基本审计技术

6.1.1　下马观花

下马观花出自《在鲁迅艺术学院的讲话》，比喻停下来，深入实际，认真调查研究。在这里，我们用来比喻审计技术中的审阅法。审阅法是指通过对被审计单位有关书面资料进行仔细观察和阅读来取得审计证据的一种审计技术方法。内部审计人员可根据有关法规、政策、理论、方法等审计标准或依据对书面资料进行审阅，借以鉴别资料本身所反映的经济活动是否真实、正确、合法、合理及有效。

审阅法是一种十分有效的审计技术，通过使用该方法不仅可以取得一些直接证据，同时还可以取得一些间接证据，如通过审阅可以找出可能存在的问题和疑点，作为进一步审查的线索。审阅法主要用于对各种书面资料进行审查，以取得书面证据。书面资料主要包括会计资料和其他资料。

1. 会计资料的审阅

会计资料包括会计凭证、会计账簿和会计报表，对它们的审阅应注意如下要点：

（1）会计资料本身外在形式是否符合会计原理的要求和有关制度的规定；

（2）会计资料记录是否符合要求；

（3）会计资料反映的经济活动是否真实、正确、合法和合理；

（4）有关书面资料之间的勾稽关系是否存在、正确。

2. 其他资料的审阅

对会计资料以外的其他资料进行审阅，往往是为了获取进一步的信息。至于到底需要审阅哪些资料，则应视审计时的具体情况而定。如在审阅产品成本核算资料时，发现实际耗用工时与定额耗用工时相去甚远，为此，应审阅考勤记录和派工单（或生产任务通知单）等资料，以查明该单位是否弄虚作假。

必要时，应审阅的其他资料通常包括有关法规文件、内部规章制度、计划预算资料、经济合同、协议书、委托书、考勤记录、生产记录、各种消耗定额、出车记录等。

3.审阅的技巧

审阅的主要目的是通过对有关资料的仔细观察和阅读,借以发现一些疑点和线索,以抓住重点,缩小检查范围。这就要求内部审计人员掌握一定的审阅技巧。

(1)从有关数据的增减变动有无异常,来鉴别判断被审计单位可能在哪些方面存在问题。有异常情况的数据,通常称异常数,它是指某些数据资料违反了会计原理的要求,或是违反了经济活动实际情况而出现在正常情况下不应有的现象。如库存商品、现金、原材料等财物明细账出现赤字余额。

运用审阅法从异常数方面着手,以发现有无问题时,具体可从以下三个方面来衡量。

①从数据增减变动幅度的大小来衡量。从这方面着手发现问题,关键是要把握住各项经济活动本身的数量界限。如在正常情况下工资费用、管理费用发生了巨额的增减变化,一般都隐藏有一定的问题。

②从数据本身的正负方向上来衡量。会计数字的正负方向,反映了会计账户表示的属性,如财产物资类账户余额出现了负数,这种表示就违背了该类账户的属性,一般来说均有问题。

③从相关数据之间的变化关系来衡量。相关的会计账户存在着一定的关系,一个账户的变动必然引起某个或某些账户的相应变动,如果变动的方向及变动的幅度不相适应,则说明这种变动存在一定的问题。如对外投资金额有了巨额增加,但投资收益增加很小甚至减少,这就说明与这种变化不相适应,可能存在某种问题。

(2)从会计资料和其他资料反映经济活动的真实程度,来鉴别判断被审计单位有无问题。会计资料及其他资料理应真实、准确地反映单位各项经营活动的过程和结果,如果资料反映的情况和实际活动不符,则被审计单位就有弄虚作假的可能。

(3)从会计账户对应关系的正确性,来鉴别判断被审计单位有无问题。相关的会计账户都有明确的对应关系,而每个账户都有固定的核算内容,如果被审计单位任意变动每个账户的核算内容,甚至将不相关的账户对应起来,一般都存在造假行为。如将投资收益、其他收入记入应付账款账户,或将应收款账户与费用账户对应、收入账户与应付款账户对应,以达到转移收入或支出的目的。

（4）从时间上有无异常，来分析判断被审计单位是否存在问题。每项经济业务从开始执行到结束的整个过程所持续的时间，都有一定的限度。若在有关资料上没有载明业务发生时间，或是虽载明了时间，但从发生日至记账日（或结转日）的时间间隔较大，则可能隐藏着某种问题。

（5）从单位购销活动有无异常，来鉴别判断被审计单位有无问题。内部审计人员可从书面资料审阅中，发现被审计单位在购销活动方面有无舍近求远、舍优购劣的现象，以及购销活动内容、物流方向、购销价格、结算方式等是否正常、合理、合法。

（6）从业务经办人的业务能力、工作态度以及思想品德，来鉴别判断可能存在的问题。内部审计人员可以从书面资料审阅入手，进一步了解重要业务经办人的道德、业务素质情况，以判断有无问题存在。

（7）从资料本身应具备的要素内容，鉴别判断问题存在的可能性。任何资料都应该具备所要求的要素，如果要素内容不全，均应进一步查明原因，以证实有无问题。

要有效地运用审阅法，必须结合使用复核、核对的方法，及时证实审阅中发现的问题。审阅时应认真仔细，不要放过任何一个要素，更不要放过任何一个数字，边审阅、边思考，以发现疑点和线索，并进行完整的记录。为了避免重复和疏漏，审阅时应运用符号，以区别已审阅和未审阅的资料。

6.1.2　复核

复核法又称复算法或重新计算法，是内部审计人员对被审计单位的原始凭证及会计记录中的数据进行验算或另行计算的方法。内部审计人员在进行审计时，往往要对被审计单位的凭证、账簿和报表中的数字进行计算，以验证其是否正确。内部审计人员的计算可根据需要进行，不一定按照审计单位原来的计算顺序进行；计算过程中，不仅要注意计算结果是否正确，还要注意过账、转账等方面的差错。计算还包括对会计资料中有关项目的加总或其他运算。其中加总既包括横向数字的加总，也包括纵向数字的加总。在报表审计中，要充分利用加总技术来获取必要的审计证据。

1. 会计数据的复核

会计数据的复核主要是指对有关会计资料提供的数据进行的复核。

（1）会计凭证复核。

①复核原始凭证上的单价与金额等数据有无错误。对于涉及多个子项的原始凭证，注意复核其合计是否正确，对于自制的付款凭证，如工资结算凭证，更应注意，以防有诈。

②复核记账凭证所附原始凭证的金额合计是否正确。

③复核记账凭证汇总表（科目汇总表）是否正确。

④复核转账凭证上转记金额的计算是否正确。

⑤复核成本计算中有关费用的归集与分配，以及单位成本的计算有无错误等。

（2）会计账簿复核。

①复核明细账、日记账、总账的本期借、贷方发生额的计算是否正确。

②复核各账户余额的计算有无错误，尤其是应注意现金日记账和有关实物明细账的复核，以防被审计单位利用记账技巧进行舞弊。

③复核有关明细账余额之和的计算有无错误。

（3）会计报表复核。

①复核资产负债表中的小计数、合计数及总计数的计算是否正确。

②复核损益表及其主营业务收支明细表、利润分配表中的利润总额、净利润及利润分配等有关数据的计算有无错误。

③复核现金流量表有关项目的计算、小计数、合计数有无错误。

④复核其他明细表有关栏和行的合计，以及最后的总计计算有无错误。

⑤复核各报表补充资料中有关指标的计算是否正确。

2. 其他数据的复核

其他数据的复核主要是对一些重要指标的复核，如对工作时间的复核，包括对定额工作时间、计划工作时间、实际工作时间，生产任务完成情况的复核等。必要时，还应对有关预测、决策数据进行复核。

复核法虽然是一种较为简单的技术方法，但要取得良好的效果，必须善于抓住重点、找准关键的数据，必须小心谨慎、反复验算，绝不可过于自信和轻信。

6.1.3　核对

核对法是指将书面资料的相关记录或书面资料的记录与实物，进行相互核对以验证其是否相符的一种审计技术方法。核对法亦是审计技术方法中较为重要的技术方法。按照复式记账的原理核算的结果，资料之间会形成一种相互制约关系，若被审计单位的有关人员，存在无意的工作差错或是故意的舞弊行为，都会使得制约关系失去平衡。因此，通过对相关资料进行相互核对，就能发现可能存在的种种问题。

在审计中，需要相互核对的内容很多，但概括起来，主要有三个方面，即会计资料间的核对、会计资料与其他资料的核对，以及有关资料记录与实物的核对。

1. 会计资料间的核对

（1）核对记账凭证与所附原始凭证。核对时注意两点：一是核对证与证之间的有关内容是否一致，包括经济业务内容摘要、数量、单价、金额合计等；二是核对记账凭证上载明的所附凭证张数是否相符。

（2）核对汇总记账凭证与分录记账凭证合计，核实其是否相符。

（3）核对记账凭证与明细账、日记账及总账，查明账证是否相符。

（4）核对总账与所属明细账余额之和，查明账账是否相符。

（5）核对报表与有关总账和明细账，查明账表是否相符。

（6）核对有关报表，查明报表间的相关项目，或是总表的有关指标与明细表之间是否相符。

上述核对内容要点，可概括为证据核对、账证核对、账账核对、账表核对和表表核对。

2. 会计资料与其他资料的核对

（1）核对账单，即将有关账面记录与第三方的账单进行核对，查明是否一致，有无问题。如将单位的银行存款日记账同银行的对账单进行核对，将应收应付账款与外来的对账单进行核对等。

（2）核对其他原始记录，即将会计资料同其他原始记录进行相互核对，查明有无问题。这些重要的原始记录包括核准执行某项业务的文件、生产记录、实物的入库记录、出门证、出库记录、托运记录、职工名册、职工调动记录、考勤记录及有关人员的信函。在进行某些专案审计时，这种会计资料同其他原始记录之间的相互核对，尤为重要。

3.有关资料记录与实物的核对

报表或账目所反映的有关财产物资是否确实存在，是财产所有者普遍关心的问题。因此，核对账面上的记录与实物之间是否相符，是核对的重要内容。核对时，应将有关盘点资料同其账面记录进行核对，或是将审计时取得的实地盘点结果同账面记录核对。

通过以上核对，能发现其中差异所在。有时还需要进一步审查这些差异。进行审查时，应分析判断产生的原因及后果，然后再确定需要采用的检查方法，并实施更深程度的审查。

具体进行核对时，可以由两个人进行，也可由一个人进行。由两个人进行时，一般是一个读，另一个对，这样做可以提高效率，但常常会因看错、念错或听错而影响核对结果。由一人进行核对，出错的可能性小，也便于发现问题，但效率低。为了取得满意的核对效果，核对前，应对将用来核对的资料本身的可靠性进行复核；核对过程中应特别细心，并要运用各种符号对是否核对过、是否有疑问加以识别；对复核中发现的差异、疑点、线索等要逐一详细记录，必要时要运用其他审计技术及时查明问题。

上述三种方法主要用于对记录或文件进行检查，即内部审计人员对被审计单位内部或外部生成的，以纸质、电子或其他介质形式存在的记录或文件进行检查，以获取可靠程度不同的审计证据。

6.1.4 盘存

盘存法是指通过对有关财产物资的清点、计量，来证实账面反映的财物是否确实存在的一种审计技术。按具体做法的不同，盘存法可分直接盘存法和监督盘存法两种。直接盘存法是指内部审计人员在实施审计检查时，通过亲自盘点有关财物来证实其实际数据与账面记录是否相符的一种盘存方法。监督盘存法又称监盘，是指内部审计人员现场监督被审计单位对各项实物资产及现金、有价证券等的盘点，并进行适当的抽查。同时，在监盘时，内部审计人员还应对实物资产的质量及所有权予以关注。

在审计过程中，内部审计人员只是对被审计单位盘点工作进行监督，对于贵重物资，才进行抽查复点。采取监督盘存法的目的是确定被审计单位实物形态的资产是否真实存在，是否与账面反映一致，有无短缺、毁损及贪污、盗窃等问题存在。实物盘点只能证实实物的存在性，而不能证实其所有权和质量好坏，因此，内部审计人员还要另行审计，以证实其所有权和质量问题。无论是直接盘存还是监督盘存，均是重要的检查有形资产的方法，可以为有形资产的存在性提供可靠的审计证据。盘存的步骤如下。

（一）盘点准备工作

（1）确定需要盘点的财物并予以封存。被审计单位的财物种类繁多，全面盘点不大可能，且也无必要，因此，应根据审计目标和应审计项目的具体情况，来确定需要盘点的重点。一般可按以下标准来衡量：①是否未盘点过？②账面反映存量是否合理？③在成本中所占比重是否过大？④该物品是否属紧俏贵重物品？⑤该物品是否为日常生活必需？⑥该物品以往是否发生过舞弊问题？若上述回答都是肯定的，则相关物品应该成为盘点的重点。

在应盘点的财物确定好以后，若不能立即同时盘点，且又难保证不让被审计单位知道情况，则应将需要盘点的物资予以封存，贴上封条后将钥匙交财物经管人保管。

（2）调查了解有关财物的收发保管制度，并对各项制度控制功能的发挥情况做出评估，找出控制的薄弱环节，明确重点。

（3）确定参加盘点的人员。在盘点成员中，至少要有两名内部审计人员、一名财务负责人和一名实物保管人，同时，还应有必要的工作人员。

（4）结出盘点日的账面应存数，即通过审阅、复算、核对，将账面记录和计算错误予以消除。

（5）准备记录表格，检查度量器具。一定要对有关用来盘点的度量器具进行检查，以防弄虚作假而使盘点结果失真。

（6）选择恰当的盘点时间。盘点时间的选择，一般以不影响工作正常进行为准。宜选择在每天的业务终了后，或是业务开始前进行盘点。

（二）进行实地盘点

准备工作就绪后，应立即着手进行盘点。对于一般的财物盘点，内部审计人员主要在场监督，看看工作人员是否办理了应该办理的手续，同时，注意观察有关物品的质量；对于特别重要的财物盘点，内部审计人员除了监督、观察外，还应进行复点，如现金盘点、其他有价证券盘点、贵重物品盘点等。

盘点完毕，内部审计人员应将其盘点所获的实际情况，如实地填在事先准备好的表格上。

（三）确定盘点结果

将通过盘点获得的结果与账存进行比较，就能知道账实之间是否相符；若不相符，要查明到底存在什么问题，还要运用其他方法进一步检查落实。

盘点结果确定以后，应由所有在场人员（尤其是实物保管人、财务负责人及内部审计人员）在盘点表上签名，以明确责任。

盘存法主要用于对各种实物的检查，如现金、有价证券、材料、产成品、在产品、库存商品、低值易耗品、包装物、固定资产等。

在具体运用盘存法时，应特别注意以下几点。

（1）实物盘存一般采取预告检查，如有需要也可采取突击检查方式，如果实物存放分散，应同时盘点。若不能同时盘点，则未盘点实物的保管，应在内部审计人员的监督下进行。

（2）不能只清点实物数量，还应注意实物的所有权、质量等。

（3）任何性质的白条，都不能用来充抵库存实物。

（4）在确定盘点小组的人选时，不能完全听任被审计单位，以防串通合谋舞弊。

（5）确定盘点结果时，不要轻易下结论，尤其是涉及个人的问题时，更应谨慎。

（6）若遇检查日与结账日之间不一致，应进行必要调整。调整时，可分别按以下公式进行：

结账日账面应存数 = 盘点日账面应存数 + 盘点日与结账日之间的发出数 − 盘点日与结账日之间的收入数

结账日实存数 = 盘点日实存数 + 盘点日与结账日之间的发出数 − 盘点日与结账日之间的收入数

注意：第一个公式中的盘点日账面应存数是在盘点准备阶段确定的，一般认为是无核算错误的账面存数，而不是被审计单位提供的盘点日账余额；两个公式中两个调整项，数据相同，但无论是期间的发出数也好，还是期间的收入数也好，若要用来调整，则必须经过内部审计人员的审核，只有认为正确无误，才能用来调整。

6.1.5　飞鸽传书

古有飞鸽传书，今有函证。函证法是指内部审计人员根据审计的具体需要，设计出具有一定格式的函件并寄给有关单位和人员，根据对方的回答来获取某些资料，或对某问题予以证实的一种审计技术方法。

函证按要求对方回答方式的不同，分为积极函证和消极函证两种。积极函证，是指对函证的内容，不管在什么情况下，都要求对方直接以书面文件的形式向内部审计人员做出答复。消极函证，是指对于函证的内容，只有当对方存有异议时，才要求对方直接以书面文件形式向内部审计人员做出答复。至于在何种情况下应用积极函证或消极函证，一般视函证业务事项的具体情况而定。

1.函证方式的选择

积极函证方式适用于以下场合。

（1）函证业务事项较为重要。一方面，可以从该业务事项的金额大小来衡量；另一方面，可以从该业务事项涉及的问题性质来衡量。

（2）函证业务事项极为有限。

（3）函证业务事项延续的时间极长。

（4）对函证业务事项还存有较多疑点。

其余场合则可采用消极函证方式。在采用消极函证的方式时，只要在规定的期限内未收到他方的答复函，则函证业务事项的实际情况与内部审计人员的认识是一致的。

2.函证内容的设计

在进行函证时，他方是按照内部审计人员在函证中的具体要求来回答问题的。因此，设计出既能满足内部审计人员要求，又便于他人理解和回答的函件，就显得特别重要。函证应包括以下内容：

（1）审计机关名称；

（2）他方名称（姓名）、发函目的、函证业务事项及要求；

（3）函证业务事项的具体内容；

（4）审计机关及他方的签章和发函及回复的日期等。

函证法既可用于对有关书面资料的证实，也可用于对有关财产物资的证实，如对应收应付账款余额真实性的核实、对财物所有权的核实等。一般而言，当需从被审计单位以外的其他单位获取有关材料才能达到审计的目的时，就可采用函证技术。不过，在其他单位对被审计单位存在极大依赖，或是被审计单位与其他单位有意串通的情况下，采用函证技术将是无效的。

应用函证技术时，除应根据需要选择适当的函证方式、设计恰当的函证文件以外，还应注意以下问题：①应避免由被审计单位办理与函证有关的一切事项，包括信件的封口、投递、接收等；②对于重要事项的函证，应注意保密，以防被审计单位临时采取补救措施；③在积极函证的方式下，未能在规定期限内收到答复函时，应采用其他措施，或是再次发函，或是亲临核实；④为了便于控制，应对函证事项和单位开列清单，并做好相应记录。图 6-1、图 6-2 分别是询证函及银行往来询证函的样本。

询证函

致：_____   编号：_____

　　本公司聘请的 ×× 会计师事务所正对本公司会计报表进行审计。按照《中国注册会计师独立审计准则》的要求，应当询证本公司与贵公司的往来账项，下列数额出自本公司账簿记录。如与贵公司记录相符，请在本函下端"数据证明无误"处签章证明；如有不符，请在"数据不符及需加说明事项"处详为指正。回函请直接寄至 ×× 会计师事务所。

　　地址：_____   邮编：_____   电话：_____

　　传真：_____   （本函仅为复核账目之用，并非催款结算）。

截止日期	贵公司欠	欠贵公司	备注

　　若款项在上述日期之后已经付清，仍请及时函复为盼。

　　　　　　　　　　　　　　　　　　　　　　　　　　　公司印鉴

数据证明无误

签章_____日期_____

数据不符及需加说明事项

签章_____日期_____

图 6-1　询证函

银行往来询证函

致：_____

　　本公司聘请的 ×× 会计师事务所正在对本公司会计报表进行审计。按照《中国注册会计师独立审计准则》的要求，应当询证本公司与贵行的存款、贷款往来，下列数额出自本公司账簿记录。如与贵行记录相符，请在本函下端"数据证明无误"处签章证明；如有不符，请在"数据不符及需加说明事项"处详为指正。回函请直接寄至 ×× 会计师事务所。

　　地址：_____　邮编：_____　电话：_____　传真：_____

1. 存款户　截至　年　月　日

银行账号	账户性质	原币金额	备注

2. 贷款户　截至　年　月　日

贷款性质	担保或抵押	贷款起止期	利率	贷款金额	备注

公司印鉴

数据证明无误

签章_____日期_____

数据不符及需加说明事项

签章_____日期_____

图 6-2　银行往来询证函

6.1.6　眼观六路

　　天下大事必做于细，内部审计人员要眼观六路，明察秋毫。观察法是指内部审计人员通过观察相关人员正在从事的活动或执行的程序，来取得审计证据的一种技术方法。如内部审计人员进入被审计单位以后，对被审计单位所处的外部环境和内部环境进行观察，借以取得环境证据；内部审计人员对被审计单位人员的行为进行观察借以发现问题和证实问题，并取得行为证据；内部审计人员对被审计单位的财产物资进行观察，了解其存放、保管和使用状况，借以确定盘点重点、证实账簿记录、充实证据资料。

观察法除可用于了解被审计单位的经营环境以外，主要应用于对内部控制制度的遵循测试和对财产物资管理的调查。如调查有关业务的处理是否遵守了既定的程序，是否办理了应办的手续；财产物资管理是否能保证财产物资安全完整，是否有外在的厂房、物资等，外借的场地、设备是否确实需要；等等。观察法结合盘点法、询问法使用，会取得更佳的效果。通过观察获得的审计证据仅限于观察发生的时点，并且可能影响内部审计人员对相关人员从事活动或执行程序的真实情况的了解。

6.1.7 草船借箭

内部审计过程中，有许多超出内部审计人员能力范围的事项，这时我们要善学古人"草船借箭"——借助外部力量鉴定。

鉴定法是指需要证实的经济活动、书面资料及财产物资超出内部审计人员的专业范围时，由内部审计人员另聘有关专家运用相应专门技术和知识加以鉴定证实的办法。如内部审计人员需要对书面资料的真伪进行鉴定，对实物性能、质量、估价进行鉴定，对经济活动的合理性进行鉴定等，如内部审计机构中无该方面的专门人才，就有必要聘请有关专家进行鉴定。鉴定法主要应用于涉及较多专门技术问题的审计领域，如经济效益审计领域；同时也应用于一般审计实务中难以辨明真伪的情形，如纠纷、造假事项等。

应用鉴定法，在聘请有关人员时，应判断被聘人员能否保持独立性，与被鉴定事项所涉及的有关方面有无利害关系；鉴定后应正式出具鉴定报告并签名，以明确责任。

6.2　如虎添翼——辅助审计技术

6.2.1　分析性复核

分析性复核是内部审计人员对被审计单位重要的相关比率或趋势进行分析和比较，包括调查异常变动以及这些重要比率或趋势与预期数额和相关信息的差异。对于异常变动项目，内部审计人员应重新考虑其所采用的审计方法是否合适；必要时，应追加适当的审计程序，以获取相应的审计证据。分析性复核是一项技术性较强、说服力较强的取证手段，它要求内部审计人员具有较强的专业判断能力和丰富的审计经验，并运用一定的方式和程序，确保检查风险降至可接受水平。

常用的分析性复核方法主要有比较分析法、平衡分析法、科目分析法和趋势分析法，进一步介绍如下。

（一）比较分析法

比较分析法，是指直接通过对有关项目之间的对比，来揭示其中的差异，并分析判断其差异形成原因的一种分析方法。按对比时所用指标的不同，其又分为绝对数比较分析和相对数比较分析两种。绝对数比较分析，是指直接以有关项目之间的总额进行对比，来揭示其中差异所在并进行分析判断的一种分析方法。这种比较可以揭示出有关被审计项目的增减变动有无异常、是否合情合理、是否存在问题。相对数比较分析，又称比率分析，它是指通过计算出被审计项目的百分比、比率或比重结构等相对数指标，然后根据对相对数指标的对比，来揭示其中的差异并分析判断有无问题的一种分析方法。相对数比较分析较绝对数比较分析更便于发现问题。

在具体应用比较分析法时，还应注意以下各点：

（1）对比之前，应对用来对比的被审计项目有关资料内容的正确性予以确认；

（2）对比的各项目之间，必须具有可比性；

（3）对比哪些内容，应根据比较的目的而定；

（4）比较揭示的差异，应加以记录并附分析说明，为决定采用其他审计技术所用。

（二）平衡分析法

平衡分析法，是指根据复式记账原理和会计制度的规定，以及经济活动之间的内在依存关系，对应该存在内在制约关系的有关项目进行计算或测定，以检查制约关系是否存在并揭示其中有无问题的种种分析技术。由于这种分析方法通常是通过对存在依存制约关系的数据计算或测定来进行，因而也有人称它为制度数据约定法或控制计算法。

平衡分析法实际上是比较分析法的一种转化形式，平衡分析法主要应用于存在内在依存制约关系的数量或金额指标，而用直接比较分析难以奏效的场合。

在具体应用平衡分析法时，还应注意以下各点：

（1）对有关指标先进行复核，验证本身是否正确；

（2）分析前，应找出项目之间存在的依存制约关系；

（3）内部审计人员应掌握一些生产经营活动的基本常识，以发现依存制约关系。

（三）科目分析法

科目分析法又称账户分析法，是审计分析中的一种主要技术方法。它是指以会计原理为依据，对总分类账户的借方或贷方的对应账户及其发生额和余额是否正常进行分析的一种方法。如将"产品销售收入"和"银行存款""应收账款""现金"及"应付账款"等账户结合起来分析，既可以审查有无差错和弊端，还可以了解产品销售情况、应收账款发生和收回情况及费用发生、支付情况等。

在具体运用科目分析法时，还应注意以下各点：

（1）应针对被审计单位的具体情况，找出其中应该重点检查的科目；

（2）在编制科目分析表时，应谨慎小心，以防疏漏而导致得出错误的审计结论；

（3）必须将正常的对应科目列全，否则难以发现问题。

（四）趋势分析法

趋势分析法，亦称动态分析法，是指从发展的观点来分析研究经济活动在时间上的变动情况，从而揭示其增减变动的幅度及其发展趋势是否正常合理、有无问题的一种分析方法。趋势分析法不是着眼于某一个时点，而是依据对各个不同时期的综合比较来揭示其中的规律性，并预测未来发展趋势。因此，采用这种分析方法便于把握住被审计单位经济活动的发展前景，并提出一些建设性的意见和建议。

趋势分析法既适用于财务审计中揭示被审计经济活动有无问题，也适用于经济效益审计中预测活动的发展前景。

在具体应用趋势分析法时，还应特别注意以下各点：

（1）进行分析前，应对用来进行分析的各种指标本身的可比性予以确认；

（2）用于进行趋势分析的有关指标，在各个时期应具备可比性；

（3）选用的方法必须合理、恰当；

（4）做出分析结论时，应综合考虑各种因素的影响，绝不能草率。

分析性复核所取得的结果，可用于对内部控制测试和评估的调整；对发现的异常差异追加审计程序；对重要会计问题和重点审计领域进行深入查证。

分析性复核法也称分析程序，是指内部审计人员通过研究不同财务数据之间以及财务数据与非财务数据之间的内在关系，对财务信息做出评价。分析程序还包括调查识别出的、与其他相关信息不一致或与预期数据严重偏离的波动和关系。实施分析程序时，内部审计人员应当考虑将被审计单位的财务信息与以前期间的可比信息比较，与被审计单位的预期结果或者内部审计人员的预期数据进行比较，与所处行业或同行业中规模相近的其他单位的可比信息进行比较。在实施分析程序时，内部审计人员应当考虑财务信息各构成要素之间的关系，财务信息与相关非财务信息之间的关系。分析程序，可用于风险评估程序，以了解被审计单位及其环境；可用于实质性程序和审计结束时的总体复核。

实质性程序包括对各类交易、账户余额、列报的细节测试以及实质性分析程序。用作实质性程序的分析程序称为实质性分析程序。在实施实质性分析程序时，内部审计人员应当考虑该程序对特定认定的适用性，所依据的内外数据的可靠性，做出预期的准确程序以及可接受的差异额。

实质性分析程序通常更适用于在一定时期内存在可预期关系的大量交易。在相信其分析结果时，内部审计人员应当考虑其有风险的可能，也即其分析结果显示数据之间存在预期关系而实际上却存在重大错报。因此，内部审计人员在认定其适用性时，应当考虑下列因素：在评估重大错报风险时，结合使用细节测试，以获取充分、适当的审计证据；针对同一认定的细节测试，同时实施实质性分析程序。

数据的可靠性与其来源和获取数据后的环境相关，在确定实质性分析程序使用的数据是否可靠时，内部审计人员应考虑：可获得信息的来源；可获得信息的可比性；可获得信息的性质和相关性；与信息相关的控制。如果使用被审计单位编制的信息，内部审计人员应当考虑与信息编制相关的控制，以及这些信息是否在本期或前期经过审计。

在评价做出预期的准确程度是否足以在计划的保证水平上识别重大错报时，内部审计人员还应当考虑：对实质性分析程序的预期结果做出预测的准确性；信息可分析的程度；财务和非财务信息的可获得性。

在实施实质性程序时，内部审计人员应当确定已记录金额与预期值之间可接受的差异额。在确定差异额时，内部审计人员应当主要考虑各类交易、账户余额、列报及相关认定的重要性和计划的保证水平。内部审计人员可通过降低可接受的差异额应对重大错报风险的增加。

在审计结束或临近结束时，内部审计人员应当运用分析程序对财务报表进行总体复核，以确定财务报表整体是否与其对被审计单位的了解一致。如果识别出以前未识别出的重大错报风险，内部审计人员应当重新考虑对全部或部分的各类交易、账户余额、列报评估的风险，并在此基础上重新评价之前计划的审计程序。

当通过实施分析程序识别出与其他相关信息不一致或者偏离预期数据的重大波动或关系时，内部审计人员应进行调查并获取充分的解释和恰当的佐证审计证据。在调查异常波动和关系时，内部审计人员应当在询问管理层的基础上采取下列措施：将管理层的答复与其对被审计单位所了解的情况以及在审计过程中所获取的其他审计证据进行比较，以印证管理层的答复；如果管理层不能提供解释或解释不充分，应考虑运用其他审计程序。

6.2.2 顺藤摸瓜

推理法类似我们常说的"顺藤摸瓜"，是指内部审计人员根据已经掌握的事实或线索，结合自身的经验并运用逻辑方法，来确定一种审计方案并推测实施后可能出现的结果的一种审计方法。推理法与分析、判断有着密切的联系，通常将其合称为分析推理或判断推理，它是一种极为重要的辅助审计技术。

恰当使用推理法的步骤如下。

（1）恰当分析。建立在事实基础上的恰当分析，就是根据已经知道的事实，提出各种设想，将导致产生这种结果的所有因素和产生的原因以及可能存在的问题，逐一加以分析。

（2）合理推理。合理推理就是根据分析后提出的种种怀疑，结合进入被审计单位后观察、调查了解到的情况，来推断各种可能情况的真实程度。

（3）正确判断。正确判断须建立在恰当分析和合理推理基础上。正确判断就是内部审计人员凭借自身的经验并结合观察了解到的具体情况，对使用逻辑方法推断出来的结果予以认定。

在具体应用推理法时还应特别注意以下各点：

（1）分析、推理都应以已知的事实为依据；

（2）对于用来推理的基础资料，在运用推理法之前应加以核实，以防推理出错；

（3）对于推理得出的结论，必须通过核实取证后才能加以利用；

（4）在运用推理法时，应注意结合采用分析、判断等方法。

6.2.3　闲言碎语

沟通是内部审计人员获取审计证据的重要手段，闲言碎语间往往使问题迎刃而解。

询问法或称面询法，是指内部审计人员针对某个或某些问题通过直接找有关人员进行面谈，以取得必要的资料或对某一问题予以证实的一种审计方法。

按询问对象的不同，询问法可分为对知情人的询问和对当事人的询问两种。对知情人的询问，是指通过找有关知晓某一问题具体情况的人员进行面谈，来获得资料或证实问题；对当事人的询问，是指找有关问题的直接负责人进行面谈，来获取资料或核实问题。按询问的方式不同，询问法又可分为个别询问和集体询问两种。

（一）询问方式的选择

（1）个别询问。即个别交谈，它是指找有关人员进行单个面谈，来获取所需资料的一种询问方法。

（2）集体询问。集体询问，指找多个有关人员一起面谈，来获取所需资料的一种询问方法。这种方法实际上就是通常所说的开座谈会。

总之，应采用何种询问方式，要根据询问内容的具体情况以及被询问者的具体情况而定。

（二）询问的策略

询问的策略主要包括制造适宜的询问气氛，恰当地提出问题和注意询问技巧等。如内部审计人员应注意倾听被询问者的陈述，适当地引导和始终保持平易近人的态度；提出的问题要具体，要有事实依据，要有条理，用词得当等；询问时可根据需要采用先发制人、侧面暗示、迂回进攻、攻心、巧设问等技巧。询问法的应用比较广泛，既可用于对被审计单位有关情况的一般了解，又可用于审计证据的落实，同时还可用于收集对某些书面资料或财产物资进行证实时的补充证据。

在具体应用询问法时，还应特别注意以下各点：

（1）应有两个及以上的内部审计人员在询问现场，以相互配合；

（2）已列入计划的询问对象应予保密，特别是对当事人的询问更应如此；

（3）询问时应认真做好询问笔录，并在询问完毕后交被询问者审阅并签名，并明确责任，防止口说无凭；

（4）涉及多个当事人的询问，应单独同时进行，以防相互串通建立攻守同盟。

6.2.4　双管齐下

审计并不是一条路走到黑，而是需要双管齐下，从两端发现问题，调节差额。

调节法是指审查某一经济项目时，为了验证其数字是否正确，而对其中某些因素进行必要的增减调节，从而求得所需要证实的数据的一种审计方法。如前述盘存法中对材料、产品盘存日与查账日不同而采用的调节法。银行存款账户余额和银行对账单所列余额不一致时，所采用的便是调节法。图6-3、图6-4、图6-5、图6-6所示的就是相关的表单。

试算平衡表

被审计单位名称：_____
会计期间或截止日：_____

	签名	日期	索引号
编制人			
复核人			页次

索引号	报表项目名称	未审金额	调整金额		重分类金额		审定金额	上年审定金额
			借方	贷方	借方	贷方		
合计								

编制说明：

    1. 通过编制本表可控制和汇总全部审计项目工作底稿。

    2. 报表项目名称按资产负债表、损益表项目分别列示。

    3. 未审金额即为被审计单位提供的未审计会计报表列示的金额。

    4. 调整金额、重分类金额根据审计差异调整表——调整分录汇总表、重分类分录汇总表中列示的各会计科目金额填写。如同一报表项目有若干笔调整或重分类，可编制"T"账户汇总后过入本表。

    5. 索引号系按该报表项目审计工作底稿索引号填列。

    6. 本试算平衡表可根据资产类、负债类、损益类项目分别编制。

图 6-3　试算平衡表

审计差异调整表——调整分录汇总表

被审计单位名称：_____
会计期间或截止日：_____

	签名	日期	索引号
编制人			
复核人			页次

序号	索引号	调整分类及说明	资产负债表		损益表		被审计单位调整情况及未调整原因
			借方	贷方	借方	贷方	
合计							

编制说明：

    1. 本表用于汇总审计过程中发现的应调整事项。

    2. 根据调整分录借、贷方归属资产负债表或损益类，将其对应金额分别填入"资产负债表"、"损益表"的"借方"、"贷方"。

    3. 索引号根据该调整分录所在审计工作底稿索引号填写。

    4. 必须将调整原因列于调整分录之后。

图 6-4　审计差异调整表——调整分录汇总表

审计差异调整表——重分类分录汇总表

被审计单位名称：_____

会计期间或截止日：_____

	签名	日期	索引号
编制人			
复核人			页次

序号	索引号	调整分类及说明	资产负债表		损益表		被审计单位调整情况及未调整原因
			借方	贷方	借方	贷方	
合计							

编制说明：

    1. 本表用于汇总审计过程中发现的应调整事项。

    2. 根据调整分录借、贷方归属资产负债类或损益类，将其对应金额分别填入"资产负债表"、"损益表"的"借方"、"贷方"。

    3. 索引号根据该重分类分录所在审计工作底稿索引号填写。

    4. 必须将重分类原因列于重分类分录之后。

图 6-5　审计差异调整表——重分类分录汇总表

审计差异调整表——未调整不符事项汇总表

被审计单位名称：_____

会计期间或截止日：_____

	签名	日期	索引号
编制人			
复核人			页次

序号	索引号	调整分类及说明	资产负债表借（贷）	损益表借（贷）
合计				

未予调整的影响　　　　项目　　　　金额　　　　百分比

1. 净利润　　　　　_____　_____

2. 净资产　　　　　_____　_____

3. 资产负债表　　　_____　_____

结论：_____

编制说明：

    1. 本表用于汇总被审计单位未经调整的审计差异。

    2. 如汇总后对净利润、净资产等的影响超过重要性水平，则需要提请被审计单位进行调整，以使未调整的差异影响不超过重要性水平。

    3. 索引号根据该分录所在审计工作底稿索引号填列。

    4. 未予调整的影响中"百分比"栏即为审定后净资产、损益表金额除以上述金额计算。

    5. 结论应表明未予调整的影响是否超过重要性水平，并说明其对审计意见的影响。

图 6-6　审计差异调整表——未调整不符事项汇总表

6.3　刀剑如梦——具体审计技术

具体审计技术是指直接获取审计证据的方法。具体审计技术在基本审计技术指导下，直接与审计证据发生关系，因而具有很强的可操作性。

常见的具体审计技术主要包括以下几种。

（1）核对法。它是指将会计记录或资料与其相关联的记录或资料进行复核、查对和验证的一种审计技术。借助这种审计技术，内部审计人员可以核对原始凭证与记账凭证，记账凭证与各有关账户，以及各有关账户与会计报表项目是否相符并正确无误等。它是一种基本的审计技术。

（2）审阅法。它是指通过对有关会计记录或资料的审阅，对被审计单位账目的真实性、合规性、合理性，以及是否符合一般公认会计准则进行审查的一种审计技术。

（3）盘点法。它是指根据被审计单位的账簿记录，对其各项财产物资、库存现金、有价证券等进行实物清点或估算，借以查明某一时点账簿记录真实性的一种审计技术。盘点法重点是审查有关资产的账、卡、物是否相符，以及物品的所有权、质量和管理现状等。至于具体盘点的时间、范围及方式等可根据审计目标和被盘点项目的特点而定。

（4）函证法。它是指通过直接向债权人、债务人或其他有关当事人进行函询，以查明有关账户余额或记录是否真实的一种审计技术。例如，直接向银行询证存款余额，直接向顾客询证应收账款金额等，都是典型的函证方法。有关函证的格式及其运用情况，可参见本书有关审计实务的章节。

（5）追查法。它是指根据经济业务关系，从一项会计记录检查到另一项会计记录的审计技术。例如，针对购货业务，可以由应付凭单登记簿追查到支票登记簿，等等。追查法是进行深入审计必不可少的一种审计技术。

（6）抽样法。它是指从总体中抽取具有代表性的样本的一种审计技术。在实际运用中，抽样法又可分为统计抽样法和非统计抽样法等。

上述各种具体审计技术并无严格的界限，只是各有侧重而已。例如，在核对原始凭证和记账凭证时，必然要涉及审阅法；在审阅有关账簿记录时，必然要涉及核对法，以查明问题之所在。综合运用各种不同的审计方法，有利于提高审计工作的效率，增强审计证据的证明力。

第 7 章

海纳百川，有容乃大——内部审计工作底稿

7.1　内部审计工作底稿概述

7.1.1　内部审计工作底稿的含义

内部审计工作底稿，是指内部审计人员在审计过程中按照一定的审计格式填制的，反映审计活动和所获取的相关信息资料的工作记录。内部审计工作底稿的内容包括：制订的审计计划、实施的审计程序、获取的相关审计证据，以及得出的审计结论。内部审计工作底稿是审计证据的载体，是联系审计证据和审计结论的桥梁。

7.1.2　内部审计工作底稿的编制目的

内部审计工作底稿在计划和执行审计工作中发挥着关键作用。它记录了审计工作的实际执行情况，并形成出具审计报告的基础。内部审计人员在审计工作中编制审计工作底稿的目的和作用如下。

（1）审计工作底稿可以说明审计目标的实现程度，是连接整个审计工作的纽带。

（2）审计工作底稿是形成审计结论、发表审计意见的直接证据，为形成审

计报告提供依据。

（3）审计工作底稿是评价和考核内部审计人员专业胜任能力与工作业绩的重要依据，为评价审计工作质量提供依据。

（4）审计工作底稿可以证实内部审计机构及人员是否遵循内部审计准则，是审计质量控制和监督的基础。

（5）审计工作底稿对后续审计和未来审计业务具有参考和备查作用。

7.1.3　内部审计工作底稿的编制要求

审计工作底稿应内容完整、记录清晰、标识一致、格式规范、结论明确，客观反映项目审计计划的制订及实施情况，并包括与形成审计结论和建议有关的所有重要事项。

（1）内容完整。内容完整即审计工作底稿的基本内容需完整无缺，所附审计证据应该齐全。

（2）记录清晰。审计工作底稿的审计程序、记录清晰，文字应该工整，语言表达清楚，便于识别。所获得的审计证据、面询过的人员、观察过的场所等，均应明确列示。应注明索引编号和顺序编号。相关工作底稿之间如存在勾稽关系应予以清晰反映、相互引用时应交叉注明索引编号。填制人员和复核人员均应在审计工作底稿上签字，并注明日期。

（3）标识一致。内部审计人员在审计工作底稿中可使用各种审计标识，但应注明含义并保持前后一致。

（4）格式规范。审计工作底稿在结构设计上应当合理，并有一定的逻辑性，内部审计人员应按照格式编制审计工作底稿。但应注意要求格式规范并不意味着格式统一，一成不变。

（5）结论明确。内部审计人员的总体结论是根据各具体事项的具体审计结论综合而成的，对每一事项的审计完成后，应有明确的审计结论，并列示于审计工作底稿上。

7.1.4　内部审计工作底稿的性质

7.1.4.1 内部审计工作底稿的存在形式

内部审计工作底稿可以以纸质、电子或其他介质形式存在。无论内部审计工作底稿以哪种形式存在，内部审计机构或人员都应当针对内部审计工作底稿设计和实施适当的控制，以实现下列目的。

（1）使内部审计工作底稿清晰地显示其生成、修改及复核的时间和人员。

（2）在审计业务的所有阶段，尤其是在项目组成员共享信息或通过互联网将信息传递给其他人员时，保护信息的完整性和安全性。

（3）防止有人未经授权改动内部审计工作底稿。

（4）允许项目组和其他经授权的人员为适当履行职责而接触内部审计工作底稿。

为便于质量控制和执业质量检查或调查，以电子或其他介质形式存在的内部审计工作底稿，应与其他纸质形式的内部审计工作底稿一并归档，并应能通过打印等方式，转换成纸质形式的内部审计工作底稿。

7.1.4.2 内部审计工作底稿通常包括的内容

内部审计工作底稿通常包括总体审计策略、具体审计计划、分析表、问题备忘录、重大事项概要、询证函回函和声明、核对表、有关重大事项的往来函件（包括电子邮件）。内部审计人员还可以将被审计单位文件记录的摘要或复印件（如重大的或特定的合同和协议等）作为内部审计工作底稿的一部分。

此外，内部审计工作底稿通常还包括业务约定书、管理建议书、项目组内部或项目组与被审计单位召开的会议的记录、与其他人士（如其他内部审计人员、律师、专家等）的沟通文件及错报汇总表等。但是，内部审计工作底稿并不能代替被审计单位的会计记录。

7.1.4.3 内部审计工作底稿通常不包括的内容

内部审计工作底稿通常不包括已被取代的内部审计工作底稿的草稿或财务报表的草稿、反映不全面或初步思考的记录、因存在印刷错误或其他错误而作废的文本，以及重复的文件记录等。由于这些草稿、错误的文本或重复的文件记录不直接构成审计结论和审计意见的支持性证据，因此，内部审计人员通常无须保留这些记录。

7.1.5　内部审计工作底稿的复核、整理和使用

7.1.5.1 内部审计工作底稿的复核

为了保证审计工作底稿复核工作的质量，内部审计机构应该建立多层次的审计工作底稿复核制度。一般采用审计工作底稿三级复核制度，即内部审计委员会制定的以内部审计主管、内部审计部门负责人和审计项目负责人为复核人，对内部审计工作底稿进行逐级复核的一种复核制度。内部审计工作底稿的复核过程如图 7-1 所示。

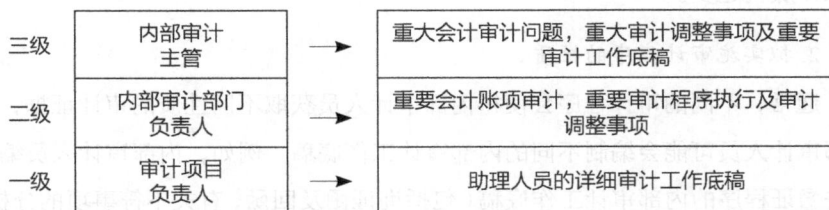

三级	内部审计 主管	→	重大会计审计问题，重大审计调整事项及重要 审计工作底稿
二级	内部审计部门 负责人	→	重要会计账项审计，重要审计程序执行及审计 调整事项
一级	审计项目 负责人	→	助理人员的详细审计工作底稿

图 7-1　内部审计工作底稿的复核过程

内部审计工作底稿的复核应由内部审计机构中比工作底稿编制人员职位更高或具有丰富经验的人员完成。在审计作业中，审计项目负责人应加强对工作底稿的现场复核。如果发现内部审计工作底稿存在问题，复核人员应在复核意见中加以说明，并要求相关人员补充或重编工作底稿。

7.1.5.2 内部审计工作底稿的整理和使用

内部审计人员在审计项目完成后，应及时对内部审计工作底稿进行分类整理，并且按相关法规的要求归档、管理和使用。内部审计工作底稿归组织所有，由内部审计机构或组织内部有关部门保管。内部审计机构应建立工作底稿保密制度。如果内部审计机构以外的组织或个人要求查阅工作底稿，必须经内部审计机构负责人或其主管领导批准，但法院、检察院和其他部门依法进行查阅的除外。

7.2 内部审计工作底稿的格式、要素和范围

7.2.1 确定内部审计工作底稿的格式、内容和范围时考虑的因素

在确定内部审计工作底稿的格式、要素和范围时，内部审计人员应当考虑下列因素。

1. 被审计单位的规模和业务复杂程度

通常来说，被审计单位的规模越大、业务复杂程度越高，审计形成的内部审计工作底稿越多。

2. 拟实施审计程序的性质

通常，不同的审计程序会使得内部审计人员获取不同性质的审计证据，由此内部审计人员可能会编制不同的内部审计工作底稿。例如，内部审计人员编制的有关函证程序的内部审计工作底稿（包括询证函及回函、有关不符事项的分析等）和存货监盘程序的内部审计工作底稿（包括盘点表、内部审计人员对存货的测试记录等）在格式、内容和范围方面是不同的。

3. 识别出的重大错报风险

识别和评估重大错报风险水平的不同可能导致内部审计人员实施的审计程序和获取的审计证据不同。例如，与识别出的重大错报风险较低的会计科目相比，内部审计人员会对存在较高重大错报风险的会计科目实施较多的审计程序并获取较多的审计证据。

4. 已获取的审计证据的重要程度

内部审计人员通过执行多项审计程序可能会获取不同的审计证据，有些审计证据的相关性和可靠性较高，有些质量则较差，内部审计人员可能区分不同的审计证据进行有选择性的记录，因此，审计证据的重要程度也会影响内部审计工作底稿的格式、内容和范围。

5. 识别出的例外事项的性质和范围

例外事项的存在也会导致内部审计工作底稿在格式、内容和范围方面不同。

例如，某个函证的回函表明存在不符事项，如果在实施恰当的追查后发现该例外事项并未构成错报，内部审计人员可能只在内部审计工作底稿中解释发生该例外事项的原因及影响；反之，如果该例外事项构成错报，内部审计人员可能需要执行额外的审计程序并获取更多的审计证据，由此编制的内部审计工作底稿在内容和范围方面可能有很大不同。

6. 当从已执行审计工作或获取审计证据的记录中不易确定结论或结论的基础时，记录结论或结论基础的必要性

在某些情况下，特别是在涉及复杂的事项时，内部审计人员仅将已执行的审计工作或获取的审计证据记录下来，并不容易使其他有经验的内部审计人员通过合理的分析，得出审计结论或结论的基础。此时内部审计人员应当考虑是否需要进一步说明并记录得出结论的基础（即得出结论的过程）及该事项的结论。

7. 审计方法和使用的工具

审计方法和使用的工具可能影响内部审计工作底稿的格式、内容和范围。例如，如果使用计算机辅助审计技术对应收账款的账龄进行重新计算，通常可以针对总体进行测试，而采用人工方式重新计算时，则可能会针对样本进行测试，由此形成的内部审计工作底稿会在格式、内容和范围方面有所不同。

内部审计人员在考虑以上因素时需注意，根据不同情况确定内部审计工作底稿的格式、内容和范围均是为达到审计准则中所述的编制内部审计工作底稿的目的，特别是提供证据的目的。

7.2.2 内部审计工作底稿的要素

通常，内部审计工作底稿中应载明下列要素：

（1）标题；

（2）审计过程记录；

（3）审计结论；

（4）审计标识及其说明；

（5）索引号及编号；

（6）编制者姓名及编制日期；

（7）复核者姓名及复核日期；

（8）其他应说明事项。

下面分别对以上所述要素中的第 1 ～ 7 项进行说明。

（一）标题

每张底稿应当包括被审计单位的名称、审计项目的名称以及资产负债表日或底稿覆盖的会计期间（如果与交易相关）。

（二）审计过程记录

在记录审计过程时，应当特别注意以下几个重点方面。

1. 具体项目或事项的识别特征

识别特征是指被测试的项目或事项表现出的象征或标志，因审计程序的性质和测试的项目或事项不同而不同。对某一个具体项目或事项而言，识别特征通常具有唯一性，这种特性可以使其他人员根据识别特征在总体中识别该项目或事项并重新执行该测试。

（1）在对被审计单位生成的订购单进行细节测试时，内部审计人员可以以订购单的日期或其唯一编号作为测试订购单的识别特征。（需要注意的是，在以日期或编号作为识别特征时，内部审计人员需要同时考虑被审计单位对订购单编号的方式。例如，若被审计单位按年对订购单依次编号，则识别特征是 ×××× 年的 ×× 号；若被审计单位仅以序列号进行编号，则可以直接将该号码作为识别特征。）

（2）对于需要询问被审计单位中特定人员的审计程序，内部审计人员可能会以询问的时间、被询问人的姓名及职位作为识别特征。

（3）对于观察程序，内部审计人员可以以观察的对象或观察过程、相关被观察人员及其各自的责任、观察的地点和时间作为识别特征。

2. 重大事项及相关重大职业判断

内部审计人员应当根据具体情况判断某一事项是否属于重大事项。重大事项通常包括：

（1）引起特别风险的事项；

（2）实施审计程序的结果，该结果表明财务信息可能存在重大错报，或需要修正以前对重大错报风险的评估和针对这些风险拟采取的措施；

（3）导致内部审计人员难以实施必要审计程序的情形；

（4）导致出具非标准审计报告的事项。

内部审计人员应当记录与管理层、治理层和其他人员对重大事项的讨论内容，包括所讨论的重大事项的性质以及讨论的时间、地点和参加人员，并将分散在内部审计工作底稿中的有关重大事项的记录汇总在重大事项概要中。

重大事项概要包括审计过程中识别出的重大事项及其如何得到解决，或对其他支持性内部审计工作底稿的交叉索引。这样既可以帮助内部审计人员集中考虑重大事项对审计工作的影响，还便于审计工作的复核人员全面、快速地了解重大事项，从而提高复核工作的效率。

当涉及重大事项和重要职业判断时，内部审计人员需要编制与运用职业判断相关的内部审计工作底稿。

（1）如果审计准则要求内部审计人员"应当考虑"某些信息或因素，并且这种考虑在特定业务情况下是重要的，记录内部审计人员得出结论的理由。

（2）记录内部审计人员对某些方面主观判断的合理性（如某些重大会计估计的合理性）得出结论的基础。

（3）如果内部审计人员针对审计过程中识别出的导致其对某些文件记录的真实性产生怀疑的情况实施了进一步调查（如适当利用专家的工作或实施函证程序），记录内部审计人员对这些文件记录真实性得出结论的基础。

3.针对重大事项如何处理不一致的情况

如果识别出的信息与针对某重大事项得出的最终结论不一致，内部审计人员应当记录如何处理不一致的情况。

上述情况包括但不限于内部审计人员针对该信息执行的审计程序、项目组成员对某事项的职业判断不同而向专业技术部门的咨询情况，以及项目组成员和被咨询人员不同意见（如项目组与专业技术部门的不同意见）的解决情况。

记录如何处理识别出的信息与针对重大事项得出的结论不一致的情况是非常必要的，它有助于内部审计人员关注这些不一致，并对此执行必要的审计程序以恰当地解决这些不一致的问题。但是，对如何解决这些不一致的记录要求并不意味着内部审计人员需要保留不正确的或被取代的内部审计工作底稿。此外，对于职业判断的差异，如果初步的判断意见基于不完整的资料或数据，则内部审计人员也无须保留这些初步的判断意见。

（三）审计结论

审计工作的每一部分都应包含与已实施审计程序的结果及其是否实现既定审计目标相关的结论，还应包括审计中识别出的例外情况和重大事项如何得到解决的结论。在记录审计结论时需注意，在内部审计工作底稿中记录的审计程序和审计证据是否足以支持所得出的审计结论。

（四）审计标识及其说明

审计标识被用于与已实施审计程序相关的底稿。每张底稿都应包含对已实施程序的性质和范围所做的解释，并说明所使用的每一个标识的含义。内部审计工作底稿中可使用各种审计标识，但应说明其含义，并保持前后一致。内部审计人员也可以依据实际情况运用多种审计标识。以下是内部审计人员在内部审计工作底稿中列明标识并说明其含义的例子，供参考。

λ：纵加核对。

＜：横加核对。

B：与上年结转数核对一致。

T：与原始凭证核对一致。

G：与总分类账核对一致。

S：与明细账核对一致。

T/B：与试算平衡表核对一致。

C：已发询证函。

C\：已收回询证函。

（五）索引号及编号

通常，内部审计工作底稿中需要注明索引号及顺序编号，相关内部审计二作底稿之间需要保持清晰的勾稽关系。为了便于汇总及交叉索引和复核，每个宣计部门都会制定特定的内部审计工作底稿归档流程。因此，每张表或记录都应有一个索引号，例如，A1、D6等，以说明其在内部审计工作底稿中的放置位置。工作底稿中每张表所包含的信息都应当与另一张表中的相关信息进行交叉索引，例如，现金盘点表应当与列示所有现金余额的导表进行交叉索引。利用计算机编制工作底稿时，可以采用电子索引和链接。随着审计工作的推进，链接表还可予以自动更新。例如，审计调整表可以链接到试算平衡表，当新的调整分录编制完后，计算机会自动更新试算平衡表，为相关调整分录插入索引号。同样，评估的固有风险或控制风险可以与针对特定风险领域设计的相关审计程序进行交叉索引。

在实务中，内部审计人员可以按照所记录的审计工作的内容层次进行编号。例如，固定资产汇总表的编号为 C1，按类别列示的固定资产明细表的编号为 C1-1，房屋建筑物的编号为 C1-1-1，机器设备的编号为 C1-1-2，运输工具的编号为 C1-1-3，其他设备的编号为 C1-1-4。相互引用时，需要在内部审计工作底稿中交叉注明索引号。

（六）编制者姓名和复核者姓名及执行日期

为了明确责任，在各自完成与特定工作底稿相关的任务之后，编制者和复核者都应在每一张内部审计工作底稿上签名并注明编制日期和复核日期。

在实务中，如果若干页的内部审计工作底稿记录同一性质的具体审计程序或事项，并且编制在同一个索引号中，可以仅在内部审计工作底稿的第一页上记录审计工作的执行者和复核者并注明日期。例如，应收账款函证核对表的索引号为 L4-1-1/21，相对应的询证函回函共有 20 份，每一份应收账款询证函回函索引号以 L4-1-2/21、L4-1-3/21……14-1-21/21 表示，对于这种情况，就可以仅在应收账款函证核对表上记录审计工作的执行者和复核者并注明日期。

7.3　内部审计工作底稿的归档

《会计师事务所质量控制准则第 5101 号——业务质量控制》和《中国注册会计师审计准则第 1131 号——内部审计工作底稿》对内部审计工作底稿的归档做出了具体规定，涉及归档工作的性质和期限、内部审计工作底稿保管期限等方面。

7.3.1 内部审计工作底稿归档工作的性质

在出具审计报告前，内部审计人员应完成所有必要的审计程序，获取充分、适当的审计证据并得出适当的审计结论。由此，在审计报告日后将内部审计工作底稿归整为最终审计档案是一项事务性的工作，不涉及实施新的审计程序或得出新的审计结论。

如果在归档期间对内部审计工作底稿做出的变动属于事务性的，内部审计人员可以做出变动，主要包括：

（1）删除或废弃被取代的内部审计工作底稿；

（2）对内部审计工作底稿进行分类、整理和交叉索引；

（3）对审计档案归整工作的完成核对表签字认可；

（4）记录在审计报告日前获取的、与项目组相关成员进行讨论并达成一致意见的审计证据。

7.3.2 审计档案的结构

对每项具体审计业务，内部审计人员应当将内部审计工作底稿归整为审计档案。

以下是典型的审计档案结构。

1. 沟通和报告相关工作底稿

（1）审计报告和经审计的财务报表。

（2）与内部审计主审人员的沟通和报告。

（3）与治理层的沟通和报告。

（4）与管理层的沟通和报告。

（5）管理建议书。

2. 审计完成阶段工作底稿

（1）审计工作完成情况核对表。

（2）管理层声明书原件。

（3）重大事项概要。

（4）错报汇总表。

（5）被审计单位财务报表和试算平衡表。

（6）有关列报的工作底稿（如现金流量表、关联方和关联交易的披露等）。

（7）财务报表所属期间的董事会会议纪要。

（8）总结会会议纪要。

3. 审计计划阶段工作底稿

（1）总体审计策略和具体审计计划。

（2）对内部审计职能的评价。

（3）对外部专家的评价。

（4）对服务机构的评价。

（5）被审计单位提交的资料清单。

（6）内部审计主审人员的指示。

（7）前期审计报告和经审计的财务报表。

（8）预备会会议纪要。

4. 特定项目审计程序表

（1）舞弊。

（2）持续经营。

（3）对法律法规的考虑。

（4）关联方。

5. 进一步审计程序工作底稿

（1）有关控制测试工作底稿。

（2）有关实质性程序工作底稿（包括实质性分析程序和细节测试）。

7.3.3　内部审计工作底稿归档的期限

《会计师事务所质量控制准则第 5101 号——业务质量控制》要求及时完成最终业务档案归整工作的政策和程序。一般情况下，内部审计工作底稿的归档期限为审计报告日后 60 天内；但如果内部审计人员未能完成审计业务，则内部审计工作底稿的归档期限为审计业务中止后的 60 天内。

如果针对客户的同一财务信息执行不同的委托业务，出具两个或多个不同的报告，应当将其视为不同的业务，根据所制定的政策和程序，在规定的归档期限内分别将内部审计工作底稿归整为最终审计档案。

7.3.4　内部审计工作底稿归档后的变动

在完成最终审计档案的归整工作后，内部审计人员不应在规定的保存期限届满前删除或废弃任何性质的内部审计工作底稿。

（一）需要变动内部审计工作底稿的情形

内部审计人员发现有必要修改现有内部审计工作底稿或增加新的内部审计工作底稿的情形主要有以下两种。

（1）内部审计人员已实施了必要的审计程序，取得了充分、适当的审计证据并得出了恰当的审计结论，但内部审计工作底稿的记录不够充分。

（2）审计报告日后，发现例外情况要求内部审计人员实施新的或追加审计程序，或导致内部审计人员得出新的结论。例外情况主要是指审计报告日后发现与已审计财务信息相关，且在审计报告日已经存在的事实，该事实如果被内部审计人员在审计报告日前获知，可能影响审计报告。例如，内部审计人员在审计报告日后才获知法院在审计报告日前已对被审计单位的诉讼、索赔事项做出最终判决结果。例外情况可能在审计报告日后发现，也可能在财务报表报出日后发现，内部审计人员应当按照《中国注册会计师审计准则第 1332 号——期后事项》有关"财务报表报出后发现的事实"的相关规定，对例外事项实施新的或追加审计程序。

（二）变动内部审计工作底稿时的记录要求

在完成最终审计档案的归整工作后，如果发现有必要修改现有内部审计二作底稿或增加新的内部审计工作底稿，无论修改或增加的性质如何，内部审计人员均应当记录下列事项：

（1）修改或增加内部审计工作底稿的理由；

（2）修改或增加内部审计工作底稿的时间和人员，以及复核的时间和人员。

7.3.5　内部审计工作底稿的保存期限

自审计报告日起，对内部审计工作底稿至少保存 10 年。如果内部审计人员未能完成审计业务，自审计业务中止日起，对内部审计工作底稿至少保存 10 年。值得注意的是，对于连续审计的情况，当期归整的永久性档案可能包括以前年度获取的资料（有可能是 10 年以前）。这些资料虽然在以前年度获取，但由于其作为本期档案的一部分，并作为支持审计结论的基础，内部审计人员对于这些对当期有效的档案，应视为当期取得并保存 10 年。如果这些资料在某一个审计期间被替换，被替换资料应当从被替换的年度起至少保存 10 年。

7.3.6　内部审计工作底稿基本格式

内部审计工作底稿是撰写内部审计报告的基础，也是检查内部审计工作质量的依据，是后续审计和下次再度审计时需要审阅的重要资料，为了更直观，我们通过实例来说明其基本格式（见表 7-1）。

表 7-1　内部审计工作底稿基本格式

内部审计工作底稿		
		审计类型：专项审计
索引号：审（专）字第 7 号	金额单位：万元	共 22 页第 11 页
被审计单位	A 公司财务部	
审计事项	办公费支出专项审计	
实施审计期间或截止日期	2019 年 1 月—2019 年 9 月	
审计过程记录	1.通过执行分析性复核确认，2019 年 7 月、8 月、9 月，公司的办公费分别为 70 万元、71 万元、67 万元，较上半年月均办公费（47.7 万元）增长比例达 45.4%，故认为，7 月、8 月、9 月办公费支出情况为核查重点 2.通过对全年办公费明细账进行分析性复核确认，单笔办公费在 1 万元以上的为大额支出，故随机抽查了 1 月至 6 月共 10 笔大额支出和 7 月至 9 月所有 1 万元以上的大额支出。具体明细见本底稿附件 1 和附件 2 …………	

续表

审计结论或调查出的问题	经核查，2019 年 7 月、8 月、9 月 A 公司办公费有大额增加，主要有以下几类原因。 1. 2019 年 7 月、8 月、9 月，公司除了正常平均电费支出外，额外增加电费分别为 6 万元、5 万元和 7 万元，其增加额（月均 6 万元）占办公费增加额（月均 18.3 万元）的 32.8%。经与管理部门、财务部门和维修部门确认，为公司中央空调系统故障，维修一直未果，故很多房间启用了备用空调，增加了电费开支 2. 公司 7 月底一次性发放 10 万元的防暑降温补贴，财务部门将其记入了"管理费用——办公费"科目下的新设二级明细科目"防暑降温补贴"中。经核查 2019 年工会与董事会决议可知：自 2019 年 7 月 1 日起，公司给每位员工发放防暑降温补贴 500 元；但是，按财务制度要求，该项支出不应记入"管理费用——办公费"科目 …………

审计人员：	张三	编制日期：	2019 年 10 月 17 日
复核意见：			
	复核人员：	复核日期：	

附件数：13	
附件名称：	附件 1：2019 年 1 月至 9 月办公费支出分析表 附件 2：大额办公费支出逐笔核查记录表 附件 3：6 月、7 月、8 月、9 月电费结算单复印件（从财务部取得原件） 附件 4：中央空调系统维修申请单和中央空调系统维修记录单复印件（从维修部取得原件） …………

说明：编制内部审计工作底稿是与实质性分析复核、监盘、询问、计算等审计工作同步进行的，审计工作实施的过程，就是生成内部审计工作底稿的过程。内部审计的某些实质性测试阶段，并没有严格的先后顺序，甚至有很多步骤是可以同步进行的。

导入案例

A 农商行的内部审计质量控制之思

中国银行保险监督管理委员会《商业银行内部审计指引》中要求商业银行应建立健全内部审计质量控制制度和程序，定期实施内部审计质量自我评价，并接受内部审计质量外部评估。

近年来，A 农商银行内部审计工作贯彻董事会要求，围绕战略目标，逐步明晰审计职能定位，积极探索审计转型升级，取得初步成效。但在审计质量控制方面的实践才刚刚起步，对审计质量的自我评估尚未开展。随着其审计垂直管理架构的调整，加强内部审计质量控制的意义得到了充分体现。

1. 加强内部审计质量控制是内部审计规范的外在要求

A 农商行实现审计垂直管理架构后，独立性更强，自身的调整能力更强，从目标、组织、标准、人员、信息沟通、具体操作、评价督导、考核、责任追究等维度出发，建立完善适合自身特点的内部审计质量控制体系，通过多种措施不断提高审计质量。

2. 加强内部审计质量控制是内部审计工作的自身内在需求

内部审计部门是组织风险防范的第三道防线，在公司治理架构中起着对公司其他部门的监督作用。我国《内部审计具体准则第 2306 号——内部审计质量控制》要求，内部审计机构负责人和审计项目负责人通过督导、分级复核、质量评估等方式对内部审计质量进行控制。因此，内部审计部门就需要通过形成一系列对内部审计进行规范的政策和程序进行自我监督，自我加压，寻找不足、发现缺陷，并加以改进，从而使内部审计工作实现科学化、规范化，减少内部审计工作的片面化和随意性。

现阶段 A 农商行审计质量管理中存在以下问题。

（1）缺乏规范的业务标准。目前，A农商银行审计章程、审计产品办法、规程和审计业务手册尚在逐步制定中，由于缺乏相应的作业标准，内部审计人员往往凭借经验或"最佳实践"作出判断，审计工作存在弹性，致使内部审计工作的质量难以保证。

（2）缺乏对审计质量的全过程控制。由于缺乏对审计全过程的质量控制，致使部分内部审计人员在实施现场审计时，未按照内部审计准则、内部规章制度及审计方案的要求实施必要的审计程序，加上现场审计信息反馈滞后，各质量控制环节相关人员之间沟通不畅，审计项目负责人不能及时准确地把握现场审计动态。

（3）缺乏审计质量评估制度。A农商银行尚未建立审计项目业绩评价体系，尚未开展内部审计质量自我评估工作。近年来，随着审计监督领域的不断拓展，审计项目不断增多，审计压力越来越大，人员少、任务重的矛盾造成内部审计人员疲于应付，无暇顾及审计质量，最终导致实施的审计项目不少，但真正富有成效的却不多。这也造成审计项目越多审计风险越大，审计质量难以保证。

（4）缺乏对审计程序中各个环节的严控。一是缺乏全面周密的审计规划。审计目标不够明确，审计计划还带有一定的盲目性。部分审计项目不能很好地围绕重点领域、管理难点和监管重点，审计覆盖面难以达标。二是审前准备不够充分。未开展审前调查，或不能围绕被审计单位的主要职能进行重点了解，不能利用业务数据进行深层次分析、挖掘，收集第一手材料，导致制定的审计方案脱离实际，操作指导性不强，审计重点不突出。三是审计方法不当。有的内部审计人员未严格按照审计方案实施审计，未能准确把握重要性原则，对重大问题未能查深查透，未能很好地开展延伸审计，敏感性不强；有的审计底稿编制缺乏规范，随意性较大；有的审计取证不充分，甚至出现冗余。四是审计报告质量不高。突出表现为审计揭示的问题全面性和深度不够，问题定性不够精准，审计报告没有鲜明的观点、分析性论述高度不够，缺少必要的归纳。对总行层面来讲，审计建议的高度和层次不够；对被审计单位来讲，审计建议的可操作性不够强。

针对A农商行的控制现状，采用何种方式提高其内部审计质量控制水平，管理控制审计风险，不断提升审计价值成为摆在A农商行面前的难题。

8.1 内部审计质量控制概述

内部审计质量控制是指内部审计部门为保证审计质量符合内部审计准则的要求而制定和执行的政策和程序。内部审计质量控制一般包括内部审计督导、内部自我质量控制与外部评价三个方面。它是内部审计机构和内部审计人员对自身活动进行控制的标准，贯穿审计实施程序的各个阶段。

8.1.1 内部审计质量控制的重要性和目标

8.1.1.1 内部审计质量控制的重要性

内部审计工作质量的优劣决定内部审计监督和评价作用的发挥程度，而对整个审计过程实施的内部审计质量控制对保证内部审计质量起了重要作用。内部审计质量控制对于防范审计风险，保证审计工作效果，促进内部审计人员提高职业水平和业务能力，充分发挥内部审计的功能与作用有着重要的现实意义。

1. 内部审计质量控制是提高内部审计质量的保证

质量低下的内部审计工作不能发挥其应有的功能与作用。通过加强内部审计质量控制这项管理工作，可以控制一些影响内部审计质量提高的不良因素的发生或形成；对一些已发生或形成的影响内部审计质量的因素，则通过内部审计质量控制工作可以及早发现，并加以控制和消除，从而达到提高内部审计质量的目的。

2. 内部审计质量控制是提高内部审计效益的需要

内部审计工作与其他各项经济工作一样，都要讲求经济效益。内部审计效益体现在以较小的审计投入取得较大的审计效果，在较短的时间内取得满意的审计效果。内部审计质量控制是一项旨在不断提高内部审计效益和效率的控制工作。

3. 内部审计质量控制是内部审计不断发展和完善的需要

任何事物的发展和完善，都是在不断提高其质量的前提下实现的，内部审计也不例外。在我国建立市场经济体制，推行现代企业制度的今天，需要不断发展和完善企业内部审计。而发展和完善企业内部审计，又必须不断提高其质量，加强其质量控制，二者是相辅相成、不可分割的。

8.1.1.2 内部审计质量控制的目标

根据中国内部审计协会颁布的《内部审计具体准则第 2306 号——内部审计质量控制》，内部审计质量控制的目标包括：

（1）保证内部审计活动遵循内部审计准则和本组织内部审计工作手册的要求；

（2）保证内部审计活动的效率和效果达到既定要求；

（3）保证内部审计活动能够促进组织目标的实现，增加组织的价值。

8.1.2　内部审计质量控制的范围和措施

内部审计质量控制分为内部审计机构质量控制和内部审计项目质量控制。内部审计机构质量控制是为合理保证所有内部审计活动符合内部审计准则的要求而制定的控制政策和程序。内部审计项目质量控制是为合理保证审计项目的实施符合内部审计准则的要求而制定的控制程序和方法。

8.1.2.1 内部审计机构质量控制的考虑因素和内容

在制定内部审计机构质量控制制度时，需要考虑下列因素：①内部审计机构的组织形式及授权状况；②内部审计人员的素质与专业结构；③内部审计业务的范围与特点；④成本效益原则的要求；⑤其他。

内部审计机构质量控制主要包括以下内容：①遵守职业道德规范；②保持并不断提升内部审计人员的专业胜任能力；③依据内部审计准则制定内部审计工作手册；④编制年度审计计划及项目审计方案；⑤合理配置内部审计资源；⑥建立审计项目督导和复核机制；⑦开展审计质量评估；⑧评估审计报告的使用效果；⑨对审计质量进行考核与评价。

8.1.2.2 内部审计项目质量控制的考虑因素和内容

内部审计项目负责人对审计项目质量负责。在实施内部审计项目时，应当考虑下列因素：①审计项目的性质及复杂程度；②参与项目审计的内部审计人员的专业胜任能力；③其他。

内部审计项目质量控制主要包括以下内容：①指导内部审计人员执行项目审计方案；②监督审计实施过程；③复核审计工作底稿及审计报告。

8.1.3　内部审计质量标准

内部审计质量包括内部审计工作质量和内部审计结果质量，两者相辅相成。内部审计工作质量是基础，它决定了内部审计结果质量，内部审计结果质量又体现了内部审计工作质量。

内部审计工作质量标准就是内部审计规范体系，对内部审计工作质量的评价标准就是看内部审计机构组织工作、开展项目是否严格按照这些规范进行。

8.1.3.1　国际方面的内部审计质量标准

国际方面的内部审计质量标准以国际内部审计师协会发布的标准为例，其《国际内部审计专业实务标准》中的 1300 系列属性标准，即质量保证与改进程序规定，要求首席审计执行官必须建立并维护涵盖内部审计活动所有方面的质量保证与改进方案。设计该项目要有助于内部审计活动增加组织价值、改善组织的经营状况，并确保内部审计活动遵循《国际内部审计专业实务标准》与《内部审计人员职业道德规范》。该系列标准的其他质量项目标准有：1310- 质量保证与改进程序的要求；1311- 内部评估；1312- 外部评估；1320- 对质量保证与改进程序的报告，首席审计执行官必须向高级管理层和董事会报告质量保证与改进程序的结果；1321- 对遵循《国际内部审计专业实务标准》的应用；1322- 对不遵循情况的披露，若不遵循"内部审计定义"、《内部审计人员职业道德规范》和《中国内部审计准则》的情况影响到内部审计活动的总体工作范围或运营情况，则首席审计执行官必须向高级管理层和董事会披露这些情况。在其实施标准（实务公告）中，对以上属性标准的具体应用做了说明。内部审计的内部评估应每年进行一次，外部评估每五年进行一次，外部评估的当年可以不进行内部评估。

8.1.3.2　我国内部审计质量标准

我国的内部审计质量标准以中国内部审计协会颁布的内部审计质量标准为例，其《内部审计具体准则第 2306 号——内部审计质量控制》于 2014 年 1 月 1 日开始实施，该准则分为 5 章，包括总则、一般原则、内部审计机构质量控制、内部审计项目质量控制和附则。

8.2　内部审计质量评估办法

内部审计质量评估，是指由具备职业胜任能力的人员，以内部审计准则、内部审计人员职业道德规范为标准，同时参考风险管理、内部控制等方面的法律法规，对组织的内部审计工作进行独立检查和客观评价的活动。其目标是帮助组织改善内部审计环境，提升内部审计水平，防范内部审计风险，增强内部审计的有效性，促进内部审计的规范化和制度化建设。企业应当建立内部审计质量评估制度，定期开展内部审计质量评估工作。

内部审计质量评估包括内部评估和外部评估两种形式，由企业根据情况选择实施。

8.2.1　内部评估

内部评估是由组织内部的有关人员对内部审计管理和实施情况进行检查和评价的活动。内部审计、人力资源、内控合规、风险管理等部门中了解和熟悉内部审计工作的人员都可以参与内部评估。内部评估的优点是评估人员来自组织内部，对组织文化及各项具体业务活动的了解较为深入。

实践中，由于各个组织的内部审计活动在规模、权限、工作范围、人员技能水平等方面存在差异，内部评估程序可以根据不同的情况灵活实施。通常，内部审计质量评估中的内部评估通过以下方式进行：

（1）对审计业务（如审计项目质量管理）实施日常监督；

（2）通过审计管理系统对审计项目实施情况进行实时跟踪；

（3）审计工作结束后，由被审计单位和其他利益相关方做出评价或反馈；

（4）由未参与审计项目的其他内部审计人员有选择地进行审计工作底稿互查；

（5）对利益相关方进行深入访谈和调查；

（6）对审计绩效衡量指标（如审计项目预算的控制情况、审计计划完成情况、审计建议采纳情况等）进行考核评估等。

企业内部审计机构负责人应按照管理层的要求，结合实际情况开展审计质量内部评估，其评估结果可以作为考核评估企业内部审计的工作质量及做出相关决策的依据。

8.2.2　外部评估

8.2.2.1　外部评估的内容

外部评估是由组织外部独立第三方对内部审计管理和实施情况进行检查和评价的活动。外部评估需要在经验丰富的专业人员领导下由胜任的评估人员组成团队独立负责实施。外部评估一般由中国内部审计协会或其认定的机构实施。外部评估的实施主体包括外部审计人员、专家、国家、同行等。外部评估的优点是评估的专业性和独立性能够得到有效保证，有利于对组织的内部审计活动做出更为客观的评价；在为内部审计机构负责人和内部审计机构提供有价值信息的同时，也为组织治理层、管理层和外部审计等其他利益相关方提供独立质量保证。

外部评估的内容主要包括：内部审计准则和内部审计人员职业道德规范的遵循情况；内部审计人员配置及专业胜任能力；内部审计业务开展及项目管理的规范程度；各利益相关方对内部审计的认可程度和满意程度；内部审计增加组织价值、改善组织运营的情况。

8.2.2.2　外部评估的频率

外部评估的时间应不少于一年，业务范围应涵盖与内部审计相关的所有活动。外部评估应定期进行，通常至少每五年进行一次。依据《中国内部审计准则》，如果内部审计机构的组织结构较为合理，规章制度较完善，人员素质较高，审计质量控制较为完备，或者组织内部适当管理层在近期对内部审计质量的相关内容进行过考核与评价，外部评估的时间间隔可以适当延长。

8.2.2.3　外部评估的形式

外部评估有"内部评估基础上的完全外部评估"和"对内部评估的独立审定"两种形式。这两种形式都要求接受评估单位在外部评估之前参照外部评估程序在内部审计机构负责人的领导下开展并全面记录内部评估工作，这既能够充分发挥接受评估单位实施内部评估和自我管理的主动性和灵活性，同时又能获得评估专家对内部审计的技术监督与指导，使内部评估过程和结果的专业性、客观性和权威性得到外部确认。

值得注意的是："内部评估基础上的完全外部评估"是由外部评估人员对内部审计管理和实施情况进行全面的外部评估，而"对内部评估的独立审定"则是由外部评估人员对内部评估过程及结果做出审定，形成审定结论。"对内部评估的独立审计"这种方式要求外部评估人员实施现场测试后，单独出具独立审定报告，明确对内部评估报告的意见，并在适当的范围内，增加评估中发现的问题及建议。由于采用"对内部评估的独立审定"所需的评估人员数量较少，评估时间较短，因而这种评估形式的成本较低，但由于其重点关注接受评估单位对《中国内部审计准则》的遵循情况，而对其他领域，如与最佳实务的对比、提供咨询意见、与高级管理层和运营管理层的访谈等的关注较少，因此能够获得的信息也比较有限。

8.3 内部审计质量评估流程

内部审计质量评估流程通常分为前期准备、现场实施和出具报告三个阶段。其中，前期准备阶段包含组建评估组、制定评估方案；现场实施阶段包含召开进点会、现场评估、汇总评估结果、召开出点会；出具报告阶段包括在现场评估结束后的一定时间内出具质量评估报告。实践中，评估流程会因具体情况不同略有差别。

8.3.1 组建评估组

不论采用何种方式开展质量评估，评估实施主体确定后的首要任务是组建评估组，这是开展质量评估的初始环节和基础环节，关系到质量评估结果的客观性与专业性。因此，评估组成员不能与接受评估单位存在任何实质上或形式上的利益冲突。组建评估组包括确定评估组组长和选择评估组成员两项工作。

8.3.1.1 确定评估组组长

评估组组长是质量评估工作的核心成员，负责评估工作的组织、协调、监督和指导。评估组组长的选择不仅要考虑其业务胜任能力和经验，还要考察其在项目组织方面的整体掌控能力、协调能力和沟通能力。因此，评估组组长除了具备一般评估人员应有的素质之外，还应具有担任过大型企事业单位内部审计负责人、社会审计组织负责人或类似的工作经历。

8.3.1.2 选择评估组成员

评估人员应当具备较高的职业素质，通常需具备以下条件：

（1）具有良好的审计职业道德，从业经历无不良记录；

（2）具有国际注册内部审计师等执业资格或高级审计师、高级会计师等专业技术职称；

（3）从事内部审计或外部审计工作六年以上，或担任过内部审计机构负责人，或从事审计相关咨询工作六年以上；

（4）深入理解《中国内部审计准则》，熟悉和了解审计流程与方法；

（5）参加过中国内部审计协会的内部审计质量评估培训。

除此之外，评估组应保证其成员中至少有一人熟悉接受评估单位所在行业或领域的相关知识或具有相关从业经验，也可利用其他领域的专家，例如企业风险管理、IT 审计、统计抽样或控制自我评估方面的专家，参与评估工作的特定环节，以协助评估组开展工作。

8.3.2　制定评估方案

评估方案是整个质量评估过程中依据的重要文件。评估组应在了解和熟悉接受评估单位基本情况的基础上，按照评估标准和评估流程制定评估方案。在现场实施过程中，前期准备阶段编制的评估方案可以根据实际情况进行调整。制定评估方案的实施要点如下。

8.3.2.1 准备工作

首先，应将实施质量评估需准备的资料清单提交给接受评估单位，以便其及时收集整理相关资料。同时，与接受评估单位进行初步沟通，沟通事项包括但不限于评估的时间安排、一般性流程、拟参与本次评估的评估组成员是否与接受评估单位存在利益冲突等。这一阶段还可以有针对性地发放调查问卷，帮助评估组获得有关内部审计活动的相关信息。

8.3.2.2 制定评估方案

在详细了解接受评估单位的经营管理环境、组织架构、业务运行机制、风险管理与内部控制状况以及内部评估情况，尤其是治理层、高级管理层的工作期望和特定工作要求的基础上，评估组将结合评估目标制定评估方案，对具体评估范围、时间及资源需求等内容做出详细安排，重点考虑现场评估阶段调查问卷的发放范围和访谈时间安排。评估方案的主要内容包括评估目的、接受评估单位的基本状况、评估依据、评估标准、评估程序、评估范围及方法、评估组成员构成及分工、评估时间安排以及评估重点等。

8.3.2.3 明确评估职责

评估方案编制完成后，应当以内部培训或讨论的形式使评估组成员进一步了解接受评估单位的基本情况，明确本次评估的目标、基本内容、评估方法及步骤，并按照评估方案的进度要求和任务分工，明确评估组成员的职责。评估方案的实施要点如图 8-1 所示。

图 8-1　评估方案的实施要点

8.3.3　召开进点会

进点会是与接受评估单位的管理层、内部审计机构负责人和其他利益相关方建立正式联系的第一次正式会议。成功的进点会是双方良好合作的开端。评估组应根据评估方案的安排，与接受评估单位确定召开进点会的具体时间和内容。召开进点会的实施要点如下。

8.3.3.1 初步熟悉评估环境

评估双方应相互介绍参加会议人员，熟悉评估领域的情况，询问限制条件，对评估组不宜实地了解的区域或特殊情况，应协商做好安排。

8.3.3.2 评估组组长介绍评估方案

向接受评估单位介绍此次评估工作实施的整体情况，如评估目标、评估依据、评估标准、评估程序，说明评估方法、评估范围，提示特别注意事项等。

8.3.3.3 接受评估单位介绍内部评估情况

接受评估单位就以前开展过的内部评估情况，包括评估人员构成、评估所花费的时间、评估范围、评估中发现的问题及整改情况逐一介绍。

8.3.3.4 做出保密承诺

除了说明对评估过程中知悉的接受评估单位商业秘密予以保密之外，更要强调评估组将对问卷调查和访谈所获得的具体内容予以保密，但可将其汇总结果运用到评估报告中。

8.3.3.5 落实后勤保障

就现场评估中评估组有关办公、后勤保障等事项与接受评估单位协商落实，并要求其指定一名协调人或成立工作组具体配合，以便评估工作顺利实施。

8.3.4　现场评估

现场评估的重点在于发现和验证。不同类型的评估所采用的技术和方法也有所差异。例如：内部审计环境类的评估，通常采用问卷调查、访谈等评估技术获得信息和线索，并通过核对审计管理文件、审计工作报告、会议记录等相关资料予以印证；内部审计业务类的评估则通过抽取具有代表性的审计业务工作档案等资料，检查其程序执行是否到位、归档是否完整等。现场评估的实施要点如下。

8.3.4.1 编制评估工作底稿

现场评估过程中需要编制评估工作底稿，对接受评估单位在内部审计活动中遵循《中国内部审计准则》做得好的方面和存在的差距加以记录。同时，还要反映出有关改进内部审计工作有效性的意见或建议。

值得注意的是，不要求对接受评估单位已符合评估标准要求的每项做法予以记录。评估工作底稿应当内容完整、记录清晰、结论明确、客观形成评估结论。针对每个评估要点设计一张评估工作底稿，评估人员可以据此完成相关工作。

8.3.4.2 运用问卷调查和访谈技术

问卷调查是一种客观收集接受评估单位各利益相关方对内部审计质量的观点、意见和建议的评估方法。问卷调查的使用方式较为灵活，可以在现场评估时使用，也可以作为评估前的调查工具。

访谈是现场评估阶段的一项重要工作，主要是根据评估需要有选择地进行面对面的交流，深入了解接受评估单位的各方面人员对于内部审计工作的认识和理解，深化和拓展前期调查的有关结果，同时获取更详细的信息。通过访谈，可以促进评估人员与访谈对象相互熟悉和理解，使访谈对象对质量评估的目的有更充分的认识，从而认真对待，有助于形成客观的评估结果。选定访谈对象后，应当提前联系并落实访谈时间、以便相关人员做好准备。为了能在短暂的访谈时间内获得更多有价值的信息，评估人员应在访谈前针对不同的访谈对象拟定不同的访谈提纲、选择适宜的访谈场所，以保证访谈的顺利进行，并取得预期的效果。

需要注意的是：通过问卷调查和访谈收集的信息和线索均需要加以证实。其重点是了解情况，收集评估线索。评估人员应认真分析和整理访谈和问卷调查反馈的内容，计划并实施严谨的验证程序，确保相关信息的可信度。

8.3.4.3 调阅资料

（1）评估组进驻接受评估单位后，可根据评估关注点确定调阅内部审计章程（或同样性质的内部审计管理制度等资料）、审计工作手册等制度文件，查阅审计计划、审计工作底稿、审计报告等相关资料，同时可以根据评估发现情况延伸调阅审计工作底稿对应的原始凭证、会计账证、报表、会议记录和其他相关资料。

（2）评估组应就接受评估单位所开展的每个审计业务类型，至少选取一个较近期的审计项目档案用于测试。对于已开展审计项目质量管理的组织，现场评估时可以参考日常审计监督和跟踪的结果。

（3）评估组可以要求接受评估单位指定专人负责评估组调阅、退还资料事宜，具体办理资料的调、退手续。评估组调阅资料完毕后，应及时归还接受评估单位。通常，评估组不需复印所调阅的资料。

8.3.5　汇总评估结果

汇总评估结果是评估组组长召集评估组成员对现场评估阶段的情况逐一进行分析、确认和汇总，主要目的是确定针对各评估要点的评估意见和建议是否准确、所打分值是否合理，同时，汇总得出评估结论，为出点会做充分准备。汇总评估结果时应注意以下几点。

8.3.5.1　确认评估程序和评估方法的恰当性

确认评估程序和评估方法的恰当性的目的是验证做出评估结论过程的正确性。重点是核实评估组是否按照规定的评估程序和步骤实施评估，是否采用了合理适用的评估方法，以避免因为评估程序和方法使用不当而导致做出错误评估结论的风险。

8.3.5.2　确认评估证据的准确性

确认评估证据的准确性的重点是核实支持评估意见和建议的评估工作底稿、相关资料以及接受评估单位的反馈意见等是否真实、充分、可靠，据以确认评估意见和建议是否客观、合理。

8.3.5.3　确认评估发现的问题与评估目标的相关性

核对评估目标、评估设定的时间和业务范围，以确认评估问题符合本次评估目标，并具有相关性。

8.3.6　召开出点会

现场评估结束后，评估组应与接受评估单位管理层、内部审计机构负责人和其他利益相关方人员召开出点会，就评估发现的需关注事项、相关意见和建议等交换意见，确定事实是否清楚、证据是否恰当、评估结论是否客观等。

评估组组长应控制出点会的时间、取得接受评估单位的配合，在沟通信息、达成共识的基础上，明确内部审计工作的改进方向。召集出点会的实施要点如下。

8.3.6.1　介绍评估实施情况

介绍评估工作的整体开展情况，重申评估目的、评估依据、评估范围和评估方法，对接受评估单位的支持与合作表示感谢。

8.3.6.2 提出评估意见和建议

向接受评估单位提出评估意见和建议及主要的评估发现，肯定接受评估单位内部审计管理的成效及特点，提出发现的需关注事项，与接受评估单位交换意见。

8.3.6.3 明确后续工作

与接受评估单位就出具质量评估报告、后续跟踪事项进行沟通，以保持整个评估过程的完整，确保质量评估对组织内部审计工作切实产生促进作用。

8.3.7　出具质量评估报告

质量评估报告是在综合评估的基础上，对接受评估单位遵循《中国内部审计准则》的情况、审计管理的健全性和规范性、审计业务的效果和效率等方面发表评估意见，并提出改进建议的报告。质量评估报告应采用规范的格式，草稿通常应在现场实施结束后的 10 个工作日内提交给接受评估单位征求意见，在其书面反馈后的 10 个工作日内应出具正式报告。

8.4　内部审计质量控制的现状问题及对策

8.4.1　内部审计质量控制的现状及问题

由于内部审计服务的特性，其发挥的作用很难被社会公众、政府和立法机构了解。我国的内部审计又深受传统审计理论的影响，内部审计在组织内部发挥作用的程度不平衡。随着内部审计准则的实施和国际先进理念的引进，我国内部审计质量状况有了很大程度的改善，但审计质量和水平不高仍是影响内部审计发挥作用的一大障碍。造成这些问题的主要原因是缺乏严格的审计质量控制体系，造成审计行为欠规范，审计质量难以得到全面保证。内部审计质量控制的现状及问题具体表现如下。

8.4.1.1 内部审计机构的审计质量控制制度不健全

审计质量控制制度应包括审计复核制度、审计考核制度、审计责任追究制度等。其中，审计责任追究制度是核心，但其往往也是现实中最薄弱的一环。有的责任追究制度泛泛而论，责任主体不明确；有的甚至根本没有建立责任追究制度；还有的有制度但并未认真贯彻执行。其结果是内部审计人员责任意识不强，缺乏风险意识，导致行为不规范，随意为之；而一旦出现审计过错，责任无法落实到人，结果不了了之。

8.4.1.2 内部审计质量控制标准执行滞后于新规范和标准

审计署、中国内部审计协会颁布了一系列的法律法规和行为准则，特别是审计署新修订的《审计署关于内部审计工作的规定》、中国内部审计协会制定的《内部审计基本准则》《内部审计人员职业道德规范》和具体准则的实施，结束了内部审计参照政府审计、社会审计的历史，使内部审计有了公认的目标、作业标准和质量标准。但是，目前一些内部审计机构和人员对审计法规的变化反应滞后，在实际工作中仍参照政府审计或社会审计，没有及时做出调整。

8.4.1.3 内部审计人员总体素质不高、质量风险意识淡薄，知识结构不完整

首先，从内部审计人员的知识结构来看，现有内部审计人员中一般财务审计人员多，而掌握现代管理知识、科技知识，具有一定综合分析能力的复合型人才比较少，整体上应对复杂审计工作的能力比较弱。其次，内部审计人员的开拓创新意识相对较弱，宏观意识和现代审计意识不够强。一些内部审计机构的领导，在工作上、思维上的惯性还比较强，审计工作中"满足现状、四平八稳、不思进取、但求无过"的思想还比较突出。有的内部审计人员传统财务审计的观念比较深厚，认为审计就是查账，查账的目的就是处罚；有的内部审计人员思维方式单一，习惯于单纯的会计思维，多层次、多视角地分析问题的能力不足，综合分析能力较差。

8.4.1.4 内部审计的技术和手段落后，不能适应会计核算电算化的发展

以计算机为代表的信息技术的飞速发展和广泛运用给人们的生活方式和工作方式带来了较大的冲击。电子商务的推广和运用，使企业内部控制发生了改变，

人工控制改变为计算机程序控制、纸质信息改变为电子信息等，使得传统的审计方法已不适应内部审计工作的需要。

8.4.2 提高内部审计质量的具体对策

提高内部审计质量是一个系统工程，应从每项基础工作、每个审计项目和每个审计环节抓起，实施全面质量控制。

8.4.2.1 建立健全内部审计质量控制机构和控制制度

首先，建立健全内部审计质量控制机构，其是内部审计质量控制的主体，可以根据企业实际情况设置一个健全有效的组织机构来进行内部审计质量控制。在内部审计机构中可以设置专门的内部审计质量控制人员。质量控制机构与内部审计的其他分支机构紧密相连、相互制约，在实际工作中共同完成质量控制的任务。其次，建立健全内部审计质量控制制度，这是加强内部审计质量控制、提高内部审计质量的保证。具体来说，应该建立健全内部审计的内部控制制度，监督检查制度，内部审计质量的考评制度和质量控制的责任制度等。

8.4.2.2 提高内部审计业务质量控制的执行标准

工作中要进一步完善和认真履行新修订的《审计署关于内部审计工作的规定》《内部审计基本准则》的具体规范，建立健全内部审计制度和质量管理制度。首先，在审计之前必须编制审计计划和审计方案。其次，在审计过程中要通过审核、观察、监盘、询问、函证、计算分析、复核等审计程序，获取足以证实审计事项的审计证据。最后，在审计结束后，以经过核实的审计证据为依据，形成审计结论与建议，出具审计报告。审计报告应当客观、完整、清晰、及时，具有建议性并体现重要性的原则。

8.4.2.3 建立责任心强、业务素质好、具有良好职业道德的复合型内部审计队伍

影响内部审计质量的各种因素中，"人"始终是最重要的因素。需要从几个方面来提高内部审计人员的素质：一是通过继续教育学习，使内部审计人员不断了解新情况，掌握先进的审计方法，不断适应经济形势的变化；二是组织内部审计人员学习法律法规和经济政策以及内部审计工作法规制度，依法进行审计；三是深入调查研究，获取充分、相关、可靠的审计证据，为出具正确的审计报告提

供充分支撑；四是鼓励内部审计人员掌握与人交流的技能，讲究审计方法，提高审计效率。

8.4.2.4 内部审计部门更应注重引入现代审计技术和方法，提升工作效率

随着信息时代科学技术日新月异的发展，目前需要大力推广现代审计技术和方法供内部审计部门借鉴与使用。计算机辅助审计软件能较好地满足审计工作中对数据采集、计算、查询、排序、筛选、判断、分析等要求，可以提高审计的电算化水平。审计方法也应由传统的检查报表、账册、凭证的技术，向利用统计抽样、数理统计、数学模型、投资分析、流程设计等数字加工技术和方法发展，灵活多样，适应审计对象发展的需要，提高审计工作的效率和质量。

第 9 章

五彩缤纷，百花齐放——企业内部审计的基础审计实务

9.1　销售与收款循环的内部审计

导入案例

永昌公司销售与收款循环的内部审计案例

一、背景介绍

永昌公司成立于 2002 年 5 月 24 日，由 G 投资公司、F 电器集团和 K 咨询公司共同发起设立，注册资本为 2 亿元人民币。主营业务为电视机的生产与销售；计算机销售及软硬件维护业务；高科技产业投资，高科技产品的研制、生产、经销及相关技术服务。2015 年，股东派出审计组，对永昌公司 2014 年度财务报表进行常规内部审计。本案例主要反映销售与收款循环的审计过程及相关问题。

本次审计组组长为郑洁，李芳、张同、刘欣为组员。在编制审计计划时，郑洁根据以往对永昌公司重要性水平的控制，对主营业务收入的重要性水平定为 5 万元。根据分工，审计人员刘欣负责主营业务收入的审计测试与取证工作。

二、审计过程

（一）对主营业务收入环节进行风险评估和控制测试

永昌公司主要经营电器类产品和家用计算机，从目前行业发展和竞争情况来看，此类产品竞争较为激烈，产品更新换代较快。永昌公司核心技术不占据优势地位，

自主研发能力较差，所以面临的经营风险较高，公司整体重大错报风险水平较高。

根据永昌公司近 3 年的部分主要财务指标，审计人员刘欣进行了趋势分析，具体数值如表 9-1 所示。

表 9-1　永昌公司财务指标

单位：万元

被审计单位名称	财务报表期间	工作底稿索引号
永昌公司	2014 年度	D1-1

编制人及复核人员签字：

编制人：刘欣	日期：2015 年 1 月 16 日
复核人：郑洁	日期：2015 年 2 月 1 日

项目	2012 年（已审）	2013 年（已审）	2014 年（未审）	备注
主营业务收入	56,302	53,200	51,400	
主营业务成本	48,900	47,600	43,000	
毛利率	13.15%	10.53%	16.34%	
销售费用	1,620	1,750	1,600	
管理费用	1,960	2,100	2,200	
净利润	1,240	1,256	1,623	
应收账款	1,200	1,250	2,100	
存货	5,600	6,700	6,100	
每股净利润	0.61	0.54	0.56	
净资产收益率	3.88%	3.49%	4.51%	

从永昌公司近 3 年的财务指标来看，主营业务收入呈现下降趋势，这与国产家用电器的整体走势一致。毛利率 2013 年比 2012 年有所降低，但 2014 年比 2013 年呈现较大幅度增长，而全国市场的家电和计算机的实际价格呈现下降趋势，这引起了审计人员的关注，审计人员决定将主营业务收入作为审计重点。销售费用变化不大；管理费用增加较多；应收账款近 3 年呈增长趋势，尤其 2014 年比 2013 年增加了 850 万元，增幅达到 68%；而同期主营业务收入的增幅为 -3.4%，出现了相反的变化；存货相对来说变化不大；每股净利润变化不大；净资产收益率 2014 年比 2013 年有较大幅度的增加。根据审计计划的要求，审计人员对销售与收款循环进行了控制测试。刘欣首先通过使用调查表等方法对永昌公司销售与收款循环的内部控制进行了调查了解，调查表如表 9-2 所示。初步认为该公司的内部控制具有一定的有效性。

刘欣运用抽查凭证法、实地考察法等对销售与收款循环的内部控制进行了一定范围的控制测试，在此基础上，对其进行了评价。

表 9-2　销售与收款循环的内部控制调查表

被审计单位名称	财务报表期间	工作底稿索引号
永昌公司	2014 年度	J 1

编制人及复核人员签字：

编制人：刘欣	日期：2015 年 1 月 16 日
复核人：郑洁	日期：2015 年 2 月 1 日

调查问题	调查结果				备注
	是	否	弱	不适用	
是否有专门人员处理顾客订单？	√				
是否在每次销售前检查顾客的信用情况，并由授权部门审批赊销金额？	√				
对已接受的顾客订单，是否由业务部门编制已经连续编号的销售通知单？	√				
是否根据销售通知单填写出库单？	√				
出库单是否连续编号？	√				
货物装运是否与销售通知单核对？		√			
销售发票是否由专人负责保管，并由其他人员对开具的发票进行独立复核？	√				
作废的发票是否加盖"作废"戳记，并保留在发票本上？			√		
销售发票是否按号连续记入主营业务收入日记账？	√				
主营业务收入总账、明细账和应收账款总账、明细账及款项的收回的登记是否分离？	√				
销售、应收账款明细账和总账是否定期核对？		√			
是否定期与顾客核对应收账款明细账？		√			
销售退回和折让是否经授权的销售人员批准？			√		

刘欣抽取20%的销售发票作为样本进行检查。销售发票是非常重要的原始凭证，是向顾客收取货款、登记有关销售账户和应收账款总账和明细账的依据。刘欣在选取样本之前，首先检查了发票上的存根是否完整，并从发票日期判断该公司是否按

顺序开具发票，随机抽取发票并进行了检查。销售发票控制测试过程记录如表 9-3
所示。

表 9-3　销售发票控制测试过程记录

被审计单位名称	财务报表期间	工作底稿索引号
永昌公司	2014 年度	J 1-1

编制人及复核人员签字：

编制人：刘欣	日期：2015 年 1 月 16 日
复核人：郑洁	日期：2015 年 2 月 1 日

序号	测试过程记录	备注
1	抽取 6 月开出的所有销售发票，发现编号连续，无缺号，只有 2 张作废发票，均盖有"作废"印章	
2	随机抽取 2014 年开出的销售发票 200 份，与销售合同、销售通知单、商品价目表、主营业务收入明细账和应收账款明细账等进行核对，合同内容、销售数量、销售价格和金额相互之间相符率比较高，但发现有 2 张销售发票中注明的金额与销售合同、销售通知单中的金额不符	
3	将发运单、装货单和销售发票核对，发现有已经开出销售发票但无发运单和装货单的情形，误差比率为 3%	
4	1 月至 12 月折让业务发生 3 笔，均由销售经理批准。有 14 笔销售退回业务，附有红字销售发票，但有两笔无主管人员签字，有对方税务部门开具的有关证明，会计处理恰当	

从上述控制测试结果来看，永昌公司销售与收款循环内部控制得到了执行，但在有些控制环节依然有风险存在。从内部控制调查表和控制测试中可以发现，该公司销售发票的开具与发运单、装货单的核对机制较弱，致使出现了销售发票与相关凭据不符的情形，为销售发票的虚开提供了可能；应收款项未能定期与客户核对，应收款项的管理较为混乱。

（二）对主营业务收入环节实施实质性程序

审计人员根据上述风险评估和控制测试，对销售和收款循环实施了相应的实质性程序。

1. 对主营业务收入进行分析，发现主营业务收入可能存在虚记

根据对永昌公司的财务指标综合分析的结果和风险评估结果，审计人员怀疑永昌公司可能存在主营业务收入和应收账款高估问题，决定将审计重点放在主营业务收入和应收账款上。审计人员编制主营业务收入明细表，如表 9-4 所示。

表9-4　主营业务收入明细表

单位：万元

被审计单位名称	财务报表期间	工作底稿索引号
永昌公司	2014年度	D 1-2

编制人及复核人员签字：

编制人：刘欣	日期：2015年1月16日
复核人：郑洁	日期：2015年2月1日

月份	合计金额	电视机销售收入	家用空调销售收入	计算机及配件销售收入
1	6,320	4,300	1,300	720
2	2,770	1,100	1,200	470
3	2,820	1,400	1,000	420
4	2,820	1,200	1,300	320
5	2,900	1,400	1,000	500
6	2,840	1,000	1,300	540
7	3,250	1,100	1,600	550
8	2,620	1,000	1,000	620
9	3,400	2,100	1,000	300
10	2,670	1,000	1,000	670
11	6,820	2,500	4,000	320
12	12,170	6,000	5,300	870
合计	51,400	24,100	21,000	6,300

从表9-4列示的数据可知，电视机和家用空调销售收入11—12月增幅较大，电视机年底出现旺销的情形可以理解，但空调和制冷设备在冬季销量一般会低于夏季。根据分析可知，年底两种产品的销售收入可能存在高估的问题。

2. 进行凭证抽查，发现收入虚记的确切证据

审计人员根据销售明细账的记录，分别抽查了1月到12月的记账凭证共300张，对11月和12月进行重点抽查，在凭证抽查中将记账凭证与销售发票、出库单、货运凭证、运费单据及销售合同分别进行核对，发现不符单据共6张。同时，对这些单据不符及金额较大、有一定疑问的应收账款进行函证。从回函结果来看，其中有两个经销商经两次函证均未回函，让永昌公司提供其他联系方式，对方予以拒绝，且无法查找到对方电话号码。审计人员对这两个客户资料进行进一步整理，发现永

昌公司的这两个客户为新的销售对象，11 月到 12 月的累积销售额分别为 200 万元
和 120 万元，均为赊销，款项未收回。审计人员将相关信息与会计人员沟通后，会
计人员承认对这两个客户的销售为虚构，客户根本不存在，合同也系伪造；对其他
经常供货的客户进行函证后，发现有 4 家客户回函称永昌公司记录的债权数高于对
方的记录，合计金额为 117 万元。针对永昌公司可能存在销售及应收账款多计问题，
审计人员同时对存货明细账和期末结转主营业务成本的资料进行分析，发现成本结
转的数量与销售数量有较大差距，11 月到 12 月的销售额明显高于前几个月，但成
本结转数却无明显变化，可能存在虚假出库单。审计人员编制毛利率测算表，如表 9-5
所示。

表 9-5　毛利率测算表

被审计单位名称	财务报表期间	工作底稿索引号
永昌公司	2014 年度	D 1-3

编制人及复核人员签字：

单位：万元

编制人：刘欣	日期：2015 年 1 月 16 日
复核人：郑洁	日期：2015 年 2 月 1 日

期间	收入	成本	毛利率	注释
1 月	6,320	5,160	22.48%	
2 月	2,770	2,440	13.52%	
3 月	2,820	2,530	11.46%	
4 月	2,820	2,530	11.96%	
5 月	2,900	2,590	11.97%	
6 月	2,840	2,515	12.92%	
7 月	3,250	2,890	12.46%	
8 月	2,620	2,280	14.91%	
9 月	3,400	3,085	10.21%	
10 月	2,320	2,080	11.54%	
11 月	7,170	6,000	19.50%	
12 月	12,170	8,900	36.74%	
合计	51,400	43,000	19.53%	

审计人员经与永昌公司财务人员和销售人员调查核实，确实存在销售虚记的情况。经多方确认后，本期多计主营业务收入共计 430 万元、增值税销项税额 73.1 万元，同时多计应收账款 5,031 万元，但该部分销售成本并未结转，使本期销售毛利较上年年有较大增幅，并影响当期的利润额。对此，审计人员应调整被审计单位 2014 年度会计报表中有关项目。假设永昌公司为增值税一般纳税人、税率为 17%。

审计人员调整分录为：

借：主营业务收入　　　　　　　　　　　　　　　　4,300,000

　　应交税费——应交增值税（销项税额）　　　　　731,000

　　贷：应收账款　　　　　　　　　　　　　　　　　5,031,000

审计人员实施凭证抽查程序时还发现下列几笔销售业务。

（1）向 A 公司销售计算机。

永昌公司向 A 公司销售计算机设备，价款为 351 万元。销售合同约定，签订合同时 A 公司向永昌公司支付价款 100 万元，设备运行 1 个月后支付剩余价款，交货时间为 2014 年 11 月 5 日。实际执行情况为，永昌公司于 2014 年 11 月 5 日发货，设备运行 1 个月后，没有出现质量问题。截至 2014 年 12 月 25 日，永昌公司共收到货款 251 万元，确认营业收入 251 万元。根据合同内容及主营业务收入的确认原则，公司应在 2014 年 12 月 5 日后确认全部收入，而不应按实收货款金额确认收入。

（2）向 G 公司销售计算机。

永昌公司于 2014 年 12 月 20 日向 G 公司销售计算机设备一批，价款为 117 万元。由于该计算机设备未能按照 G 公司的要求安装其所需的软件，双方于 2015 年 1 月 29 日达成协议，永昌公司向 G 公司提供 5% 的销售折让。该笔销售已经于 2014 年入账，销售折让在 2015 年 1 月账务中反映。

上述发生的销售折让为已确认收入的销售折让，属于资产负债表日后事项，按照《企业会计准则第 29 号——资产负债表日后事项》的规定，应当调整 2014 年资产负债表日报表金额。此销售折让问题不应在 2015 年 1 月反映，而应调整 2014 年 12 月 20 日发生的该笔主营业务收入。

3. 审查收入确认和关联方交易，发现价格高估行为

审计人员在对销售明细账和销售发票的抽查过程中还发现，永昌公司对关联方 S 电器集团的销售额为 13,200 万元，占同期主营业务收入总额的 26%，从发票所列的销售单价来看，同种产品的价格明显高于其他客户。若按对非关联方的加权平均

价格对 S 电器集团的销售重新计算，主营业务收入应为 13,100 万元，多计 100 万元。对于这部分多计金额，按照《企业会计准则第 36 号——关联方披露》的有关规定，永昌公司与 S 电器集团的关联方交易应当在报表附注中予以详细披露，披露关联方关系的性质、交易类型及交易要素。永昌公司为 S 电器集团的母公司，此次交易类型为购买或销售商品，交易要素至少应当包括：①交易的金额；②未结算项目的金额、条款和条件，以及有关提供或取得担保的信息；③未结算应收项目的坏账准备金额；④定价政策。因此，永昌公司只有在提供确凿证据的情况下，才能披露此次关联方交易是公平交易。

4. 进行销售截止性测试，发现主营业务收入入账期间不恰当

为了确认永昌公司主营业务收入和应收账款的截止期是否正确，审计人员对 2014 年 12 月的最后 4 笔销售和 2015 年 1 月前 4 笔销售的相关凭证进行抽查，抽查记录见下列审计工作底稿。主营业务收入截止性测试如表 9-6 所示。

表 9-6　主营业务收入截止性测试

单位：万元

被审计单位名称	财务报表期间	工作底稿索引号
永昌公司	2014 年度	D 1-4

编制人及复核人员签字：

编制人：刘欣	日期：2015 年 1 月 16 日
复核人：郑洁	日期：2015 年 2 月 1 日

发票记录			记账凭证			出库单	备注
编号	日期	数量	金额（含税）	日期	编号	日期	
1542	2014-12-20	35	23,400	2014-12-22	转字 125	2015-1-20	需调整
1543	2014-12-25	38	18,900	2014-12-26	银收字 56	2014-12-25	
1544	2014-12-28	90	72,540	2014-12-29	转字 140	2015-1-14	需调整
1545	2014-12-31	68	48,300	2015-1-5	转字 18	2015-1-1	
1546	2015-1-5	35	24,000	2017-1-7	转字 23	2015-1-5	
...							

将发票编号为 1543 和 1545 的销售业务与销售合同进行核对，发现合同规定供货日期为 2015 年 1 月，同时，出库单上显示的出库时间也为 2015 年 1 月，但永昌公司将这两笔业务记入了 2014 年度。

三、审计结论

审计人员总结永昌公司销售与收款循环审计中发现的问题如下。

（1）问题：发票、发运单、装货单之间的信息传递与核对的控制存在漏洞，导致虚开发票的问题，进而导致收入金额误报。

（2）缺乏收入截止性信息收集、确认的控制程序，导致主营业务收入入账期间不恰当。

（3）向关联方销售价格高估。

针对上述问题，审计人员与永昌公司财务部和总经理进行沟通，要求永昌公司：第一，对多记收入进行相关账务调整；第二，尽快完善和销售与收款循环相关的内部控制；第三，在编制财务报告时，按规定对关联方交易价格进行相应披露。

9.1.1 销售与收款循环的特点

9.1.1.1 销售产品的过程

企业销售产品的过程，大致为"获取客户信息并与客户沟通——签订销售合同——发货——收款或催款"等主要业务活动。上述业务主要涉及以下部门：销售部、信用管理部、仓储部、装运部、财务部。

（一）获取客户需求信息，与客户进行沟通

销售业务员与客户约谈，形成客户约谈记录单，获取客户名称、联系方式，客户拟购入产品的规格、型号，产品用途、产品的特殊指标要求，能接受的价格水平，计划付款方式，要求的交货期和交货方式等。

（二）与客户报价、议价

报价单的审计人员通常为销售业务员的直接主管，但是如果销售价格降低的幅度非常大，或者总降价额超过了销售业务员的直接主管的核准权限，应该逐级核签到更高级次的主管，直到权限达到规定要求为止。如果客户不认可报价单上的价格，则与客户议价，重新报价。

（三）批准赊销信用

对于赊销业务的批准是由信用管理部门根据管理层的赊销政策在每个客户的已授权的信用额度内进行的。信用管理部门应将销售额与该客户已被授权的赊销信用额度以及至今尚欠的账款余额加以比较。执行人工赊销信用检查时，还应合理划分工作职责，以避免销售人员为扩大销售而使企业承受不适当的信用风险。

企业的信用管理部门通常应对每个新客户进行信用调查，包括获取信用评审机构对客户信用等级的评定报告。对于超过既定信用政策规定范围的特殊销售交易，应当进行集体决策。

（四）签订销售合同或销售订单

销售业务员与客户签订销售合同，销售部门就需要按销售合同管理制度的要求，按合同的执行步骤，全程对合同进行管理控制。在签订销售合同或销售订单之后，下一步就应编制一式多联的销售单。

（五）按销售单供货

企业管理层通常要求商品仓库只有在收到经过批准的销售单时才能供货。设立这项控制程序的目的是防止仓库在未经授权的情况下擅自发货。因此，已批准销售单的一联通常应送达仓库，作为仓库按销售单供货和发货给装运部门的授权依据。

（六）按销售单装运货物

装运部门按经批准的销售单装运商品，装运部门职员在装运之前，还必须进行独立验证，以确定从仓库提取的商品都附有经批准的销售单，并且所提取的商品的内容与销售单一致。此外将仓库部门按经批准销售单供货职责与装运部门按销售单装运货物职责相分离。

（七）向客户开具账单

开具账单是指开具并向客户寄送事先连续编号的销售发票。这项职能所针对的主要问题是：①是否对所有装运的货物都开具了账单；②是否只对实际装运的货物才开具账单，有无重复开具账单或虚构交易；③是否按已授权批准的商品价目表所列价格计价开具账单。

为了降低开具账单过程中出现遗漏、重复、错误计价或其他差错的风险，应设立以下控制程序：

（1）开具账单部门职员在开具每张销售发票之前，独立检查是否存在装运凭证和相应的经批准的销售单；

（2）依据已授权批准的商品价目表开具销售发票；

（3）独立检查销售发票计价和计算的正确性；

（4）将装运凭证上的商品总数与相对应的销售发票上的商品总数进行比较。

上述控制程序有助于保证用于记录销售交易的销售发票的正确性。销售发票副联通常由开具账单部门保管。

（八）记录销售

在手工会计系统中，记录销售的过程包括区分赊销、现销，按销售发票编制转账凭证或现金、银行存款收款凭证，再据以登记销售明细账和应收账款明细账或库存现金、银行存款日记账。对这项职能，审计人员主要关心的问题是销售发票是否记录正确，并归属适当的会计期间。记录销售的控制程序包括以下内容。

（1）只依据附有有效装运凭证和销售单的销售发票记录销售。这些装运凭证和销售单应能证明销售交易的发生及其发生的日期。

（2）控制所有事先连续编号的销售发票。

（3）独立检查已处理销售发票上的销售金额与会计记录金额的一致性。

（4）记录销售的职责应与处理销售交易的其他功能相分离。

（5）对记录过程中所涉及的有关记录的接触予以限制，以减少未经授权批准的记录发生。

（6）定期独立检查应收账款的明细账与总账的一致性。

（7）定期向客户寄送对账单，并要求客户将任何例外情况直接向指定的未执行或记录销售交易的会计主管报告。

（九）办理和记录现金、银行存款收入

这项职能涉及的是有关货款收回，现金、银行存款增加以及应收账款减少的活动。在办理和记录现金、银行存款收入时，最应关心的是货币资金失窃的可能性。货币资金失窃可能发生在货币资金收入登记入账之前或登记入账之后。处理货币资金收入时最重要的是要保证全部货币资金都必须如数、及时地记入库存现金、银行存款日记账或应收账款明细账，并如数、及时地将现金存入银行。在这方面，汇款通知书起着很重要的作用。

（十）办理和记录销售退回、销售折扣与折让

客户如果对商品不满意，销售企业一般都会同意接受退货，或给予一定的销售折让；客户如果提前支付货款，销售企业则可能会给予一定的销售折扣。发生此类事项时，必须经授权批准，并应确保与办理此事有关的部门和职员各司其职，分别控制实物流和会计处理。在这方面，严格使用贷项通知单无疑会起到关键的作用。

（十一）注销坏账

不管赊销部门的工作如何主动，客户因经营不善、宣告破产、死亡等而不支付货款的情况仍可能发生。销售企业若认为某项货款再也无法收回，就必须注销这笔货款。对这些坏账，正确的处理方法应该是获取货款无法收回的确凿证据，经适当审批后及时做会计调整。

（十二）提取坏账准备

坏账准备提取的数额必须能够抵补企业以后无法收回的销货款。

9.1.1.2 销售与收款循环的主要凭证与会计记录

在内部控制比较健全的企业，处理销售与收款业务通常需要使用很多凭证与会计记录。典型的销售与收款循环所涉及的主要凭证与会计记录有以下几种。

（一）客户约谈记录单

客户约谈记录单上的内容包括：客户名称，联系方式，客户拟购入产品的规格、型号，产品用途、产品的特殊指标要求，能接受的价格水平，计划付款方式，要求的交货期和交货方式等。

（二）报价单

报价单主要用于供应商给客户报价，类似价格清单。报价单一般包括单头、产品基本资料、产品技术参数、价格条款。

（三）销售单

销售单是列示客户所订商品的名称、规格、数量以及其他与销售合同有关信息的凭证，作为销售方内部处理销售合同的凭据。

（四）发运凭证

发运凭证即在发运货物时编制的，用以反映发出商品的规格、数量和其他有关内容的凭据。发运凭证的一联留给客户，其余联（一联或数联）由企业保留。该凭证可用作向客户开具账单的依据。

（五）销售发票

销售发票是一种用来表明已销售商品的名称、规格、数量、价格、销售金额、运费和保险费、开票日期、付款条件等内容的凭证。以增值税发票为例，销售发票的两联（抵扣联和记账联）寄送给客户，一联由企业保留。销售发票也是在会计账簿中登记销售交易的基本凭据之一。

（六）商品价目表

商品价目表是列示已经授权批准的、可供销售的各种商品的价格清单。

（七）退货接收单

退货接收单应于货物退回时填制，内容应包括购货单位名称、原始发票号数、购货日期、商品名称、规格与单价、采购数量、退货数量与金额、退货的原因以及处理意见等。

（八）贷项通知单

贷项通知单是一种用来表示由于销售退回或经批准的折让而引起的应收销货款减少的凭证。这种凭证的格式通常与销售发票的格式相同，只不过它不是用来证明应收账款的增加，而是用来证明应收账款的减少。

（九）应收账款账龄分析表

通常，应收账款账龄分析表按月编制，反映月末尚未收回的应收账款总额的账龄，并详细反映每个客户月末尚未偿还的应收账款数额和账龄。

（十）应收账款明细账

应收账款明细账是用来记录每个客户各项赊销、还款、销售退回及折让的明细账。各应收账款明细账的余额合计数应与应收账款总账的余额相等。

（十一）主营业务收入明细账

主营业务收入明细账是一种用来记录销售交易的明细账。它通常记载和反映不同类别商品或服务的营业收入的明细发生情况和总额。

（十二）折扣与折让明细账

折扣与折让明细账是一种用来核算企业销售商品时，按销售合同规定为了及早收回货款而给予客户的销售折扣和因商品品种、质量等因素而给予客户的销售折让情况的明细账。当然，企业也可以不设置折扣与折让明细账，而将该类业务直接记录于主营业务收入明细账。

（十三）汇款通知书

汇款通知书是一种与销售发票一起寄给客户，由客户在付款时再寄回销售单位的凭证。这种凭证注明了客户的姓名、销售发票号码、销售单位开户银行账号以及金额等内容。

（十四）库存现金日记账和银行存款日记账

库存现金日记账和银行存款日记账是用来记录应收账款的收回或现销收入以及其他各种现金、银行存款收入和支出的日记账。

（十五）坏账审批表

坏账审批表是一种用来批准将某些应收款项注销为坏账，仅在企业内部使用的凭证。

（十六）客户月末对账单

客户月末对账单是一种按月定期寄送给客户的用于购销双方定期核对账目的凭证。客户月末对账单上应注明应收账款的月初余额、本月各项销售交易的金额、本月已收到的货款、各贷项通知单的数额以及月末余额等内容。

（十七）转账凭证

转账凭证是指记录转账业务的记账凭证。它是根据有关转账业务（即不涉及现金、银行存款收付的各项业务）的原始凭证编制的。

（十八）收款凭证

收款凭证是指用来记录现金和银行存款收入业务的记账凭证。

9.1.2　销售与收款循环的内部控制

9.1.2.1 销售与收款循环的内部控制点

通过对销售与收款循环的主要业务流程的梳理，可将销售与收款循环涉及的内部控制点总结如下。

（一）信用管理的控制

（1）企业须建立包括客户财务状况和信誉打分等内容在内的规范的信用评价体系，据此体系的标准对客户进行信用评级，再依据评级得到的结论对客户实施相应的信用政策。

（2）在对客户实施信用政策时，必须经过必要的核准。

（3）销售部门应指定专人对企业的主要客户和重要客户的信用政策信息进行定期分析、复核和维护。

（4）如果出现超过信用额度规定的例外情况，经手人和核准人都须在本人职责范围内对该行为可能给企业的经营和财务带来的额外风险进行合理评估，签署书面建议或意见。如果超越了本人权限，须逐级向上，请上一级主管给予批示和审计。

（二）销售价格的控制

（1）销售价格的制定、审批与修改都须经书面确认，并经适当核准后才可生效。

（2）新产品定价前须进行合理的成本测算和市场分析，定价后及时加入价格表。

（3）产品价格变动资料应采用一定的方式（如电子邮件告知等）在第一时间内通知所有客户，并须更新相应的宣传和广告资料。

（4）存在交易价格偏离定价规定时，须经合理核准。

（5）为了促进公平竞争和企业内部管理，销售部门应与生产部门、技术部门协作，编制出标准的产品目录和价格体系表并及时更新。

（三）销售合同签订过程的控制

（1）针对包括产品性质、特征、价格、交货期、付款方式等具体销售事项，销售部门应组织专门人员与客户进行前期谈判，并须对谈判的全过程进行完整的书面记录。

（2）签订合同的人不能是前期进行销售谈判的人。

（3）企业应尽量采用标准模板化的销售合同，该合同涉及的所有条款须经法律顾问审计，并须定期更新。

（4）所有合同均须经客户签字确认才能执行。

（5）销售业务员按本人可控权限签订本级次合同，超出本人权限的合同须经相应主管签字核准后才能执行。

（6）当已签订的合同需要就关键性内容（如销售价格、交货期、付款方式等）进行修改时，销售业务员应充分考虑本人可控权限，如果超出本人权限，必须经相应级别的主管审计批准后才可执行。

（7）对于金额达到一定数额或者存在重大违约责任条款的合同，在履行正常的审计手续前，销售业务员必须提请专家进行审批，并向法律顾问咨询可能存在的风险，将这些内容详细记录在合同的说明项内。

（8）销售主管在对合同签订进行审批时，须充分关注合同规定的产品质量要求、数量、价格、付款方式、交货期、运输方式、违约责任等，并对其中特殊事项的风险进行合理评估和书面批示。

（四）已签订销售合同的处理过程控制

（1）合同签订后，需按要求将订单资料及时传递给技术部门，以便他们对其中的重要技术问题进行合理设计、规划和指导生产部门执行生产作业。

（2）合同签订后，需按要求将订单资料及时传递给生产部门，以便其能及时安排生产。

（3）订单交货前，需与财务部门核对，确认客户已经按合同相关条款的规定，支付了相应比例的预付款；对于"款到发货"的订单，要确认全部货款都收到才可以通知发货。

（4）为了能合理管理和控制所有合同，销售部门的合同管理人员须在第一次接触合同时，按规定对其进行连续编号管理。

（五）发货过程的控制

（1）确认发出货物前，须将出库单与销售合同的产品规格、数量、交货期等内容进行再次核对。

（2）发货前须与客户再次确认收货地点与收货人的资料，以保证其正确无误。

（3）发货前须确保包装物在运输途中能对产品起必要的保护作用。

（4）为了保证安全，必须选择信誉好、运输设备先进的货运单位负责承运，并与其签订正规的运输合同，对贵重产品的发运还须购买必要的运输保险。

（5）产品出库后须及时登记，将相应的资料传递给财务部门。

（6）所有产品出库，其随行单据须符合公司关于门禁管理制度的要求，并须接受门卫处执行的必要检查。

（7）货物发出后的一定时间，需与客户联系并确认其是否收到货物，及时做书面的收货确认记录。

（六）销售收入的控制

（1）为了确认销售的真实性，必须在收到经各经办人签字的出库单后，财务部门才可以开具发票。

（2）应指定专人对发票内容进行必要的审计，以确认开具的发票正确无误。

（3）所有已开具的发票必须及时入账，不能推迟入账。

（4）所有的发票按编号管理，严格执行发票登记制度，不管是销售业务员代取发票进行邮寄还是客户亲自取发票，均须履行签字登记制度，由开票人严格管理作废发票。

（七）应收账款的控制

（1）按一定规则对所有应收账款进行合理分类，由销售业务员定期催收，须确认所有应收账款都有销售业务员在及时跟催，并须建立应收账款的回收情况与销售业务员的绩效管理挂钩的制度，以促进其完成应收账款的催收工作。

（2）定期与客户对账，并把对账信息传递给负责催收的销售业务员。

（3）须由财务部门依据账务处理系统的数据，定期提供应收账款明细账和账龄分析表等内部管理报表，并须由各个销售业务员定期提供本人掌握的各个客户的欠款明细和可能回款的情况。上述管理类报表须由销售部指定专门的主管负责管理并跟踪进度。

（八）销售过程异常情况的控制

（1）发生销售退回及折扣等非正常销售情况时，须有书面资料记录事实的全部细节，并需记录与客户沟通的内容和结果等。

（2）发生销售退回及折扣等情况时，在处理前必须经相应级次的主管核准后才可执行下一步措施。

（3）销售退回处理后，退回的产品必须经质量检验科相关人员对退货进行恰当的检验并签字后，才可以移交仓库。

（4）仓库在收到经检验合格的退货时，必须采用专门的退货接收单进行记录。

（5）销售退回及折扣处理后，相应的信息和记录单据必须及时传递到财务部门，以便财务部门能及时冲回应收账款和调整销售收入明细账等。

9.1.2.2 销售与收款循环的基本内部控制制度

（一）适当的职责分离

在内部控制中，职责分离是指企业将交易授权、交易记录以及资产保管等职责分配给不同员工，以保证这些不相容职务由不同员工担任。适当的职责分离有助于防止各种有意或无意的错误。例如，主营业务收入账如果系由记录应收账款账之外的员工独立登记，并由另一位不负责账簿记录的员工定期调节总账和明细账，就构成了一项自动交互牵制；规定负责主营业务收入和应收账款记账的职员不得经手货币资金，也是防止舞弊的一项重要控制；赊销批准职能与销售职能的分离，也是一种理想的控制，因为销售人员通常有一种追求更大销售数量的倾向，而不问它是否将以巨额坏账损失为代价，赊销的审批则在一定程度上可以抑制这种倾向。

企业有关销售与收款业务相关职责适当分离的基本要求如下。

（1）企业应当分别设立办理销售、发货、收款三项业务的部门（或岗位）。

（2）企业在销售合同订立前，应当指定专门人员就销售价格、信用政策、发货及收款方式等具体事项与客户进行谈判。

（3）谈判人员至少应有两人以上，并与订立合同的人员相互分离。

（4）编制销售发票通知单的人员与开具销售发票的人员应相互分离。

（5）销售人员应当避免接触销货现款。

（6）企业应收票据的取得和贴现必须经由保管票据以外的主管人员的书面批准。

（二）恰当的授权审批

对于授权审批问题，内部审计人员应当关注以下四个关键点的审批程序。①在销售发生之前，赊销已经正确审批。②非经正当审批，不得发出货物。③销售价格、销售条件、运费、折扣等必须经过审批。④审批人应当根据销售与收款授权批准制度的规定，在授权范围内进行审批，不得超越审批权限。对于超过企业既定销售政策和信用政策规定范围的特殊销售交易，需要经过适当的授权。前两项控制的目的在于防止企业因向虚构的或者无力支付货款的客户发货而蒙受损失；价格审批控制的目的在于保证销售交易按照企业定价政策规定的价格开票收款；对授权审批范围设定权限的目的则在于防止因审批人决策失误而造成严重损失。

（三）充分的凭证与记录

只有具备充分的记录手续，才有可能实现其他各项控制目标。例如，企业在签订销售合同后，就立即编制一份预先编号的一式多联的销售单，分别用于审批发货、记录发货数量以及向客户开具账单和销售发票等。在这种制度下，只要定期清点销售单和销售发票，漏开账单的情形几乎就不会发生。相反的情况是，有的企业只在发货以后才开具账单，如果没有其他控制措施，这种制度下漏开账单的情况就很可能会发生。

（四）凭证的预先编号

对凭证预先进行编号，旨在防止销售以后遗漏向客户开具账单或登记入账，也可防止重复开具账单或重复记账。当然，如果对凭证的编号不做清点，预先连续编号就会失去其控制意义。

由收款员对每笔销售开具账单后，将发运凭证按顺序归档；而由另一位职员定期检查全部凭证的编号，并调查凭证缺号的原因，就是实施这项控制的一种方法。

（五）按月寄出对账单

由不负责现金出纳和销售及应收账款记账的人员按月向客户寄发对账单，能促使客户在发现应付账款余额不正确后及时反馈有关信息。

为了使这项控制更加有效，最好将账户余额中出现的所有核对不符的账项，指定一位既不掌管货币资金，也不记录主营业务收入和应收账款账目的主管人员处理，然后由独立人员按月编制对账情况汇总报告并交管理层审阅。

（六）内部核查程序

由内部审计人员或其他独立人员核查销售交易的处理和记录，是实现内部控制目标所不可缺少的一项控制措施。表 9-7 列示了针对相应控制目标的典型的内部核查程序。

表 9-7　内部控制目标与内部核查程序

内部控制目标	内部核查程序举例
登记入账的销售交易是真实的	检查登记入账的销售交易所附的佐证凭证，例如发运凭证等
销售交易均经适当审批	了解客户的信用情况，确定是否符合企业的赊销政策
所有销售交易均已登记入账	检查发运凭证的连续性，并将其与主营业务收入明细账核对
登记入账的销售交易金额准确	检查会计记录中的数据以验证其正确性
登记入账的销售交易分类恰当	比较核对登记入账的销售交易的原始凭证与会计科目表
销售交易的记录及时	检查开票员所保管的未开票发运凭证，确定是否存在未在恰当期间及时开票的发运凭证

9.1.3　销售与收款循环的内部审计的内容

通过以上对销售与收款循环的主要业务流程和相应的内部控制点的介绍，读者可以了解企业通过适当的职责分离、恰当的授权审批、充分的凭证和记录、凭证的预先编号、按月寄出对账单、内部核查程序等方式实现了其销售过程的内部控制管理。销售与收款循环的内部审计就是通过必要的审计程序和适当的审计方法，获取充分、恰当的审计证据，评价这些内部控制制度是否合理，执行是否有力，是否能有效控制企业的经营风险、财务风险等，并通过必要的抽样检验和实质性测试来确认各职能部门是否存在重大舞弊、错误或失职行为等。

销售与收款循环的内部控制涉及的控制点非常多，此处逐一介绍销售与收款循环的主要业务流程的审计方法和审计程序。

9.1.3.1 销售价格管理控制的内部审计

销售价格管理控制是对产品定价过程进行合理的管理控制，并在定价后对产品已有的价格进行管理。

（一）关于定价政策内部控制执行情况的审计

依据公司的产品价格管理的要求，销售部门应定期修订来年的销售价格，并在截止日期前给予公布。销售价格要依据产品成本、现有售价、产品所处的生命周期、产品的毛利率水平等多项因素来制定。销售价格在对外公布前，须由销售部项目经理和资深业务员组成的联合评估小组进行评估，并经总经理核准后才可以执行。

对定价政策内部控制执行情况的审计，内部审计人员应执行以下审计程序。

（1）为了确定销售部门是否按相应制度的要求及时、科学地更新了企业的价格系统，内部审计人员应获取最新的价格表资料，查核其生效时间及批准权限等相关条款是否符合公司产品价格管理规定的要求。

（2）为了确定销售部门制定价格的依据是否合理科学，内部审计人员应审计价格制定过程中的会议记录和部分定价核算的详细过程。由于产品定价方案类材料涉及公司多项最高机密，建议内部审计人员不要借出，采取现场直接复核的方式，如有疑问，随时询问相应的主管。

（二）关于商品价目表是否及时更新的审计

为了保证新制定的价格能有效执行，销售部门必须在新价格对外公布的同时，通过传真、电子邮件、信件等方式，将最新价目表在第一时间向所有已知和潜在的客户公布。从新价目表生效当日起，所有的订单按新价格执行。

为了确认商品价目表是否及时向所有客户公布，并且在其生效后是否按新价格执行销售程序，内部审计人员应执行以下程序。

（1）获取销售部存档的宣传单底单，查核确认销售部门是否采用传真、信件等方式向所有有确定联系方式的客户发出信件，并通知相应的广告商，确认其对外公布的价格是否为最新价格。

（2）抽查签订的合同，复核其交易价格是不是最新价目表上的价格。

（三）实际交易价格与价目表价格存在差异的管理控制的审计

出于多种原因，在实际交易过程中会出现交易价格不得不偏离价目表价格的情况，为了合理控制企业经营风险，企业的价格管理制度应明确规定：销售业务员与客户谈判时，当报价单上的单价超出业务员报价权限时，须以特殊报价申请单的形式，以书面形式描述合同状况，报上级主管核准后才可执行；如果报价权限超出了本级直接主管的核准权限，须逐级向上申请。

为了确认销售部门的价格管理是否得到有效控制，内部审计人员可执行以下程序：随机抽查签订销售合同，对其交易价格与价目表价格进行列表比较，筛选出交易价格低于价目表价格的合同，内部审计人员对这些特殊合同进行进一步审查。

9.1.3.2 签订销售合同过程控制的内部审计

签订销售合同过程控制的内部审计，是通过执行有效的审计程序，合理确定签订合同的全过程中，不相容岗位是否执行了必要的分离，关键的内部控制制度是否得到执行，销售人员是否存在舞弊行为等。

（一）签订合同过程中"不相容岗位相互分离"的控制制度的审计

按企业内部控制制度设计的要求，在签订销售合同的过程中，与客户进行前期谈判的业务员（至少两人以上）、签订合同的销售人员、评审合同人员这三类工作岗位必须相互分离控制，这可以很好地杜绝签订合同过程中舞弊行为的发生。

为了确认签订合同过程中销售部门是否有效地实施了"不相容岗位相互分离"的控制制度，内部审计人员应执行以下审计程序。

（1）内部审计人员与销售部门经理就该部门员工分工情况进行详细交谈，了解销售部在内部是否进行了很好的岗位分离控制。

（2）为了证实岗位分离控制制度是否被有效执行，内部审计人员随机同负责这三个岗位的相关人员进行交流，以确认他们各自负责各自岗位的工作，并查核他们签订的书面形式材料。

（二）合同签订过程控制的审计

为了保证合同签订规范合理，公司明确规定：拟订立的合同以公司标准的合同范本为基础，签订的合同正式文本必须将客户名称、销售产品的名称、规格、数量、交易价格、付款方式、运输方式、交货地点、发票信息、质量保证期等所有必要条款填写完整，所有的合同均须签署评审意见，并须经销售主管核准，经客户签章确认后，才可转到合同执行下一步骤。

为了确认销售部门签订合同过程是否符合公司相关制度，签订的过程是否得到有效管理和控制，内部审计人员应执行以下审计程序。

（1）抽样查核签订的销售合同，查核的内容包括合同格式、合同必要条款的填列情况、合同评审意见、销售主管的核准情况和客户的签章情况。

（2）对于合同中非常规条款，如客户的预付款明显低于公司的基本要求、产品的质量保证期明显长于公司的正常规定、交货期过短、存在重大违约责任条款等，这些项目可能超出了签订合同的业务员的可控权限，需要重点关注。在这种情况下，业务员必须做出书面解释（或由客户自己做出书面解释），经相应级次主管核准后才可以与客户确认合同。

9.1.3.3 已经签订合同管理控制的内部审计

销售合同的管理控制阶段是指从合同签订后到合同执行完成的全过程。

（一）合同信息管理控制的审计

按公司的要求，为了规范管理合同资料，当业务员把经审计生效的合同移交给合同执行人员后，合同执行负责人须按规定，先对合同进行连续编号管理，然后通过合同信息登记表详细记录合同的客户名称、产品名称和规格、数量和交货期等重要信息，由提交合同的合同管理人员签字确认，并须依据合同内容填制带编号的、标准格式的销售单，用以作为与公司内部其他部门交流的标准单据。

为了确认合同执行人员是否履行上述管理制度规定的职责，合同的信息是否得到了规范管理，内部审计人员应执行以下审计程序。

（1）获取合同执行人编制的合同信息登记表，将其与对应的合同进行比对，比对确认合同信息登记表上的信息是否均正确并均有记录对应的销售单编号。

（2）翻阅存档的合同，查看所有合同是否均有编号且编号连续。

（二）合同档案保管控制的审计

按公司的要求，所有销售合同的保存期限，原则上为十年；如果合同条款有规定，则依合同规定保存。过期合同在销毁前，须确认对应的合同信息登记表资料完备，并经合理备份；所有过期合同的销毁，经公司相应负责人核准后才可以执行。

为了确认合同档案管理人员是否按上述规定管理合同档案资料，内部审计人员应执行以下审计程序。

（1）与合同管理人员交谈，了解合同档案管理情况。

（2）为了证明合同管理人员谈话的真实性，内部审计人员可在相关人员的带领下参观档案室，确认所有的档案都按年份存放在专用的档案柜中。查阅档案室合同借阅登记记录表，确认员工借阅已经归档的合同是否有详细记录借阅的合同编号、借阅时间、借阅用途、归还时间等内容。

（三）合同执行管理控制的审计

为了确保已经签订的合同能及时交货，销售部门必须实时监控合同执行情况。按公司的要求，合同执行人员应该在收到签核好的合同后，编制一式多联的销售单，及时把合同信息传递给相关部门，并须在合同信息登记表上及时记录合同的执行状态。

为了确认合同执行人员是否确实履行了相应的职责，所有已签订的合同是否均被有效管控，内部审计人员应执行以下审计程序。

（1）抽查近期编制的销售单，对其记载的内容与签订合同进行比对查核。

（2）查看销售单在事前是否连续编号，执行后是否归档管理，是否有专门人员进行定期检查。

（3）复核合同信息登记表的更新情况，核实其所显示的合同状况与合同实际执行状态是否一致。

9.1.3.4 供货和装运货物的内部审计

供货和装运货物的内部审计，就是通过执行必要的审计程序，获取充分证据确认供货和装运阶段没有重大管理漏洞，确认公司此环节遵循了公司供货和装运相关制度。

（一）货物发出前条件确认控制的审计

为了控制经营风险，很多公司的标准合同都设有"预付货款"条款。合同执行人员在执行合同的发货前，需要先与财务部门核对，确认客户已经按合同相关条款的规定，支付了相应比例的预付款后，才能审批销售单，规划发货事宜。

为了确认合同执行人员是否确实履行了其职责，在发货前对合同的付款情况进行合规性评价，内部审计人员应执行以下审计程序：从装运部门取得已经发货的装运凭证，查找发出货物对应的合同，看这些合同的预付款情况是否符合合同规定。

（二）供货阶段的审计

为了防止仓库在未经授权的情况下擅自发货，公司要求商品仓库只有在收到经过批准的销售单时才能供货。为了确认仓库人员是否确实履行了其职责，内部审计人员应执行以下审计程序：抽查商品出库单，查看是否附有已经批准的销售单。

（三）装运货物的审计

为了确认装运部门人员是否正确执行发货，内部审计人员应执行以下审计程序：随机抽查装运凭证，将装运凭证记载的客户地址、名称、联系电话、联系人，运输产品名称、规格、数量等基本信息，与附有经批准的销售单执行比对程序，确认所有装运凭证填列的资料是否均正确。

（四）货物发出之后的审计

为了确认在货物发出后的一定时间内，运输业务负责人是否与客户联系并及时做书面的收货确认记录，内部审计人员应执行以下审计程序：与运输业务负责人交谈，了解收货确认的执行情况，且对收货确认相关控制的执行情况进行复核。

9.1.3.5 销售收入的内部审计

为了确认销售的真实性，公司必须在销售实现时，开具发票并把发票及时传递给客户。发票不仅是销售方确认收入、收回货款的重要凭证，而且是购货方确认成本费用、据以付款的唯一法律凭证，因此所有公司都会加强与发票开具及管理相关的内部控制。

（一）发票开具管理控制的审计

为了保证公司销售收入确认的合法、及时，公司明确规定：公司必须在货物发出时开具发票，财务相关人员必须依据经相应主管核准的装运凭证、出库单和相应的经批准的销售单做账；销售部门须指定专人对发票内容进行必要的审计，以确认开具的发票正确无误。

为了确认上述控制制度是否确实得到执行，内部审计人员应执行以下审计程序。

（1）在不事先告知财务部开票工作人员的情况下，不定期审查其作业过程，确认其是否在收到合格的装运凭证、出库单和销售单后才开具发票，是否存在仅仅依据合同内容就"凭空销售"的情况。

（2）查核部分已经开具的发票，随机对其附件资料的完整性和开票信息的准确性进行审计。

（二）已开具发票管理控制的审计

为保证发票被安全管理，公司明确规定：所有已开具的发票必须履行《发票登记管理制度》，即在发票传递给客户前，必须详细登记发票号码、发票抬头、发票总金额和发票传递方式等内容，并由发票经手人签字确认，并须采用安全的方式及时传递给客户；应要求客户履行必要的签收手续，以杜绝发票丢失和责任不明，导致发票管理混乱的情况出现。

为了确认上述管理制度是否得到有效实施，内部审计人员应执行以下审计程序。

（1）抽查发票登记表，核对其登记内容是否与合同记载内容一致，其经手人是不是相关人员，以确认发票在领出传递给客户前是否均进行了合理的登记管理。

（2）从发票登记表的"经手人"栏获取信息，与相关的经手人交谈，了解其向客户送达发票的方式和客户履行签收手续的控制方式，并对经手人执行情况进行查核校验。

（三）发票入账管理控制的审计

为了保证公司能及时、准确地记录销售收入，公司的财务制度应明确规定：所有已开具的发票必须及时入账，不能延后，财务部门负责所有发票的入账管理，由开票人严格管理作废发票。

为了查核财务部门是否按上述规定执行相应的销售收入入账作业，内部审计人员应执行以下审计程序：随机抽查部分记载销售收入的会计凭证，对其所附的发票进行复核，确认其所附发票是否都与记账期间在同一期，是否未有延后入账的情况。

9.1.3.6 应收账款的内部审计

为了发挥应收账款的作用，同时尽量控制其给公司带来的各种风险，公司必须制定科学、合理的信用政策来控制应收账款；为了确保已经形成的应收账款能尽早收回来，公司需要制定包括对账管理、催款管理、坏账处理管理等一系列的应收账款管理控制制度。

（一）应收账款总体水平控制的审计

内部审计人员在对公司的销售作业进行审计时，必须实施必要的审计程序，获取充分的审计证据，合理评价公司因信用政策而出现的应收账款的管理风险，确认应收账款的真实性和可靠性，并核查与应收账款相关的风险是否在会计报表中进行了适当披露。

为了确认销售部门是否确实执行了新客户信用政策建立和核准的控制制度，销售业务员给予客户的信用额度是否确实执行了相应的信用额度政策，内部审计人员应执行以下审计程序。

（1）随机抽查新客户信用情况调查表，对其给予客户的总信用额度和每一单笔的合同信用额度进行复核，查核确认是否所有信用政策的授权过程均符合公司的相关规定。

（2）从应收账款明细账中随机抽查客户的应收账款总额和最近一笔合同的信用政策的执行情况，查核确认给予客户的信用额度是否均符合已核准的信用额度要求。

（二）应收账款日常管理控制的审计

由于信用政策的执行，公司产生了大量的应收账款。为了能及时收回应收账款，控制公司的财务风险和经营风险，公司必须制定应收账款的对账管理、应收账款账龄分析管理、应收账款催收管理和应收账款出现坏账时的核销控制管理等制度，指定专人对应收账款进行一系列的管理控制。

（1）应收账款的对账管理审计。

为了保证应收账款的真实、完整，公司都会制定详细的对账方式和对账程序，内部审计人员必须就对账管理的执行过程进行合理评价，以确定应收账款记录的真实、准确。

按公司《应收账款管理制度》的要求，销售业务员负责与客户的对账工作，必须至少每季度都与自己所负责的所有客户进行对账，经核对确认的应收账款明细和总额，必须通过书面的应收账款对账单经双方确认签字后，将相应的数据信息传递给财务部门。

为了查核公司各应收账款业务员是否确实执行了上述作业，内部审计人员应执行以下审计程序：抽取最近一段时间有交易发生客户，要求销售部门提供最新的对账记录；查核确认所有抽查到的客户在最近一段时间内是否均有相应的业务员执行对账，相应的对账单是否均经客户确认，且所有应收账款记录是否均正确。

（2）应收账款账龄分析管理的审计。

为了加深对应收账款的了解，使管理当局对应收管理的财务风险和管理风险的衡量有据可依，并为进一步动态跟踪管理应收账款提供决策依据，公司一般会拟定专门的报告制度，指定专门岗位上的人员定期对应收账款进行账龄分析和报告。

按公司《应收账款管理制度》的要求，财务部门应收账款会计应定期编制应收账款账龄分析报告，其内容包括应收账款总额、应收账款各明细项目的账龄分布、不同账龄的应收账款总额与上年同期的比较等比例分析，上述报告经财务部经理核准后报销售部负责应收账款的主管和总经理。

为了确认应收账款会计是否确实执行了上述作业，内部审计人员提请该会计人员提供最近一次的应收账款账龄分析报告，对其列示的所有数据进行必要的复核，确认该报告制度是否确实执行。

（3）应收账款催收管理控制的审计。

为了尽快收回应收账款，降低公司的财务风险，销售部门还需要采取"主动出击"的管理方式，对应收账款进行催收。

按公司《应收账款管理制度》的要求，公司一般会按一定规则对所有应收账款进行合理分类，再采用一定的标准分配给不同的业务员，由各个业务员定期催收。业务员定期整理催收进度表，确认各应收账款客户的实际财务状况和现金流情况，以及其他相关信息，据以详细填写应收账款可收回性分析信息，该进度表经专人汇总后报销售部经理审计。对于一些棘手的催款单位，销售部经理应亲自过问并指导促进催款进度。

为了确认公司是否对所有应收账款都实施了良好的催收管理制度，内部审计人员应执行以下审计程序：从应收账款账龄分析表出发，抽样选取短期和长期账龄的应收账款，从最近一期汇总的催收进度表中查核其催收记录，确认所有抽查到的应收账款是否均有专人负责催收，并有详细填写催收结果和可能的回收期等信息。

（4）应收账款出现坏账时的核销控制管理的审计。

内部审计人员应审查应收账款是否按公司财务制度的规定计提坏账准备，以及如果发生坏账的应收账款收回时，是否按会计制度的规定对其进行冲回处理等。

一般公司的财务制度都会对应收账款坏账准备做出相关规定：每一会计期间，应收账款应按一定的比例计提坏账准备，以真实披露公司资产状况和品质。内部审计人员对这一财务制度执行情况的查核程序如下。先按已经形成的应收账款账龄表（如果仅仅是余额比例法，则只按应收账款余额），采用财务制度要求的计提方法，对本期期末应计提的坏账准备进行重新计算，将计算结果与财务部门通过"坏账准备"科目已经披露的相应数据进行比对，确认其计提金额是否正确。通过重新计算的审计方法，内部审计人员能获得充分证据确认公司财务部门对应收账款的坏账准备的计提是否严格遵守了财务制度的规定，其计提的范围、计提的标准是否合理、合法等。

为了保证应收账款的坏账损失的核销过程被合理控制，公司要制定必要的审批程序对坏账损失的核销过程进行有效管理。内部审计人员可以执行以下审计程序：从"坏账准备"全年的明细账入手，对所有借方有业务发生的会计凭证进行全面查核，核对每一笔被确认为坏账的应收账款，是否取得必要的书面凭证来证明其已经成为坏账，其核销前是否按国家法律、法规的要求到税务部门办理备案手续，是否经公司内主管核准后才执行核销程序。

9.1.3.7 销售折让或销售退回管理控制的审计

所谓销售折让是指公司因售出的货物的质量等原因给予客户的一种价格减让；销售退回是指公司已经销售出的商品，由于质量、品种等不符合客户要求而发生的退货。由于销售折让和销售退回都给公司造成了直接的经营风险，公司必须制定规范的管理制度对其进行控制。

内部审计人员对销售折让或销售退回管理控制的审计，就是通过一定的审计程序，获取必要的审计证据来合理确认销售折让或销售退回是否理由充分，是否得到了必要的核准才执行，被退回的存货是否被按时退回库房和进行必要的修复处理，以免造成更大的损失等。

按公司管理要求，当业务员接到客户抱怨确认公司已售产品存在质量问题时，应填写客户抱怨处理单，详细描述产品质量瑕疵，然后移交技术部人员和生产部的质量检验人员，由他们做出专业判断，并就处理方式给出书面建议，建议内容要涉及维修后产品功能效果预测和相应的成本测算。若确实要通过折让方式或退货方式才可执行完合同，须由业务员、客户、技术部门主管、质量检验部门主管确认，经总经理核准后才可执行。客户抱怨处理单执行完毕后须将与财务相关的资料移交给财务部门，以便其及时做相应的账务处理。客户抱怨处理单应规定处理时长，处理完毕的客户抱怨处理单的原始单据由相应部门保管存档，以便做年度统计分析。

为了确认出现销售折让或销售退回时，公司的各相关单位是否确实履行其职责，对销售折让或销售退回做必要的控制管理，内部审计人员应执行以下审计程序：随机抽查客户抱怨处理单，对其各项内容进行逐一审计，以确认在公司已售产品出现客户抱怨、销售折让或销售退回时，公司的各相关单位是否均有按相应管理文件的要求，确实履行本人和本部门的职责。

9.2　采购与付款循环的内部审计

导入案例

B 集团公司采购管理内部审计案例

一、背景介绍

B 集团公司成立于 1995 年，于 2004 年在上海证券交易所正式挂牌上市。B 集团公司是我国 IT 行业的领导集团，同时也是建立在国内的业务覆盖范围遍及本国和周边国家的大型服务商。随着业务规模不断扩大和发展，当前 B 集团公司的业务范围涵盖产品应用软件开发和软件系统的集成等多种直销或分销服务，是以高端计算系统为基础的行业大数据和服务提供商，是贯穿企业 IT 建设生命周期的"一站式"服务商。B 集团公司 2011—2015 年的财务状况见表 9-8。

表 9-8　2011—2015 年财务状况

单位：千元

项目	2011 年	2012 年	2013 年	2014 年	2015 年
销售收入	5,083,873.52	5,236,811.84	4,816,016.51	4,278,544.51	4,792,983.05
营业利润	256,972.09	179,898.22	36,760.81	93,989.47	72,488.57
营业利润率	5.05%	3.44%	0.76%	2.20%	1.51%
净利润	244,844.18	170,756.14	50,611.19	105,468.34	106,311.64
经营活动现金净流量	−286,996.95	137,896.09	323,936.08	276,488.02	331,723.70
总资产	4,208,044.25	4,555,737.78	5,707,364.54	6,608,118.57	6,777,633.68
总负债	1,761,356.84	2,020,248.27	3,210,165.65	3,949,569.82	3,940,664.46
所有者权益	2,446,687.41	2,535,489.51	2,497,198.89	2,658,548.76	2,836,969.22
资产负债率	41.86%	44.35%	56.25%	59.77%	58.14%
净资产收益率	10.01%	6.73%	2.03%	3.97%	3.75%

数据来源：巨潮资讯网

2011—2015 年的财务数据显示：B 集团公司资产负债率在平稳增长的同时有所波动，净资产收益率从 2012 年开始下滑较为明显，销售收入和净利润均有所下降。出现这一现象的主要原因是随着公司经营规模和业务范围不断扩大，公司产品线延伸，成员企业数量逐渐增加，组织架构日益复杂，对公司的经营管理提出更高挑战。公司的管理层在经营和管理上需要不断调整以适应公司业务发展和转型的需要。与此同时，内部审计机构的重要性日益凸显，不再是单纯的扮演传统内部审计的监督检查的职能角色，而是逐渐转向增值型内部审计。

为进一步完善公司采购管理制度及采购流程，促进建立健全内部控制制度，提高工作效率和有效控制成本，促进组织价值增值，根据 2016 年第三季度的工作安排，内部审计部门依据《内部控制手册》《商务质量分册》及相关管理制度，对供应链管理中心 2016 年 1—7 月的采购情况和采购管理进行了审计抽查。

B 集团公司有采购权限的部门有：供应链管理中心、服务运营中心。供应链管理中心负责的采购主要分为下单、指定供货、招标、其他四种采购方式；现有员工 9 名，其中采购总监、采购主管各一名，采购专员共 8 名（含采购主管）；销售订单中所有产品类采购、原厂下单、关联公司采购、公司固定资产中的 IT 类产品及无形资产的采购，均通过线上操作流程进行审批。根据采购数据统计，供应链管理中心2016 年 1—7 月的采购合同金额为 885,867,234.17 元。

二、审计重点

（1）是否制定采购管理制度及相关流程并有效执行。

（2）采购合同的签署、审批、履行等主要业务环节的内部控制是否有效运行。

（3）查阅询价记录是否有书面记录并存档，是否作为采购合同审批的依据。

（4）检查经过审批的采购合同约定的付款方式与实际付款方式的一致性，以及最终交付物或服务的验收情况。

（5）采购需求是否合理、及时，是否得到有效批准。

（6）采购合同审批及指定供货流程审批是否按照审批权限进行。

（7）《供应商管理制度》是否有效运行。

（8）检查提前执行项目的采购订单是否经有效审批。

（9）查询招标系统，确认采购合同审批表中相关数据与招标结果是否保持一致。

三、审计发现问题及建议

（1）进一步规范公司的招标采购流程。

在抽查过程中发现，15 个招标单号的中标金额合计为 6,285,430.00 元，占总招标采购金额的 64.22%；参与投标公司基本固定在恒兴思创、阳光节点、鸿昌伟业、有力慧恒、长信时代等 5 家公司；经企业信用查询发现，恒兴思创经营期较短、规模较小；公司现有的招标流程《招标管理办法及流程》为 2009 年建立的流程，流程制度已不符合现有的实际业务流程。

改进建议：其他类型采购中关于沿用招标结果，应制定相应的制度文档或经过上级领导审批的文件以确定时效、价格及范围。关于招标采购管理规范化，应制定《招标采购管理制度规范》。

（2）进一步完善询价、比价、议价机制。

在抽查过程中，审计人员查询系统上传的相关附件，在指定采购与非指定采购的采购合同审批环节基本未见询价记录相关附件上传系统。审计人员目前获取的两份邮件询价记录为供应商邮件报价基础上的讨价还价，市场价格信息调查工作比重较少。

改进建议：首先，根据适用原则建议制订《采购询价比价议价管理办法》；其次，采购专员在询价、比价、议价环节应有完整的记录过程，建议及时将相关附件上传系统以便于各级领导进行电子流程审批；如因销售订单的采购需求无法询价或者无须询价的，应在采购合同审批环节说明具体原因。

（3）进一步规范指定供货流程。

在抽查过程中，审计人员发现目前服务订单主要针对指定供货商，采购服务订单中部分业务的特殊性未按照合同标的与其他供货商的报价进行对比，未将询得的正常采购价格在"指定的供货流程"上进行填写。

改进建议：根据指定供货流程，建议将正常采购价格及确认的指定价格，一并在"指定的供货流程"上进行准确填写，以便于各级领导进行电子流程签批。

（4）进一步加强供应商管理制度的有效运行。

根据《内部控制手册》，审计人员发现采购部门未按照供应商管理制度对供应商进行年度评审，未执行经过相关管理层审批后确定合格的供应商清单。此外，审计人员发现存在首次合作的供应商，未严格要求供应商填写"供应商信息登记表"、未按照表中的要求提供盖章文件以及对被指定供应商信息进行存档。

改进建议：采购管理层面建议从供应商重要性出发，倡导与供应商建立长期、稳定、双赢的合作模式，使供应商认可 B 集团公司的商务模式；指定与非指定供应商需做日常管理，建议按照供应商管理制度对供应商进行年度评审，经过相关层级审批后确定合格的供应商清单，进一步优化供应商，提高供应商管理效益，获取供应商对 B 集团公司的支持与配合。

（5）加强到货异常及备件发生 DOA（到货即损）规范的管理。

根据《备件供应商日常监控表》数据，审计人员发现备件管理中心备件验收不及时或验收信息未及时传递至服务运营中心，导致 2016 年上半年每个月供应商供货延迟频繁出现，未严格控制供应商到货延迟的情况，未严格按照备件供应商的考核制度有效执行，备件发生 DOA 未进行有效统计。

改进建议：应严格按照《备件供应商管理制度》，控制供应商到货延迟情况，按照备件供应商考核制度有效执行；对供应商的备件发生 DOA 的情况进行有效统计，对真实的 DOA 应提交《供应商整改措施报告》。备件管理及服务运营中心已在 9 月做出了进一步加强备件供应商到货延迟问题的改进措施。

（6）执行备件采购的预招标。

备件采购属于日常零散采购业务，金额少、采购次数多，询价机制未统一规范。为提高服务运营中心的工作效率、有效控制成本和加强备件管理中心的管理规范，与备件管理中心一致认可执行备件采购网上招标系统进行预招标，因备件采购各品种属性及采购需求特征，难以执行备件采购预覆盖率 80% ~ 100%，故预先执行覆盖率 70% 的预招标。

改进建议：因预招标重新执行，建议制定《备件预招标操作手册》《备件预招标管理办法》等制度规范进行有效控制并运行。

9.2.1　采购与付款循环的特点

9.2.1.1 采购与付款循环的主要业务流程

采购商品或取得劳务是企业组织生产和满足销售需要的前提。采购与付款循环主要业务活动程序是"请购和订购商品或劳务—验收及储存—入账及付款"，上述业务主要涉及以下部门：生产部、采购部、验收部、仓储部、财务部。

（一）请购商品或劳务

企业的生产部门一般会根据顾客订单或对销售预测和存货需求的分析来决定生产授权，签发预先编号的生产通知单和材料需求报告，列示所需要的材料和零件及其库存。仓库负责根据需求报告填写请购单，报采购部门。其他部门也可以对所需要购买的除生产物资以外的项目编制请购单报采购部门。大多数企业对正常经营所需物资的购买均做一般授权，例如，仓库在现有库存达到再订购点时就可直接提出采购申请，其他部门也可为正常的维修工作和类似工作直接申请采购有关物品。但对资本支出和租赁合同，企业则通常要求做特别授权，只允许指定人员提出请购。请购单可由手工或计算机编制。由于企业内不少部门都可以填列请购单，可能不便事先编号，为加强控制，每张请购单必须经过对这类支出预算负责的主管人员签字批准。

（二）编制订购单

采购部门在收到请购单后，只能对经过批准的请购单发出订购单。对每张订购单，采购部门应确定最佳的供应来源。对一些大额、重要的采购项目，应采取竞价方式来确定供应商，以保证供货的质量、及时性和成本的低廉。

订购单中应正确填写所需要的商品品名、数量、价格、厂商名称和地址等，预先予以顺序编号并经过被授权的采购人员签名。其正联应送交供应商，副联则送至企业内部的验收部门、应付凭单部门和编制请购单的部门。

（三）验收商品

各供应商交货，编制送货单，采购部和验收部确认交货与订购单上的要求是否相符，如商品的品名、摘要、数量、到货时间等，据此整理成收货明细资料，生成来料检验通知单。验收部执行来料入库前的品质检验。

验收后，验收部门应对已收货的每张订购单编制一式多联、预先按顺序编号的验收单，作为验收和检验商品的依据。验收人员将商品送交仓库或其他请账部门时，应取得经过签字的收据，或要求其在验收单的副联上签收，以确立他们对所采购的资产应负的保管责任。验收人员还应将其中的一联验收单送交应付凭单部门。若是验收不合格，验收部门编制一式多联的退料通知单，上级主管审核后，将不合格品连同退料通知单的厂商联一起退回给厂商。

（四）储存已验收的商品

仓库部门将已验收商品办理入库，生成一式多联入库单。已验收商品的保管与采购的其他职责相分离，可减少未经授权的采购和盗用商品的风险。存放商品的仓储区应相对独立，限制无关人员接近。

（五）编制付款凭单

记录采购交易之前，应付凭单部门应编制付款凭单。编制付款凭单时应注意以下事项。

（1）确定供应商发票的内容与相关的验收单、订购单的一致性。

（2）确定供应商发票中相关金额计算的正确性。

（3）编制预先按顺序编号的付款凭单，并附上支持性凭证（如订购单、验收单和供应商发票等）。这些支持性凭证的种类，因交易对象的不同而不同。

（4）独立检查付款凭单中相关金额计算的正确性。

（5）在付款凭单上填入应借记的资产或费用账户名称。

（6）由被授权人员在凭单上签字，以示批准照此凭单要求付款。

（7）所有未付凭单的副联应保存在未付凭单档案中，以待日后付款。

（六）确认与记录负债

正确确认已验收货物和已接受劳务的债务，要求准确、及时地记录负债。该记录对企业财务报表和实际现金支出具有重大影响。与应付账款确认和记录相关的部门一般有责任核查购置的财产，并在应付凭单登记簿或应付账款明细账中加以记录。在收到供应商发票时，应付账款部门应将发票上所记载的品名、规格、价格、数量、条件及运费与订购单上的有关资料核对，如有可能，还应与验收单上的资料进行比较。

应付账款确认与记录的一项重要控制是要求记录现金支出的人员不得经手现金、有价证券和其他资产。恰当的凭证、记录与记账手续，对业绩的独立考核和应付账款职能而言是必不可少的控制。

在手工系统下，应将已批准的未付款凭单送达会计部门，据以编制有关记账凭证和登记有关账簿。会计主管应监督为采购交易而编制的记账凭证中账户分类的适当性；通过定期核对编制记账凭证的日期与凭单副联的日期，监督入账的及时性。独立检查会计人员则应核对所记录的凭单总数与应付凭单部门送来的每日凭单汇总表是否一致，并定期独立检查应付账款总账余额与应付凭单部门未付款凭单档案中的总金额是否一致。

（七）付款

通常由应付凭单部门负责确定未付凭单并在到期日付款。企业有多种款项结算方式，以支票结算方式为例，编制和签署支票的有关控制如下。

（1）独立检查已签发支票的总额与所处理的付款凭单的总额的一致性。

（2）应由被授权的财务部门的人员负责签署支票。

（3）被授权签署支票的人员应确定每张支票都附有一张已经适当批准的未付款凭单，并确定支票收款人姓名和金额与凭单内容一致。

（4）支票一经签署就应在其凭单和支持性凭证上用加盖印戳或打洞等方式将其注销，以免重复付款。

（5）支票签署人不应签发无记名甚至空白的支票。

（6）支票应预先按顺序编号，保证支出支票存根的完整性和作废支票处理的恰当性。

（7）应确保只有被授权的人员才能接近未经使用的空白支票。

（八）记录现金、银行存款支出

仍以支票结算方式为例，在手工系统下，会计部门应根据已签发的支票编制付款记账凭证，并据以登记银行存款日记账及其他相关账簿。以记录银行存款支出为例，有关控制如下。

（1）会计主管应独立检查记入银行存款日记账和应付账款明细账的金额的一致性，以及与支票汇总记录的一致性。

（2）通过定期比较银行存款日记账记录的日期与支票副本的日期，独立检查入账的及时性。

（3）独立编制银行存款余额调节表。

9.2.1.2 采购与付款循环涉及的主要凭证与会计记录

在内部控制比较健全的企业，处理采购与付款业务通常需要使用很多凭证与会计记录。典型的采购与付款循环所涉及的主要凭证与会计记录如下。

（1）请购单。

请购单是由产品制造、资产使用等部门的有关人员填写，送交采购部门，申请购买商品、劳务或其他资产的书面凭证。

（2）订购单。

订购单是由采购部门填写，向另一企业购买订购单上所指定的商品、劳务或其他资产的书面凭证。

（3）来料检验通知单。

采购部和验收部确认交货与订购单上的要求是否相符，据此整理成收货明细资料，生成来料检验通知单。

（4）验收单。

验收单是收到商品、资产时所编制的凭证，列示从供应商处收到的商品、资产的种类和数量等内容。

（5）入库单。

入库单是商品验收合格后，仓库部门入库签发记载数量、规格、单价等内容的单据。

（6）退料通知单。

采购商品入库前若未通过相关的质检，有关部门便会开出退料通知单。

（7）卖方发票。

卖方发票（供应商发票）是供应商开具的，交给买方以载明发运的货物或提供的劳务、应付款金额和付款条件等事项的凭证。

（8）付款凭单。

付款凭单是采购方企业的应付凭单部门编制的，载明已收到的商品、资产或接受的劳务、应付款金额和付款日期的凭证。付款凭单是采购方企业内部记录和支付负债的授权证明文件。

（9）转账凭证。

转账凭证是指记录转账交易的记账凭证，它是根据有关转账交易（即不涉及库存现金、银行存款收付的各项交易）的原始凭证编制的。

（10）付款凭证。

付款凭证包括现金付款凭证和银行存款付款凭证，是指用来记录库存现金和银行存款支出交易的记账凭证。

（11）应付账款明细账。

（12）库存现金日记账和银行存款日记账。

（13）供应商对账单。

供应商对账单是由供应商按月编制的，标明期初余额、本期购买金额、本期支付给供应商的款项和期末余额的凭证。供应商对账单是供应商对有关交易的陈述，如果不考虑买卖双方在收发货物上可能存在的时间差等因素，其期末余额通常应与采购方相应的应付账款期末余额一致。

9.2.2　采购与付款循环的内部控制

9.2.2.1 采购与付款循环的内部控制点

本小节通过对采购与付款循环的主要业务流程的梳理，对采购与付款循环涉及的关键内部控制点进行了提炼，相关内容如下。

（一）请购商品或劳务环节的控制

（1）请购单须按制度要求填制和保管，均需要填写请购原因、交货期等重要事项。

（2）请购单须经核准后才可传递到下一个步骤。

（二）订购单环节的控制

采购员须按采购制度要求生成订购单，具体包括：

（1）所有请购单须在一定期间内执行订购，以免造成缺货；

（2）对不同部门的同一类物料，须汇总后统一订购；

（3）下订单前须核对目前库存是否在安全库存以下；

（4）下订单前须核对该类物料的最小订购批量；

（5）对有多个合格厂商的物料，须向两个以上合格厂商询价并议价，选择单价较低的厂商下达订单；

（6）计算交货期前，需给所有物料的订购留有适当的前置期（物料前置期是指从发出订购单到最终收到货物的时间间隔）等；

（7）所有订购单均需经采购主管核准后才能发给厂商。

（三）来料检验环节的控制

来料检验需按既定程序和要求执行，具体包括：

（1）来料检验通知单需连续编号管理；

（2）来料检验通知单需在规定时间内完成检验，转成入库单（如果是不合格品，须同时转成退料通知单）；

（3）拟退回厂商的物料，需单独存放，并明确标示；

（4）免检产品需定期或不定期进行抽检，并需详细保留抽检记录等；

（5）所有验收单均需经检验科主管核准后才能办理入库手续。

（四）入库环节的控制

入库单需有对应的验收单作为依据，除免检物料外，所有物品没有验收单不能办理入库手续。

（五）退料环节的控制

如果来料不良，需要退料，也需按规定程序办理相关手续，具体包括：

（1）退料通知单需有对应的验收状态说明作为依据；

（2）所有的退料单均需及时反馈给对应的厂商；

（3）所有的不合格品均需及时退回给厂商，并经厂商做收货确认。

（六）收取发票环节的控制

（1）发票和入库单在数量、规格和单价上需保持一致；

（2）发票需及时入账。

（七）付款环节的控制

（1）需按与厂商签订的合同，及时给厂商付款，并核销相应的应付账款；

（2）须定期与厂商对账。

9.2.2.2　采购与付款循环的基本内部控制制度

企业的采购与付款循环包括一般商品或劳务的采购和固定资产的采购。

对于一般商品或劳务的采购与付款循环内部控制原理同之前所述销售与收款循环大同小异，因此仅就采购与付款循环内部控制的特殊之处予以说明。

（一）适当的职责分离

如前所述，适当的职责分离有助于防止各种有意或无意的错误。与销售与收款交易一样，采购与付款交易也需要适当的职责分离。企业应当建立采购与付款交易的岗位责任制，明确相关部门和岗位的职责、权限，确保办理采购与付款交易的不相容岗位相互分离、制约和监督。

采购与付款交易中应分离的职责如下：

（1）请购与审批；

（2）询价与确定供应商；

（3）采购合同的订立与审批；

（4）采购与验收；

（5）采购、验收与相关会计记录；

（6）付款审批与付款执行。

（7）付款记录与付款执行。

这些都是对企业提出的、有关采购与付款交易相关职责适当分离的基本要求，以确保办理采购与付款交易的不相容岗位相互分离、制约和监督。

（二）内部核查程序

企业应当建立对采购与付款交易内部控制的监督检查制度。采购与付款交易内部控制监督检查的主要内容通常包括以下几点。

（1）采购与付款交易相关岗位及人员的设置情况。重点检查是否存在采购与付款交易不相容职务混岗的现象。

（2）采购与付款交易授权批准制度的执行情况。重点检查大宗采购与付款交易的授权批准手续是否健全，是否存在越权审批的行为。

（3）应付账款和预付账款的管理。重点审查应付账款和预付账款支付的正确性、时效性和合法性。

（4）有关单据、凭证和文件的使用和保管情况。重点检查凭证的登记、领用、传递、保管、注销手续是否健全，使用和保管制度是否存在漏洞。

（5）建立健全固定资本的内部控制制度。

就许多从事制造业的被审计单位而言，固定资产在其资产总额中占有很大比重，大额固定资产的购建会影响其现金流量，而固定资产的折旧、维修等费用则是影响其损益大小的重要因素。固定资产管理一旦失控，所造成的损失将远远超过一般的商品、存货等流动资产。因此，为了确保固定资产的真实、完整、安全和有效利用，企业应当建立和健全固定资产的内部控制，一般应包括的控制制度如下。

1. 固定资产的预算制度

预算制度是固定资产内部控制中最重要的部分。通常，大中型企业应编制旨在预测与控制固定资产增减和合理运用资金的年度预算；小规模企业即使没有正规的预算，对固定资产的购建也要事先加以计划。

2. 授权批准制度

完善的授权批准制度包括：企业的资本性预算只有经过董事会等高层管理机构批准方可生效；所有固定资产的取得和处置均需经企业管理层的书面认可。

3. 账簿记录制度

除固定资产总账外，被审计单位还需设置固定资产明细分类账和固定资产登记卡，按固定资产类别、使用部门和每项固定资产进行明细分类核算。固定资产的增减变化均应有充分的原始凭证。

4. 职责分工制度

对固定资产的取得、记录、保管、使用、维修、处置等，均应明确划分责任，由专门部门和专人负责。

5. 资本性支出和收益性支出的区分制度

企业应制定区分资本性支出和收益性支出的书面标准。通常需明确资本性支出的范围和最低金额，凡不属于资本性支出的范围、金额低于下限的任何支出，均应列作费用并抵减当期收益。

6. 固定资产的处置制度

固定资产的处置包括投资转出、报废、出售等，均要有一定的申请报批程序。

7. 固定资产的定期盘点制度

对固定资产的定期盘点，是验证账面各项固定资产是否真实存在、了解固定资产放置地点和使用状况以及发现是否存在未入账固定资产的必要手段。

8. 固定资产的维护保养制度

固定资产应有严密的维护保养制度，以防止其因各种自然和人为的因素而遭受损失，并应建立日常维护和定期检修制度，以延长其使用寿命。

9. 固定资产的保险制度

固定资产在企业的生产和经营中占有重要的地位，一般具有数量少、价值高的特点。固定资产的失窃、意外毁损等必定会给企业带来重大的损失。由于自然灾害和意外事故等偶然性因素的不可控性，企业应建立固定资产的保险制度，由专门的部门或人员负责固定资产的投保事项，以避免不必要的损失。

9.2.3　采购与付款循环的内部审计的内容

采购与付款循环的内部审计，即对整个采购与付款业务流程的内部控制进行合理评价，同时通过合理监督，找出此业务流程中存在的问题，并针对这些问题提出合理的改进建议，使得此业务流程被合理、科学地控制。通过前面对关于采购与付款循环的主要业务流程和内部控制的介绍可知，采购与付款循环的内部审计大体上可以分成采购过程的内部审计和付款业务的内部审计，内部审计人员应顺着采购与付款循环主要业务流程，逐一评价、审计各个步骤的合理性、规范性和被控制状况。

9.2.3.1 拟采购物料品种和数量控制的审计

为了对拟采购物料的品种和数量进行有效控制，企业一般都通过"设定安全库存""请购需要核准"等控制方式来对请购环节进行控制。内部审计人员对其重点审计，以确认"所有请购是否均经核准后才转到采购员手中"和"所有关键性物料是否均在安全库存以上"等。

　　为了确认所有物料在订购前均已有效请购，内部审计人员应执行以下审计程序：随机抽查已经发出的订购单，逐一核对每一张订购单上各个拟订购项目对应的请购单，查核确认每一项订购内容（包括原物料的品种、规格、数量、交货期等）是否都是请购单位请购的，并且请购单均经各请购部门的主管核准。

　　为了确认采购部门是否有效确保关键性物料的及时采购，内部审计人员应执行以下审计程序：随机抽查关键性物料目前的库存数及订购状态，与安全库存量进行比对分析，查核确认企业所有关键性物料是否均有执行安全库存管理制度。

9.2.3.2 订购单价控制的审计

　　采购过程中，当确定采购物料的品种和数量后，采购人员向厂商下达订单前，还有一项重要的工作就是确定各项拟采购物料的单价。为了降低企业生产成本、同时对采购人员进行合理监督，企业一般会采取"授权批准控制"和"文件记录控制"等控制方式对采购单价进行适当监督，具体有：厂商单价一经变动，必须经适当核准才可生效；同一物料，需寻找多家供应厂商同时供货；同一物料，有多家可选择的合格厂商时，要选择向单价较低、交货期较短的厂商下达订购单等。

　　为了确认厂商单价发生变动时，新单价均经核准后才生效，内部审计人员应执行以下审计程序。对单价变动记录表执行顺查、逆查。即随机抽查单价变动记录表，以该表被核准的日期为界，往回查订购单，看其交易单价是不是原件；再往后查订购单，看其交易单价是不是新单价。通过查核确认是否所有厂商单价发生变动时均经核准后才执行新单价。

　　为了确认"针对同一物料，有多家可选择的合格厂商时，要选择向单价较低的厂商下达订购单"的内部管理制度得到有效执行，内部审计人员应执行以下审计程序：随机抽查多家合格厂商的原物料的订购情况，查核确认其是否有效执行了上述内部管理制度。

9.2.3.3 拟采购物料总金额控制的审计

　　按原物料管理的一般要求，企业对任何一类物品的采购都应该把握适当的量，因为每次订购的物品太少会影响采购部门的工作效率，而一次性采购过多就会增加库房存放、管理原物料的成本，同时又占用了企业大量资金。对于那些具有独立特点的产成品对应的原物料，如果产成品发生外观、功能等方面的变化，易导致原物料的呆滞。

企业一般会通过"订购单达到一定金额时，需要特别核准"等"授权批准"的内部控制方式来控制采购可能给企业带来的存货管理风险。内部审计人员应对这一内部控制制度的执行情况进行以下审计程序：随机抽查总订购金额在某一设定金额以上的订购单，通过查核确认是否所有订购单均经总经理核准后才向厂商下订单。

9.2.3.4 订购单交期控制的审计

采购人员在向厂商订货时，需要充分考虑不同原物料的安全库存和交货前置期，要在尚有部分库存前就下订单，下订单前还要考虑原物料到达本企业的运输、检验时间，因此按期采购生产需要的原物料，是内部控制体系要控制的重要内容。

企业一般会采用"交期达成率"指标来考核采购人员的工作完成情况。所谓交期达成率是指一定期间内，企业已经订购的物料中，拟定交期内实际已经交货的批数除以应交货的总批数，这一比率越高，表明厂商交货越及时。对于订购单交期控制的审计，就是审计企业订单是否存在延期交货的原物料，其交货达成率是否实现了既定目标等。

为了确认订单传递给厂商前，企业是否设定了合理交期，内部审计人员应执行以下审计程序：随即抽查已订未交的订购单，针对其中的关键性物料的交期进行评价，查核确认所有关键性物料的设定交期是否均达到企业设定的交货期。

为了审计采购人员敦促厂商交货的努力程度，内部审计人员应执行以下审计程序：汇总统计关键性物料和非关键性物料的实际交货达成率，与标准达成率进行比较，分析其产生差异的原因，查核确认采购部门是否对订购单的交期进行了很好的控制。

9.2.3.5 应付账款入账控制的审计

通常情况下，企业需要收到经检验合格的货物并取得厂商提供的发票后才能入账。内部审计人员对应付账款入账的审计，就是要确认所有已经入账的应付账款是否均有合法、有效的发票，其入账是否及时，入账时货物是否均经验收入库等。

为了审计企业的应付账款是否及时、真实、正确，内部审计人员应执行以下审计程序：从应付账款明细账出发，随机抽查应付账款入账时对应的原始凭单，查核其是否取得合法发票、是否已经办理入库手续，并查核其入账时间是否及时。

9.2.3.6 应付账款付款控制的审计

为了保证应付账款付款能有效地被控制，企业一般会规定企业应该在规定的期间内与厂商进行对账，并会制定付款前要合理核准、付款后要进行完整记录等制度。

为了审计企业的应付账款付款是否正确，内部审计人员应执行以下审计程序。

（1）从财务部门获取应付账款明细表，对近半年以来应付账款的借贷发生额和余额进行重新计算，确认各明细项目的余额是否均正确；加总所有应付账款明细项目的余额，确认其合计数是否正确，并与报表数、总账数进行核对，确认账账、账表是否都相符。

（2）从采购部获取最近一次的采购部门与厂商的对账结果，抽查交易频繁的厂商的应付余额，与财务明细账进行核对，审计确认是否所有厂商的对账单中确认的余额与财务明细账余额均相符。

（3）为了确认所有已付款的应付账款是否均经核准，内部审计人员应随机抽核已付款的应付账款对应的核准情况。

9.2.3.7 长期挂账的应付账款的审计

正常情况下，企业不应该存在长期挂账的应付账款，因为企业的应付账款就是厂商的应收账款。如果企业存在长期未付的应付账款，则可能表明企业缺乏偿债能力或利用应付账款隐瞒利润，也有可能存在记账错误和付款错误等。

为了确认企业应付账款的账龄是否合理，内部审计人员应执行以下审计程序：先执行分析程序，将本期应付账款余额与上年同期的进行比较，分析其波动原因，以确认是否存在故意延后付款的情况。

为了对长期挂账的应付账款进行审计，内部审计人员应执行以下审计程序：对应付账款明细账进行排序筛查，对账龄较长且没有付款记录的应付账款进行逐一分析，要求采购部门做出解释。内部审计人员应了解所有长期挂账的应付账款的原因并提出合理的改善建议。内部审计人员应通过对这一项目的后续审计，对查核中发现的问题的改善情况进行追踪确认，从而改善企业对应付账款的管理，降低应付账款长期挂账给企业带来短期内集中付款的风险。

9.2.3.8 未入账的应付账款的审计

查找未入账的应付账款，最有效的方式有两种：一种是查看报表日后的应付账款入账时对应的发票和入库单，如果其发票和入库单都是上一会计期间的，则可以认定企业在报告期内存在未入账的应付账款；另外一种方法是对应付账款进行函证，一般情况下，应付账款不需要函证，因为函证不能保证查出所有未记录的应付账款，况且内部审计人员能通过取得的购货发票等外部原始凭证来证实应付账款的真实性和完整性。

如果企业内部控制风险较高，或某应付账款账户金额很大，且较长时期没有还款记录，企业又处于现金流较困难时期，则需考虑对应付账款进行函证。应付账款的函证对象一般选择应付账款余额较大的债权人，或者余额不大，但是债务账龄较长的债权人。函证最好采用肯定的形式，即在给债权人的函证文件上注明具体的应付金额。函证过程中，如果存在未回函的重大项目，内部审计人员应执行其他替代审计程序：①检查资产负债表日后收到的购货发票，确认其入账时间是否正确，是否存在故意延后入账的情况；②检查报表日后应付账款明细账及现金和银行存款日记账，核实是否存在前期未记账、本期却有支付的应付账款等。

为了确认企业是否隐瞒大额债务，内部审计人员有时需要依据全年应付账款明细账的发生额，选择那些在资产负债表日虽然余额不大（甚至为零），但与企业业务往来频繁，是企业重要厂商的债权人进行函证。

9.3　生产与存货循环的内部审计

导入案例

C炼油化工企业生产管理内部审计案例

一、案例背景

C公司是一家中外合资大型炼油化工一体化生产企业，该公司内部审计人员不断探索审计方法，积极开拓审计领域，审计范围涵盖生产、技术、设备、安全环保、市场营销、物资采购、人力资源、财务等生产经营全过程。

2013 年该公司实施的生产管理内部审计是一项计划内的确认项目，审计范围包括主要生产装置的生产调度、操作运行、安全管理、设备维护、成本控制等。

二、审计发现

在对该公司聚乙烯装置化工原材料的使用管理进行审计时，内部审计人员关注到，聚乙烯装置干粉催化剂年消耗量约为 160 吨，采购价格约为 50 万元/吨，由标准钢瓶装运到生产装置现场，操作人员通过加剂设备将钢瓶中的催化剂注入供料罐，每日加剂量约为 4 瓶。加剂前、后操作人员均利用车间地磅对每一催化剂瓶进行称量并记录，空钢瓶由供应商回收以循环使用。通过核查生产团队加剂操作记录，内部审计人员发现如下事项。

（1）部分空瓶内催化剂残余量较高。以 2012 年 10 月、11 月为例，干粉催化剂加剂 234 瓶，有 58 瓶的残余量超过 4 千克，其中最大残余量为 9.95 千克，单瓶残余催化剂价值最高达到 5,000 元。

（2）生产团队未制定每瓶催化剂残余量的标准，也未对数据进行分析及考核。

三、审计分析

内部审计人员获取了干粉催化剂加剂系统的流程图及操作规程，了解到干粉催化剂贮存、卸料和供给区域由催化剂钢瓶、供料罐、加料泵、密封罐以及矿物油供应单元组成，加剂过程包括开车、氮气吹扫、密封罐的操作、加料泵的操作等。

在用加压氮气将钢瓶内装催化剂顶入加剂罐中时，由于催化剂为干粉状，因此会有一定残余量。但标准的残余量应是多少？9.95 千克的残余量是否合理？通过与生产团队、采购部门、供应商充分讨论，内部审计人员决定对加剂系统的操作进行现场观察和测试，并制定了详细的审计方案。

该岗位操作人员共有 8 人，内部审计人员抽取了工作经验、能力、绩效考核等均属中等水平的两名员工参加测试。在内部审计人员、生产团队经理、工程师的共同见证下，两名操作人员严格按照标准规程进行操作。加剂结束后，通过装置内的地磅进行计量测得，钢瓶内催化剂残余量为 2.259 千克。为了确保数据的准确可靠，内部审计人员又组织了两次相同的测试，平均催化剂残余量为 2.27 千克。

为什么在标准操作下，空瓶催化剂的残余量远远低于以往的统计平均数据？内部审计人员与生产团队讨论，对原因进行了分析，具体如下。

（1）操作人员接受的培训不足，未能严格按照标准规程操作。

（2）两名操作人员一人在地面，一人在 3 层操作平台，现场环境比较嘈杂，有时对讲机的声音不易听清，压力等操作数据沟通不畅，导致操作人员提前关泵结束加料。

（3）少数催化剂质量不佳，受潮结块，瓶内残余量增多。

（4）生产团队对成本控制重视不足，未对催化剂残余量进行分析考核，对加剂残余量多少不关心。

四、审计建议

根据观察与分析结果，内部审计人员与管理部门经过讨论，达成了一致意见，提出了以下建议。

（1）总结加剂操作经验，优化操作规程。例如：在加剂的末期，如果先关氮气阀停止顶压一段时间，再开阀顶压，如此多操作几次，同时适当敲击罐的四周，使附着在罐壁的干粉脱落，可以减少钢瓶内催化剂的残余量，减少损失。

（2）加强对操作人员的培训，提高操作人员的操作水平。

（3）建立合理的控制标准，例如，每瓶催化剂残余量控制在 3 千克以内，并对操作人员进行考核。

（4）要求采购部门加强采购质量控制，确保钢瓶催化剂足量，内部不结块。

2015 年，内部审计人员对此问题进行了跟进，统计数据表明，2014 年该装置催化剂平均残余量约 2.21 千克，控制效果良好，每年为 C 公司节约成本 40 多万元，实现了审计目标。

9.3.1　生产与存货循环的特点

9.3.1.1 生产与存货循环的主要业务活动

生产与存货循环由将原材料转化为产成品的有关活动组成。生产作业的大致流程是"领用物料、展开生产、生产出产品、存货管理"。上述流程的业务活动通常涉及以下部门：生产计划部门、仓库部门、生产部门、人事部门、销售部门、财务部门等。

（一）计划和安排生产

生产计划部门的职责是根据客户订购单或者对销售预测和产品需求的分析

来决定生产授权。如决定授权生产，即签发预先按顺序编号的生产通知单。该部门通常应将发出的所有生产通知单按顺序编号并加以记录控制。此外，通常该部门还需编制一份材料需求报告，列示所需要的材料和零件及其库存。

（二）发出原材料

仓库部门的责任是根据从生产部门收到的领料单发出原材料。领料单上必须列示所需的材料数量和种类，以及领料部门的名称。领料单可以一料一单，也可以多料一单，通常需一式三联。仓库发料后，将其中一联连同材料交给领料部门，一联留在仓库登记材料明细账，一联交财务部门进行材料收发核算和成本核算。

（三）生产产品

生产部门在收到生产通知单及领取原材料后，便将生产任务分解到每一个生产工人，并将所领取的原材料交给生产工人，生产工人据以执行生产任务。生产工人在完成生产任务后，将完成的产品交生产部门查点，然后转交检验员验收并办理入库手续；或是将所完成的产品移交下一个部门，做进一步加工。

（四）核算产品成本

为了正确核算并有效控制产品成本，必须建立健全成本会计制度，将生产控制和成本核算有机结合在一起。一方面，生产过程中的各种记录、生产通知单、领料单、计工单、入库单等文件资料都要汇集到财务部门，由财务部门对其进行检查和核对，了解和控制生产过程中存货的实物流转；另一方面，财务部门要设置相应的会计账户，会同有关部门对生产过程中的成本进行核算和控制。成本会计制度可以非常简单，只是在期末记录存货余额；也可以是完善的标准成本制度，持续地记录所有材料处理、在产品和产成品，并形成对成本差异的分析报告。完善的成本会计制度应该提供原材料转为在产品，在产品转为产成品，以及按成本中心、分批次生产任务通知单或生产周期所消耗的材料、人工和间接费用的分配与归集的详细资料。

（五）储存产成品

产成品入库，须由仓库部门先行点验和检查，然后签收。签收后，仓库部门应将实际入库数量通知财务部门。据此，仓库部门确立了本身应承担的责任，并对验收部门的工作进行验证。除此之外，仓库部门还应根据产成品的品质特征将其分类存放，并填制标签。

（六）发出产成品

产成品的发出须由独立的发运部门进行。装运产成品时必须持有经有关部门核准的发运通知单，并据此编制出库单。出库单一般为一式四联，一联交仓库部门，一联由发运部门留存，一联送交顾客，一联作为给顾客开发票的依据。

9.3.1.2 生产与存货循环涉及的主要凭证与会计记录

（一）生产指令

生产指令又称"生产任务通知单"或"生产通知单"，是企业下达制造产品等生产任务的书面文件，用以通知供应部门组织材料发放，生产车间组织产品制造，财务部门组织成本计算。广义的生产指令也包括用于指导产品加工的工艺规程，如机械加工企业的"路线图"等。

（二）领发料凭证

领发料凭证是企业为控制材料发出所采用的各种凭证，如材料发出汇总表、领料单、限额领料单、领料登记簿、退料单等。

（三）产量和工时记录

产量和工时记录是登记工人或生产班组在出勤时间内完成产品数量、质量和生产这些产品所耗费工时数量的原始记录。产量和工时记录的内容与格式是多种多样的，在不同的生产企业中，甚至在同一企业的不同生产车间中，由于生产类型不同而采用不同格式的产量和工时记录。常见的产量和工时记录主要有工作通知单、工序进程单、工作班产量报告、产量通知单、产量明细表、废品通知单等。

（四）工薪汇总表及工薪费用分配表

工薪汇总表是为了反映企业全部工薪的结算情况，并据以进行工薪总分类核算和汇总整个企业工薪费用而编制的，它是企业进行工薪费用分配的依据。工薪费用分配表反映了各生产车间各产品应负担的生产工人工薪及福利费。

（五）材料费用分配表

材料费用分配表是用来汇总反映各生产车间各产品所耗费的材料费用的原始记录。

（六）制造费用分配汇总表

制造费用分配汇总表是用来汇总反映各生产车间各产品所应负担的制造费用的原始记录。

（七）成本计算单

成本计算单是用来归集某一成本计算对象所应承担的生产费用，计算该成本计算对象的总成本和单位成本的记录。

（八）存货明细账

存货明细账是用来反映各种存货增减变动情况和期末库存数量及相关成本信息的会计记录。

（九）存货盘点报告

企业进行存货盘点后，应编制存货盘点报告，内容应包括盘点的时间，参加盘点的人员，存货的名称、规格、计量单位、单价，账面结存，盘点实存，盘盈盘亏的数量，盘盈盘亏的原因分析，残次存货的说明等。

（十）废品报告单

废品报告单由发生废品的车间和部门填制，内容应当包括发生废品的车间，产品的名称、发生废品的日期、数量和原因，毁损的程度及是否可以修复，责任人和处理意见，废品的残值和修复费用等。

9.3.2　生产与存货循环的内部控制

要进行生产与存货循环的内部控制执行情况的审计，就需要了解生产与存货循环涉及的关键性的内部控制点。由于生产作业涉及的部门和项目较多，笔者以该循环的主要业务流程为基础，大致划分出生产过程控制、质量检验控制、存货管理三大项，分别列示这些业务流程的主要内部控制点。

9.3.2.1　生产与存货循环的内部控制点

（一）生产过程的控制

生产过程的内部控制，受到行业特点、本企业生产作业流程的特点、所生产产品技术指标的特殊要求等多项因素的制约，其控制过程是非常专业和细致的，为了实现对生产过程的全面、科学的控制，很多大企业都建立了专业的质量管理体系。这里只针对一些基本的或是通用的生产过程的控制内容进行介绍。

（1）生产部门需定期（如按每个季度、每个月份等）拟定具体的生产计划排程表，以合理规划本部门的物料、人力和设备等资源。

（2）所有的生产计划在执行前，都须经技术开发部门核准确认，以免投产后发现部分技术指标存在偏差，甚至生产工艺根本达不到预期效果，导致无效工作和浪费的现象。

（3）所有生产计划执行前，均须经生产管理部主管核准，以便其能规划整个部门各个科室的工作内容。

（4）整个生产过程须有质量检验科的合理检验和监督。

（5）产成品入库前，须有规范的质量检验程序，确认其达到可使用标准才可办理入库手续。

（6）对已下达的生产工令，须执行进度登记管理制度，通过跟踪进度，确认所有工令都按期完成。如果发现某一生产工令延期或者滞留在流水线上，须在第一时间及时处理，或强制结束不能执行的生产工令，避免由于个别生产工令影响后续的生产计划。

（7）定期对已经完成的工令分门别类地进行分析评价，以合理改善工令执行程序，缩短工令执行时间，提高产成品的合格率等。

（二）质量检验的控制

为了保证企业产品的品质，质量检验的内部控制应贯穿产品生产的全过程，甚至从原物料采购前就需要关注其质量状况。对于整个生产过程，质量控制就更为重要，因为如果在生产过程中没有执行有效的质量控制，导致生产出来的产品是次品甚至是废品，企业不但浪费了人力、物力，还会延误产品交期，影响企业信誉，增大企业的经营风险。所以，任何企业都把质量控制作为内部控制的重要内容。不同企业，其质量控制的关键点不一样。一般而言，内部审计人员需要关注的生产过程及产品入库前与质量相关的关键控制点如下。

（1）企业需依据本企业的工艺及产品特点，制定全面、系统并确实可行的过程检验控制制度。

（2）企业需设置独立、专业的质量检验科室，并须确认质检科人员具备与工作内容相匹配的专业资质、工作能力和工作经验，详细告知其工作职责和其工作效果对企业经营风险的影响程度。

（3）质检科的原物料检验组人员须对所有来料进行规定要求的检验，并详细填写原物料验收单。

（4）质检科的生产过程检验组人员须对企业的生产过程进行全程检验控制，确保生产过程安全、合理，各项技术指标和参数符合产品生产要求，并须详细填写制造过程检验记录单。

（5）质检科的成品检验组人员须对拟入库的产成品进行规定要求的检验。对于检验发现的不合格品，需详细注明不合格项，并提出合理建议；对于合格品，需详细填写产成品质量合格报告书。

（6）质检科的上级主管须定期对本部门员工的工作内容进行复核，如复核原物料验收单、制造过程检验记录单和产成品质量合格报告书等。同时上级主管须及时考量检验人员的胜任能力，当企业出现新产品或实行新工艺时，须先对检验人员进行培训，以便他们能为新产品的质量提供合理保障。

（7）通过让客户填写产品使用信息反馈表等方式，企业可对产品的质量进行了解，同时这也是考核检验部门工作绩效的方式。这样的方式还能为改进检验部门的工作提供参考。

（三）存货管理的内部控制

存货是企业重要的资产之一，存货中原物料等是保障生产作业能顺利开展的基本物质资料，而存货中产成品又是企业实现"实物资产"向"货币资产"转化的最重要的资产，因此，有效管理和控制存货是控制企业经营风险的重要内容，也是生产流程中非常重要的一环。通用的存货管理控制的基本内部控制点如下。

（1）对所有存货按一定规则进行分类存储，指定专人（即库管员）保管，不是指定人员不能随意进入仓库。

（2）对所有存货的购进、领用等进出仓库的过程，按发生先后顺序进行详细记录，建立规范的存货明细账。

（3）所有存货进出仓库都需要采用专门的单据进行记载，如原材料入库要有原物料入库单，产成品入库要有产成品入库单，制造领用物料要持生产工令领料单，维修领料需持维修领料单，客户提货要持销售出库单等。

（4）实行不相容岗位相互分离制度，至少包括：存货的验收人和入库人必须分开；存货的保管人和领用人必须分开；在办理入库和领用前，须确定入库单、验收单、出库单等均经适当核准；在办理入库和领用时，经办双方均须签字，从而实现入库或领用本身就经执行双方的相互监督和核对。

（5）由存货管理部门主管、企业的内部审计部门等，组织定期和不定期的存货抽点；企业每年至少需组织半年度和年终两次以上的存货全面盘点，将盘点结果与仓库明细账、企业财务部门的存货明细账进行核对，以合理确认存货管理是否存在重大漏洞和相关员工是否存在舞弊行为。

（6）针对不定期抽点和定期盘点中出现的盘盈、盘亏和确认毁损以及经过技术鉴定需报废的存货，进行规范的存储、保管和运输等；企业须指定专业的负责人，对该类存货的管理全过程进行合理监督和控制，并须明确其渎职可能导致的严重后果。

（7）通过对存货的库龄进行分析，或进行不定期抽点和定期盘点，对于无使用方向的闲置存货和呆滞品、坏废品等，由采购、物管、制造、技术开发、销售、财务、维修甚至工程等部门共同组成的联合处理小组审计后，分析闲置的原因，提出处置意见及以后的防范措施。

9.3.2.2 生产与存货循环的基本内部控制制度

（一）职责分离制度

根据内部牵制的要求，生产循环的下列业务应当明确分工：

（1）采购部门的工作人员应与验收、保管部门的人员适当分离；

（2）生产计划的编制者应同其复核和审批人员适当分离；

（3）产成品的验收部门应同产品制造部门相互独立；

（4）负责产成品储存保管的人不能同时负责产成品账户的会计记录；

（5）存货的盘点不能只由负责保管、使用或负责记账职能的员工进行，应由负责保管、使用、记账职能的员工及独立于这些职能的其他人员共同进行。

（二）存货储存保管制度

（1）适当的授权。存货的领用必须经过适当的授权。生产部门根据生产计划编制领料单，经授权人员签字，仓库经检查手续齐备后，方可办理领用存货。

（2）进入限制。仓库只有经授权批准的人才能进入，非工作人员或非授权人员不得进入。

（3）存货登记。仓库收到验收部门送交的存货和验收单后，应填制入库通知单，并据以登记存货实物收发存明细账簿。入库通知单应事先连续编号，并由交接各方签字后留存。发出存货后，仓库部门应根据领料单及时登记存货收发存明细账簿，并填制存货出库单，或者将一式多联的领料单及时送交财务部门。

（4）存货保管。存货的存放和管理应指定专人负责并分类编目进行，以利于与财务部门的账户记录的核对工作。仓库应定期对存货进行检查，查看是否存在存货损坏、变质或长期不流动的情况，检查结果应予记录。如发现存货有损坏、变质的情况，应及时填制专门的报告单，说明数量、原因，并经有关人员批准后，由仓库和财务部门分别调整实物和金额记录，以防止存货价值的金额不真实地高于存货的实际价值。

（5）存货库存量管理。在某些企业中，对于生产经营所需的常规存货，由仓库根据库存情况向采购部门提出请购。在这种情况下，仓库应建立最低库存量报警系统，或者指定专人逐日根据各种材料的采购间隔期和当日材料的库存量分析确定应采购的日期和数量，或者通过计算机管理系统重新预测材料需求及重新计算安全库存水平和经济采购量，据此进行再订购。

（三）存货盘存控制制度

（1）定期盘存制。定期盘存制又称实地盘存制，是指通过实物盘点的方法确定存货的期末结存数量，倒算本期存货减少数量。在这种方法下，各种存货平时只根据原始凭证登记收入的数量和金额，不记录发出存货的数量和金额，期末通过实物盘点确定结存存货的数额，倒算出本期发出存货的数额，并据以登记存货明细账的发出栏。该制度一般适用于受限于人力和核算水平的小型企业，或自然损耗大、数量不确定的鲜活商品。

（2）永续盘存制。永续盘存制是指对于每笔存货的收发业务，都有根据原始凭证逐笔登记明细账，并随时结出账面结存数量和金额。一般而言，企业仓库的存货明细账采用数量永续盘存制，即按存货的名称分别登记收、发、存的存货数量；财务部门的存货明细账采用数量和金额并用的永续盘存制，即按存货的名称在收、发、存各栏下分别以数量、单价和金额登记。

在永续盘存制下，各种库存存货的明细账应按每个品种的规格设置，仓库保管账的设置应同财务部门存货明细账相协同，以便两部门相互核对控制。财务部门存货明细账应逐笔或逐日登记收入和发出数，并随时计列其结存数量；同时还应对存货金额进行登记，实现数量和金额双重控制。仓库保管账应由记账员根据收、发货单登记收发数量，进行数量控制。存货明细账应同存货保管账定期相互核对，以随时反映库存情况和保护存货安全。明细账同实物保管账之间应定期核对，对于出现的差异及时调查原因。

在永续盘存制下，企业应对存货进行定期盘点，事先制订盘点计划。盘点计划的内容如下。

第一，盘点时间。存货盘点可以选择在企业员工休假期间、生产停工期间、存货量处于低水平期间、年末或资产负债表编制日前某个方便的月底。

第二，盘点参与人员。盘点是整个企业的一件大事，各级领导、有关人员，包括供应、仓储、财务、生产等部门的有关人员都应参与。

第三，存货停止流动。为了保证存货数量的准确，盘点时，企业各库房、各车间的存货必须停止流动，并分类摆放。

第四，编制连续编号的盘点标签或填写盘点清单。有条件的企业还应绘制存货摆放示意图，规划盘点路线。

第五，召开盘点预备会议，将盘点计划或指令贯彻到每个参与人员。盘点人员盘点后，企业应根据实际情况组织独立的小组，在盘点标志取下前，按照一定的比例进行复盘抽点。在比较抽点结果与盘点单上的记录时，不仅要核对数量，还应核对存货的编号、品种、规格及产品品质等。在抽点在产品时，还应关注其完工程度是否符合要求。如果抽点发现差异，除应督促更正外，还应扩大抽点范围，若发现差错过大，则应要求重新盘点。

一项有效的存货控制制度往往将以上两种存货盘存制度结合运用，即平时要求保持良好的永续盘存记录，同时规定进行必要的定期和分批的实地盘点，以防止永续盘存制下账存数和实存数可能存在不相符的错误。

9.3.3　生产与存货循环的内部审计的内容

生产与存货循环作为企业主要的经济活动之一，其运行好坏直接影响企业的经营效果、成本控制和企业安全运营等。对生产与存货循环的内部审计，就是通过实施专业的审计程序，确认生产与存货循环各个环节都得到了合理控制，避免出现重大错误和舞弊行为，为循环的顺利进行和产成品及时交货提供合理监督。

笔者以该循环的主要业务流程为基础，大致把生产与存货循环的内部审计划分为生产过程控制的内部审计、质量检验控制的内部审计、存货管理的内部审计，逐一介绍内部审计人员如何对上述内部控制程序进行有效审计和合理评估，并协助企业管理层控制风险。

9.3.3.1 生产过程控制的内部审计

不同企业，生产作业流程和涉及的内部控制点各有差异。内部审计人员对生产过程进行审计，是依据企业已有的与生产密切相关的内部控制制度，逐一确认其内部控制制度是否合理、是否被有效执行等。在此，仅对生产过程中基本的内部控制点的审计方法进行介绍。

（一）与生产计划相关的内部控制制度执行情况的审计

为了协同供、产、销之间的关系，保证企业能及时向客户交货，同时合理控制企业物料和产成品的库存数，也为了保证生产部门的工作能有序进行，企业内部管理制度要求生产部门制订全面的生产计划。内部审计人员在对生产部门执行内部审计时，需要关注与生产计划相关的内部控制制度的执行情况，以将企业的经营风险和财务风险控制在一定水平。

（1）为了对生产部门与生产计划相关的内部控制制度的执行情况进行审计，内部审计人员应执行以下审计程序：与生产部主管进行沟通，索取生产计划表，查核确认生产部是否定期制订下期详细的生产计划。生产计划的制订应以产品的交期为依据，以表格的方式详细说明生产任务和人员分配等细节，经上级主管核准后抄送给包括技术、采购、销售等各关联的部门，并由生产部门按计划实施生产。

（2）为了确认生产计划中的各个工令是否规划合理，内部审计人员应执行以下审计程序：从已取得的生产计划表中随机抽查工令，对其生产计划各项目的合理性进行评价，查核确认是否所有生产计划的制订均符合订单交货期及企业实际情况，生产计划的内部管理是否科学有效。

（3）如果个别工令长期未结束，不但会延误交期，而且占用着生产线，影响后续生产工令的执行。所以内部审计人员要关注企业是否存在长期未结束的工令，并分析未结束的原因。为了完成这一审计内容，内部审计人员应执行以下审计程序：从生产部经理处获得工令进度统计表，从统计表资料中可以发现长期未结束的工令，并向经理了解未结束的情况，据此与具体相关人员沟通了解未结束的原因，评估各相关部门处理方式。若某一工令长期未结束，内部审计人员可开出追踪改善单对该异常事项改善的执行情况进行追踪记录。

（二）产品生产过程控制管理的审计

下达生产计划后，生产部门应按工艺或流程执行生产计划。每一个计划的执行情况，对企业的生产和发展都会产生直接影响。如果在执行中出现偏差，就可能影响产品的质量，可能增加企业产成品的单位成本，导致良品率下降，影响关键设备的使用寿命等。所以，对于生产过程的内部控制，是企业管理的重要内容。为了规范企业生产管理，大多数企业采用了专业的生产管理体系来进行控制，保证生产过程持续开展。

在生产过程管理实务中，一方面生产过程管理非常专业，不同的企业在生产过程控制中的流程、方法等方面差异很大，企业内部审计人员很难实现对这一过程的专业的再监督；另一方面，企业一般都有与产品生产过程控制直接相关的、专业的质量管理部门来实施对生产过程的监督。所以，本书省略了内部审计部门对与产品生产作业流程相关的内部控制制度的执行情况审计内容的介绍。

如果在特殊情况下，需要内部审计人员实施对企业的产品生产过程控制管理的内部审计，内部审计人员应开展以下工作：尽可能依赖质量管理部门的监督功能，确认其监督职能是否有效，据此来评价产品的生产过程是否被有效控制；通过了解本企业产品生产过程的关键性控制点，再实施必要的观察、询问、审计已经形成的各种关键指标的数据资料等审计程序，来合理评价企业关于产品生产过程的控制是否有效和可以信赖等。

9.3.3.2 质量检验控制的内部审计

产品质量的好坏，直接决定着企业能否实现从实物资产向货币资金的转化。如果质量检验控制失效，导致企业产品出现大量的残次品，不但造成社会资源的巨大浪费、提高了企业的单位产品的生产成本，而且使企业的经营风险在顷刻间飙升。质量检验本身是对生产作业的一种专业监督，执行的是与产品质量相关的专业方面的审计工作。

内部审计人员对质量检验控制的内部审计，就是要确认质量检验部门是否确实执行了与质量相关的检验工作，其检验工作是否合理，是否能实现对产品质量的基本保证，进而为有效控制企业的经营风险提供保障。与产品质量相关的检验控制包括来料检验控制、产品生产过程检验控制和产成品合格性检验控制三个基本阶段。来料检验控制在采购与付款循环的内部审计中有所述，在此重点介绍产品生产过程检验控制和产成品合格性检验控制的内部审计。

（一）产品生产过程检验控制的审计

（1）依据企业关于生产过程检验控制的要求，检验人员应该每天对各条生产线的生产情况进行不定时的巡检，检查各条生产线是否运转正常，并填写详细的生产过程巡检表，由各被检的生产线小组负责人签字确认各条生产线被合理检验。

为了查核负责过程检验的质检人员是否确实执行了相应的检验控制程序，内部审计人员应执行以下审计程序。第一，到正在实施生产作业的生产线与各生产小组组长交谈，通过询问确认质检人员是否不定时来生产线进行巡检，查核包括生产线工人是否采取必要的安全防护措施、是否操作规范、生产流程是否合理、危险物料是否按要求存取等与过程质量控制相关的内容，并且每天抽一些小组进行详细记录和要求相应的被抽核小组组长签字确认等。第二，内部审计人员向负责生产过程检验的质检人员索取已经填写完毕的生产过程巡检表，查核相应的文件记录确认：负责生产过程检验的质检人员是否每天都会不定时对生产线进行巡检，并且每天针对一定数量的生产线进行全面的巡检并做记录，详细填写生产过程巡检表上列明的所有项目，并要求被查核的生产小组组长签字确认，保证其记录全面、完整，且记录资料按填制日期保存完整。

（2）依据企业关于生产过程检验控制的要求，负责生产过程检验的质检人员如果在巡检时发现生产过程操作错误或不规范，需要立即提出来，并需监督相应的生产人员立即改正。如果认为这种不规范或错误的操作会影响到产品的质量或安全，需要开具生产过程不良单进行详细记录，并监督生产工人进行修改，确认返工后的产品不存在质量和安全隐患。

为了确认企业的生产过程检验人员是否确实履行了监督和控制质量的职责，内部审计人员应执行以下审计程序。第一，查阅生产过程巡检单上关于"生产工人不合格操作情况记录"的描述，先判断这些不合格操作对产品质量和安全性的影响程度。如果影响较大，则追踪了解生产过程检验人员是否开具生产过程不良单来记录整个过程，并保证在第一时间内采取确保这些违规操作被更正的补救措施。第二，查阅已经处理并已经归档的生产过程不良单，确认其记录的违规操作对产品的质量风险是否被低估，其补救措施是否有效。如果这种错误造成的后果是不可补救的，则确认是否直接报废已经生产出来的半成品或产成品，以免造成更大浪费和增加经营风险。

（3）生产过程检验的其他控制点执行效果的审计。除了上述项目，在生产过程检验中，质检人员还需要对很多与产品质量密切相关的指标进行测量和记录，并与标准作业流程允许的标准范围进行比对，以保证这些指标在可控范围内，从而保证产品的质量。对这些质量控制程序的审计，内部审计人员采用的方法也是以审阅已经生成的各种检验数据为主。这些审计程序的实施，需要内部审计人员具备与产品质量控制相关的基础专业知识。由于不同行业中产品生产过程的关键性指标数据、记录方式等各不相同，内部审计人员应该进行不同的考量。

（二）产成品合格性检验控制的审计

按企业关于产成品检验控制的要求，所有产成品在办理入库手续前，必须经成品检验员检验，确认质量合格后，才能办理入库。

为了确认所有成品入库前是否都经过必要的检验，内部审计人员应执行以下审计程序。第一，到各生产线进行巡视，查看待检的产成品与已经检验完的产成品是否分开存放，并明确标示。查看正在执行的成品检验作业，确认成品检验人员是否按完工工令单顺序逐一对所有待检的产成品进行了检验，详细填写产成品质量合格报告书后，才要求移库人员执行移库任务。第二，询问并观察移库人员执行产成品从生产车间转移到成品库房这一任务的过程，查核确认移库人员在执行移库任务前是否逐一检查并确认过所有拟移库产品都已附上成品检验员签章的产成品质量合格报告书。第三，到待发货的成品仓库进行实地查看，抽查确认是否所有产成品均附有经检验员签章的、详细的产成品质量合格报告书。第四，从发货单记录的批次和数量，反向查核其是否已经被检验。随机抽查已经发货的产成品，按其出厂前的生产工令号，向成品检验人员索要相应的成品检验记录，核对是否所有产品出厂前均经成品检验人员确认过。

9.3.3.3 存货管理的内部审计

存货管理控制就是通过一定的方法，保证企业存货的安全、使其内部转移得到有效控制、质量状态被监督和控制、不丢失和不发生意外损失等。按现代会计学对存货的定义，存货包括生产用原材料、生产用辅助材料、维修用备件、能源和燃料、包装物、低值易耗品、在制品和产成品等。为了简便，本书仅介绍以原材料和产成品为对象的存货管理控制审计和存货监盘。

（一）以原材料和产成品为对象的存货管理控制的审计

（1）原材料安全的控制状况的审计。

为了保证原材料的安全，企业会采取设置库房保护、限制接近等措施，一般由物料管理科等职能部门按照《原材料管理办法》的规定来进行。内部审计人员对原材料安全的控制状况的审计，就是审计和评价与原材料安全控制相关的程序是否有效，确认原材料的保管是否安全。

为了确认企业是否采取了有效的措施来保证存货的安全，内部审计人员应执行以下审计程序。到原材料仓库和产成品仓库等进行多次巡视，观察所有的仓库是否均及时落锁，是否除仓库管理人员和领料人以外，没有其他人员进出仓库。通过到保卫科询问并实际查看监控录像资料确认原材料存放区域内的 24 小时监控设备是否工作良好。通过与库房管理人员交流确认库房管理人员是否都有良好的安全防护意识。通过这样的观察和询问，内部审计人员可确认企业对于存货的保护措施是否执行有效，企业的存货保管是否安全。

（2）存货日常管理控制的审计。

为了保证存货的存储安全、便于存货收发作业的执行和本部门对存货的日常管理，企业一般会对存货的存储、摆放等做一些基本规定。按照企业的要求，所有原材料、零部件、产成品等须按规定分别放置，并且按规定堆放整齐，明确标识，以防止乱堆乱放，以利于各种产品的贮存，并且对于需要特殊防护的存货，需采取必要的防护措施进行存储。

为了确认物料管理科是否确实执行这些规定，内部审计人员应在征得库房管理人员同意后随机参观部分库房。观察确认是否所有存货均按类别分别存放在指定区域，并均按规格、型号整齐码放，各个区域是否均设有明显的标识，标识为容均正确；对于需要防尘的机芯等物料，是否均有实施包括加塑胶套和采用专用包装盒存放等方式进行防护处理，对于需要防锈的轴承等物料，是否均有上防锈油进行保护。

（3）对存货的转移进行真实、完整的记录控制的审计。

为了保证存货的安全和随时了解各类物料的库存数量和状态，企业需要通过授权核准、不相容职务分离和进行标准的文件记录等控制方式对存货的购进、领用、销售和内部移库等进行管理，以保证存货的完整和存货记录的真实、及时。通过建立存货明细账，能有效地记录存货转移过程，实现对存货安全的全面控制，降低企业的经营风险和财务风险，避免出现由于缺少记录而发生的财产损失。

内部审计人员对存货明细账执行状态的审计，就是要确认企业的相关部门是否采用了规定的工作流程和要求记录单据（如入库单、领料单和退库单等）详细登记存货的类别、名称、编号、规格、计量单位、数量等内容，是否及时、准确地记录了所有存货的购进、领用、销售和内部移库等作业过程。

为了确认存货出入库是否均执行了有效记录，内部审计人员应执行以下审计程序：观察和复核库房管理员执行收料作业和发料作业的全过程，观察确认是否所有物料入库均有对应的入库单，所有物料的出库均有对应的出库单。

为了进一步确认物料管理科记账作业是否及时、正确，内部审计人员应执行以下审计程序：复核入库单和出库单明细资料与实际收发的物料，确认物料管理科是否对所有物料的收发均进行了及时、准确的记录，且其单据均有及时传递给财务部门。

（4）生产部门内部抽盘控制执行情况的审计。

为保证存货安全并能完整记录，在生产部门内部实现有效管理和监督，提高本部门的工作绩效，企业一般会在存货管理制度中规定本部门内的定期或不定期抽盘。此处对存货的抽盘，是指生产部门主管为了确认本部门员工的工作绩效，对库房管理人员管理的存货进行的定期或不定期的盘点。这与内部审计部门作为企业内独立的监督机构采用审计立项的方式专门执行抽盘有本质的区别。

为了确认物料管理科的主管机构是否确实有效地行使其职责，内部审计人员可以通过"查看生产部门主管历次抽点后的抽盘记录""追踪了解生产部门主管处理抽盘中盘点差异的记录"的方式，确认这一内部控制是否得到有效的执行，并评价执行效果。

（5）对存货抽盘的审计。

对于内部审计人员而言，实地抽点存货的数量，是对存货管理控制内部审计必不可少的审计程序。因为通过实地抽盘，内部审计人员不但可以确认存货是否真实存在，是否被有效地保证安全，而且能在抽点中直接了解存货管理制度的执行效果、了解存货品质等。

对存货的抽点审计，内部审计人员需要具有较强的综合审计能力，需要了解企业存货构成结构、不同存货盘点中需要用到的量规量具、如何在抽点中进行实际库存数的倒轧计算等。所谓抽点中实际库存数的倒轧计算，是指抽盘时，尚有部分领料单和入库单没有登记，所以要把盘点数进行适当加减，所得结果才是实际库存数，其逻辑关系式为：存货盘点数＋尚未登账所有领料单领用合计数－尚未登账所有入料单入库合计数＝实际库存数＝存货明细账已结转余额。

内部审计部门开始组织对企业存货的抽点作业时，为了有效控制审计风险，需要对审计工作做如下规划：第一，抽盘计划内容要涉及所有仓库、所有大类的存货；第二，抽点重点要放在价值最大、购进和领用频繁以及容易发生毁损和丢失的存货上；第三，抽点过程要合理保护存货的存储、移动的安全；第四，对于抽点中发现的呆滞品、坏废品等，单独列示并建议存货管理部门及时处理，以保证企业资产的品质；第五，对于所有盘点差异，逐一确认产生原因和拟处理方法。

为了确定存货明细账是否真实、完整，存货是否被安全管理，内部审计人员有以下两种审计方法。第一，从存货明细账入手，即先从存货的明细账中选取一些存货信息，如价值量大的物料、出入库频繁的物料、长期未用的物料等，生成存货抽点记录表。内部审计人员依据存货抽点记录表逐一盘点各项存货的数量，然后通过盘点倒轧计算，确认实际库存数是否与账载数量一致，审计确认存货明细账账载的存货是否都确实存在。第二，从存货实物入手抽点，即先到库房现场随机盘点一些物料的数量，于盘点当时记录被盘点物料的名称、规格、数量和品质状态等，然后再查找相应的明细账和执行倒轧计算，确认存货明细账是否与库存数一致。

（6）异常存货处置过程控制的审计。

异常存货（通常直接称为呆滞料和废料）本身不是企业的重要资产，从控制成本的角度而言，应尽快处理，以降低管理和控制成本。但是，对异常存货的处置，可能存在如下管理风险：长期未区分正常存货和异常存货，导致部分混存在异常存货中的正常存货也腐烂变质，同时异常存货大量占用企业库房，增加管理成本；对异常存货界定控制不足导致额外损失的风险；对具有部分回收利用价值或市场价值的异常存货，未经批准就擅自处置，或处置未及时交存企业财务部门，流入处理中个人手中或成为个别部门的小金库，导致企业资产损失。基于这样的管理风险，企业必须严格控制异常存货的处理过程。

第一，关于是否进行了异常存货处理作业的内部审计。依据企业规定，企业的物料管理科应该"通过存货的库龄分析，年中（终）盘点，质检科、维修科和研发部门等相关单位主管认定等方式"，至少每半年一次，对企业内无使用方向的闲置存货和废料、呆滞品等实施确认、处置作业。为了确认物料管理科是否确实执行了这一作业程序，内部审计人员应与物料管理科的主管进行沟通，查看近期异常存货处理专案记录资料，确认异常存货处理的作业程序是否确实执行了。

第二，关于异常存货处理过程是否符合相关内部控制制度的审计。依据企业规定，对于无使用方向的闲置存货和废料、呆滞品等，应由采购、生产、技术开发、销售、财务、维修和工程等部门组成联合处理小组，由联合处理小组所有成员共同分析存货闲置或废弃的原因，提出处置意见及以后的防范措施等。经联合处理小组审计确认，并报企业总经理核准后，方可由物料管理科等部门对异常存货进行处理。为了确认所有异常存货处理过程是否均经联合审计，内部审计人员可随机抽查异常存货出库单，反向查核其是否经废料联合处理小组审计，确定所有异常存货处理前是否均经核准，对异常存货处理作业的风险进行合理评价。

第三，关于审计异常存货处置明细是否及时交财务部门进行相应的财务记录和处理，异常存货出售收入是否及时交财务部门入账。按企业规定，所有异常存货处理需将全套资料的复印件交财务部，以便他们能及时进行账务处理，所有异常存货出售收入也需一同交财务部，由财务部开具内部管理收据进行确认，异常存货处理的经手人保存财务部开具的收据作为异常存货处理结案的依据。为了确认上述内部控制制度是否得到有效执行，内部审计人员可随机抽查异常存货出库单，对其作业流程进行查核，查核确认所有出库单的财务联是否均及时传递到公司财务部门并由财务部门的成本会计在当月进行相应的账务处理。同时内部审计人员从联合处理意见中摘录部分建议出售的异常存货，追踪其处理结果，查核确认这些建议出售的异常存货在实际出售时是否均由购买方向财务部门索取发票的同时交款。

（二）存货监盘

存货监盘，是指内部审计人员现场监督企业内部的全面存货盘点，并进行适当抽查，用以确认企业存货的真实性、完整性和安全性的审计方法。内部审计人员进行存货监盘时，需要从企业制定全面存货盘点计划时就开始实施相应的审计程序，以便全面评价企业的存货盘点和适时进行抽盘。

为了对企业的存货盘点进行全面监盘，内部审计人员可执行以下审计程序。

盘点前，内部审计人员需要对企业存货盘点计划的合理性和可执行性进行全面、客观的评价。内部审计人员可向相关人员了解并查看经核准的企业存货盘点计划，确认该计划是否详细列明了本次存货盘点的目的、盘点的基准时间（即截止时点）、盘点日期、盘点负责人及盘点参加人员、盘点范围、盘点卡的填写方式、盘点的注意事项等全面而具体的内容，评价整个盘点计划的合理性，确认各盘点人员是否分工明确，是否都能胜任盘点任务，盘点方式是否具有可执行性。

盘点前，内部审计人员需要实地观察盘点现场，以确认企业的盘点计划是否确实执行。观察内容包括以下几个方面。第一，企业是否将所有存货纳入盘点范围内。第二，确定是否已对应纳入盘点范围内的存货进行合理的分类以及适当的整理和排列，并附有盘点标识，以防止遗漏或重复盘点。第三，确认不属于企业存货的物品是否与企业存货分开码放，并明确标有"厂商库存"或"非公司物品"等标志。在盘点时，存放在企业却不参与盘点的物品可能有：所有权归厂商，寄存在企业的物料；已经办理出库手续并已确认销售，但尚未运离企业的产成品；在盘点截止日才运抵企业，尚未办理入库和验收手续的物品等。第四，在盘点计划规定的截止日当天，观察是否所有物料都确实停止流动，重点关注物料管理部门是否还在收、发作业，销售部门是否暂停开出库单等。第五，确认盘点中将要用到的量规、量具是否都可用，并都经合理校验。第六，确认是否存在计量过程对专业知识要求较高的存货项目，如有，建议企业聘请相应的专家参与盘点等。通过上面的审计程序，内部审计人员能合理评估企业的存货盘点准备工作是否做得充分，并确认全面盘点的工作环境是否较好，这样有利于已经拟定的盘点计划的实施。

企业开始对存货执行盘点时，内部审计人员需要实际观察盘点的执行效果。内部审计人员全程陪同所有盘点人员，观察和参与盘点作业。在实施盘点时，内部审计人员主要关注以下内容。第一，观察所有参加盘点的人员是否确实核对了盘点卡上记载的存货的名称、规格和实物的一致性，并认真清点存货的数量，在"盘点人签字"处签名确认。第二，确认盘点人员是否在盘点卡的指定位置特别标示或记录盘点中发现的残次品、坏废品和呆滞品等存货的品质特征。第三，观察盘点中用到的计量单位是否存在差错，尤其是对于整包或整箱存放的存货，需要去掉包装物，逐一确认其实际库存数量。第四，关注重要存货的所有权的证明材料。第五，复核企业对产品的完工程度的确定方法是否合理。第六，观察并确认存货盘点过程中存货的移动是否被合理控制，以确认没有重复盘点或漏盘。第七，在盘点结束时将盘点标签回收之前，再次观察和巡视整个盘点现场，确认是否所有应纳入盘点范围的存货均已贴有盘点标签。第八，在盘点结束前，向盘点负责人索取并检查已填用、作废及未使用盘点卡的号码记录资料，确定其是否有连续编号，并查明已发放的盘点卡是否均已收回。按照已用、作废、未用等分别归类统计盘点结果，与存货盘点的汇总记录进行核对。通过执行上述审计程序，内部审计人员能合理确认企业的盘点计划是否得到了有效执行，存货盘点数是否反映了实际库存数，盘点结果是否相对真实，盘点是否达到了预期目标。

盘点时或全面盘点结束后，内部审计人员应有重点、有选择性地进行适量的抽盘。作为监盘中的抽点，由于已经通过对存货监盘审计确认企业自身的盘点作业有效，故内部审计人员的抽点就有了倾向性和重点，如选择盘点差异较多的仓库、选择厂商库存较多的存货、选择价值量大的存货进行重点抽查等。内部审计人员应进行适当抽点，将抽点结果与被审计单位盘点记录核对，并形成相应记录。这样不仅可以确认企业的盘点计划是否已得到适当的执行（控制测试），而且可以确认企业的存货实物是否真实存在（实质性测试）。

盘点结束后，内部审计人员应重点关注盘点差异，具体内容如下。第一，在企业盘点结束后，内部审计人员应依据企业汇总的盘点差异表，结合本人抽盘结果，合理评价企业存货盘点出现差异的风险水平是否足够低。如果认为某类存货盘点存在较大的盘点差异风险，应该追加执行必要的审计程序，如再次抽盘、扩大抽盘比例等，以合理确认是否存在重大盘点差异。第二，关注企业内各存货经管部门关于盘点差异原因的分析。对于存货丢失、大量的存货盘盈等非正常情况，内部审计人员须合理评价其合理性，以便进一步推断存货管理是否存在重大漏洞。第三，关注存货盘点的差异处理方式是否恰当，如对所有毁损、陈旧、过时及残次的存货须编制存货跌价准备明细表，对于盘盈存货需计入收入类科目等。

通过上述"全程跟踪并参与其中"式的监盘，内部审计人员可获取关于企业存货管理控制状况的大量证据，以便合理评价企业关于存货管理控制的风险，确认存货管理是否存在重大错误、舞弊行为或管理漏洞，证明存货的真实性和完整性。

9.4 投资与筹资循环的内部审计

导入案例

财达公司投资活动内部审计案例

一、案例背景

财达公司主要经营水产品养殖、加工、销售及深度综合开发，生物工程研究、开发及食品、饮料的销售。2014年，财达公司继续把经营工作的重点放在拓展主营业务上，除了抓好传统养殖和引进新的养殖品种外，还合理利用水面资源，发展"三网"养殖，增加名特优新水产品养殖投入，使水产养殖继续保持稳定增长的势头。1月至12月，公司共计实现主营业务收入4,342万元，实现净利润525万元，分别比上年同期增长154.27%和40.59%。

财达公司在董事会下设有审计委员会，在总经理下设有审计部。2015年，在外部审计进场之前，审计部对公司几项业务循环进行了审计，其中包括了对公司投资业务的审计。

二、审计实施

（一）对投资环节进行风险评估和控制测试

财达公司中与投资相关的科目主要包括交易性金融资产、投资收益、长期股权投资、应收股利等。内部审计人员了解到，财达公司的投资涉及上述各种主要方式，投资的相关文件记录有些不完整，审计年度执行了新的会计准则，投资政策和程序与公司实际存在脱节现象。

内部审计人员通过调查表等方法，对财达公司投资的内部控制进行调查了解。内部控制调查表如表 9-9 所示。

表 9-9　内部控制调查表

被审计单位名称	财务报表期间	工作底稿索引号
财达公司	截至 2014 年 12 月 31 日止	M2-2

编制人及复核人员签字：

编制人：张颖	日期：2015 年 2 月 13 日
复核人：李华	日期：2015 年 2 月 13 日
项目质量控制复核人：王红	日期：2015 年 2 月 14 日

调查问题	调查结果 是	否 较轻	否 较重	不适用	备注
1.各项投资是否订立投资协议？	√				
2.重大投资合同、协议是否经过企业主管领导批准？	√				
3.投资签约、经办与审批职责是否分离？	√				
4.有价证券保管实物与账务记录是否分离？	√				
5.管理部门是否定期检查有价证券实物？			√		
6.投资购买的有价证券是否均以公司名义登记？	√				
7.长期股权投资存在减值现象的，是否按照规定计提减值准备？					
8.投资的本息是否及时按照投资协议的约定回收？	√				
9.统驭账户和明细账的设置是否健全？	√				
10.投资的入账是否在取得和审核各种必要的凭证后进行？	√				
11.是否建立投资管理制度和实施细则？					

　　根据了解的投资业务活动及控制设计并评估其执行情况所获取的审计证据，内部审计人员实施了进一步的审计程序（即控制测试和实质性程序）。测试投资控制运行有效性的工作包括：针对了解的财达公司投资的控制活动，确定拟进行测试的控制活动；测试控制运行的有效性，记录测试过程和结论；根据测试结论，确定对

实质性程序的性质、时间和范围的影响。测试投资内部控制有效性形成下列审计工作底稿：控制测试汇总表、控制测试程序及控制测试过程。其中部分控制测试程序如表 9-10 所示。

表 9-10 控制测试程序

被审计单位名称	财务报表期间	工作底稿索引号
财达公司	截至 2014 年 12 月 31 日	N3-3

编制人及复核人员签字：

编制人：张颖	日期：2015 年 2 月 16 日
复核人：赵超	日期：2015 年 2 月 16 日
项目质量控制复核人：李明	日期：2015 年 2 月 17 日

控制目标	被审计单位的控制活动	控制测试程序	所测试的项目数量	……
已记录的投资均为公司的投资	每月末，财务经理编制资金状况表，报总经理审核。总经理根据资金盈余情况及短期内资金计划安排，确定是否进行交易性金融资产投资及投资规模，并报董事会批准。投资管理员根据确定的投资规模，编制交易性金融资产投资付款申请单，报投资管理经理审批	选取交易性金融资产投资付款申请单并检查是否得到适当复核	2	
投资交易均已记录	投资管理员根据交易流水单，对每笔投资交易记录进行核对、存档，并在交易结束后一个工作日内将交易凭证交投资记账员。投资记账员编制转账凭证，并附相关单证，提交会计主管复核。复核无误后进行账务处理 每周末，投资管理员与投资记账员就投资类别、资金统计进行核对，并编制核对表，分别由投资管理经理、财务经理复核并签字。如有差异，将立即调查	选取交易性金融资产核对表并检查是否得到适当复核	3	

续表

控制目标	被审计单位的控制活动	控制测试程序	所测试的项目数量	……
投资交易计价准确	投资记账员编制转账凭证，并附相关单证，提交会计主管复核。复核无误后进行账务处理。每周末，投资管理员与投资记账员就投资类别、资金统计进行核对，并编制核对表，分别由投资管理经理、财务经理复核并签字。如有差异，将立即调查期末，投资管理员取得投资项目的公允价值，经投资管理经理审核后，交投资记账员对交易性金融资产进行后续计量	取得记账凭证，检查与账务记录是否一致	2	
……				

内部审计人员对投资进行内部控制测试后，对其进行了评价。财达公司的投资内部控制较好的方面是：投资的记录由独立于审批、执行的人员来进行；投资的入账是在取得和审核各种必要的凭证以后进行的；公司建立了投资管理制度和实施细则。财达公司的投资内部控制方面存在的问题主要是：没有对长期投资资产（股票、债券）进行定期盘点，即由证券公司代为保管的股票和债券，没有建立定期的核对制度；对存放在企业内部的有价证券，也没有建立定期的盘点制度，并未对核对和盘点的结果与账簿记录进行比较，以确保有价证券的安全、完整。为此，内部审计人员指出财达公司应建立并完善长期投资资产（股票、债券）定期盘点制度，强调核对和盘点工作应由企业的内部审计人员或不参与有价证券保管、记录和买卖的其他财会人员进行，以防止舞弊行为的发生。

综合以上情况，项目组认为，财达公司投资环节存在重大错报风险。

（二）对投资环节实施实质性程序

1. 审查发现投资成本不真实

内部审计人员对财达公司长期投资业务进行审查时，将"长期股权投资"科目与有关货币资金及"应收股利"等科目相互核对，用以判断其入账的价值是否合规适当。结果发现公司于4月10日购入立益公司股票200,000股，实际买价为800,000元，其中买价中包含已宣告但尚未支付的股利18,000元，另支付印花税6,400元、经纪人佣金2,400元，该公司将所支付的款项全部作为权益资本，记入"长期股权投资"科目。内部审计人员向相关会计人员指出：企业以货币资金购买股票时，如果企业实际支付的价款中含有已宣告但但尚未发放的股利，应按认购股票实际支付的价款扣除已宣告但尚未发放的股利作为长期股权投资的入账价值；对于已宣告但尚未发放的股利，应在"应收股利"科目核算。财达公司的会计人员对指出的问题做出了账项调整。

2. 审查发现公司利用现金股利虚减投资收益

内部审计人员发现，该公司于2014年4月购入红运公司的股票50,000股，预计持有时间为4个月，每股面值为1元，每股购入价为1.2元，实际支付金额为62,000元，该公司做以下分录：

借：交易性金融资产   60,000

    投资收益   2,000

贷：银行存款   62,000

内部审计人员审阅了该笔投资业务的原始凭证，发现"投资收益"借方所反映的是已宣告发放但未支付的股利。根据审计过程中所取得的审计证据，内部审计人员认定上述会计处理错误，并要求公司进行相关调整。

3. 审查发现权益法的使用不正确

长期股权投资的核算方法有两种：一是成本法；二是权益法。成本法核算的长期股权投资的范围包括企业能够对被投资单位实施控制的长期股权投资。企业对被投资单位具有共同控制或者重大影响时，长期股权投资应当采用权益法核算。权益法下，企业"长期股权投资"账户反映的投资额要随着接受投资企业净资产的增减变动而变动。

内部审计人员发现财达公司2014年1月10日购买光明股份有限公司（以下简称"光明公司"）发行的股票5,000,000股，准备长期持有，占光明公司股份的30%。每股买入价为5元，另外，购买该股票时发生有关税费500,000元，款项已由银行存款支付。财达公司在取得对光明公司的股权后，派人参与了光明公司的生产经营决策。因能够对光明公司的生产经营决策施加重大影响，财达公司对该投资按照权益法核算。2013年12月31日，光明公司的所有者权益的账面价（与其公允价值不存在差异）为100,000,000元。财达公司做如下会计处理。

计算原始投资成本：

股票成交金额（5,000,000×5） 25,000,000

加：相关税费 500,000

等于：原始投资成本 25,500,000

编制购入股票的会计分录：

借：长期股权投资——成本　　　　　　　　　　　　　　25,500,000

　　贷：银行存款　　　　　　　　　　　　　　　　　　　　25,500,000

内部审计人员指出，长期股权投资的初始投资成本 25,500,000 元小于投资时应享有被投资单位可辨认净资产公允价值份额 30,000,000（100,000,000×30%）元，其差额 4,500,000 元应调整已确认的初始投资成本。同时按其差额，贷记"营业外收入"科目。

借：长期股权投资——成本　　　　　　　　　　　　　　4,500,000

　　贷：营业外收入　　　　　　　　　　　　　　　　　　　4,500,000

因此，内部审计人员要求会计人员进行账务调整。

此外，内部审计人员发现，2014 年光明公司实现净利润 20,000,000 元，而且其可供出售金融资产的公允价值增加了 5,000,000 元。对此，财达公司并未按照持股比例确认和调整投资收益和其他综合收益。

内部审计人员指出，财达公司应根据被投资单位实现的净利润计算应享有的份额，即按照持股比例确认投资收益 600,000 元。财达公司应做如下调整分录：

借：长期股权投资——损益调整　　　　　　　　　　　　6,000,000

　　贷：投资收益　　　　　　　　　　　　　　　　　　　　6,000,000

光明公司除净损益以外所有者权益的其他变动，财达公司应按持股比例计算应享有的份额，借记"长期股权投资——其他权益变动"科目，贷记"其他综合收益"科目，即财达公司应按照持股比例确认相应的资本公积 1,500,000 元。财达公司应做如下调整分录：

借：长期股权投资——其他权益变动　　　　　　　　　　1,500,000

　　贷：其他综合收益　　　　　　　　　　　　　　　　　　1,500,000

对这笔投资业务，内部审计人员认为财达公司为了少纳所得税，没有正确使用权益法核算，故意减少投资收益和营业外收入。内部审计人员指出了正确的账务处理方式，公司会计人员也接受了这种做法。

4. 盘点有价证券与函证

根据有价证券不同的保管方式，内部审计人员采取不同的审查方法。由证券公司代为保管的，由于保管机构拥有严密的财产保管制度和证券存取制度，一般不会发生资产的个人盗用，通过询证的方式加以证实，具体内容如下。

外存证券询证函

信达证券公司：

本公司内部审计部正在对本公司 2014 年度财务报表进行审计，应当询证本公司与贵公司有关的信息。现发函给贵单位，请协助如实提供本公司在贵公司代保管的甲企业债券的情况，如果回执页填写不下，可另附材料，回执页所附材料请在 2015 年 3 月 3 日前直接寄至本公司内部审计部。

回函地址：

邮编：　　　电话：　　　传真：　　　联系人：

（公司盖章）

2015 年 2 月 15 日

回执

我们证实财达公司情况如下。

证券种类：甲企业债权。托管方式：代保管。

证券面值：20.6 万元。托管期限：3 年。

托管起止日：2013 年 2 月至 2014 年 1 月。

有价证券代保管单编号：NO.00138。

保管单位：信达证券公司。

经办人：李丽。

复核人：王海。

2015 年 2 月 25 日

对存放在财达公司内部的有价证券，采取突击式盘点审查方式，在证券保管人员、会计人员、有关领导和内部审计人员同时在场的情况下进行。清点时，由原证券保管人员将证券和经双方签字的证券移交记录交给清点人员，清点人员每清点一批就将数目报给持有证券明细表的内部审计人员，边清点边核对，清点后将证券交给保管人员，双方在移交记录上再次签字。清点时，内部审计人员不仅要清点数目，同时要检查证券的真伪，警惕伪造证券。此外，内部审计人员还应确定证券的所有权。对盘点数与账面数的差异，内部审计人员应进一步查明原因。

内部审计人员在上述盘点和函证程序中未发现异常。

9.4.1　投资与筹资循环的特点

投资活动是指企业为享有被投资单位分配的利润，或为谋求其他利益，将资产让渡给其他单位而获得另一项资产的活动。筹资活动是指企业为满足生存和发展的需要，通过改变企业资本及债务规模和构成而筹集资金的活动。投资与筹资循环由投资活动和筹资活动的交易事项构成。投资活动主要由权益性投资交易和债权性投资交易组成，筹资活动主要由借款交易和股东权益交易组成。投资与筹资循环具有以下特征：每笔交易的金额通常较大，必须遵守国家法律法规和相关契约的规定，漏记或不恰当的会计处理会对企业财务报表产生较大影响。

9.4.1.1　投资涉及的主要业务活动

（一）投资交易的发生

由管理层对所有投资交易进行授权。交易的数量越多，授权程序必须越正式。销售业务由下列文件支持：经纪人的销售公告、合同，董事会批准非上市性投资业务销售的会议纪要，经高级员工核对的收据和银行存款的详细信息。

对上市性投资的购买应当由经纪人的买入公告支持，对非上市性投资的购买应当由相关合同支持。两者都应当由董事会纪要（或其他授权文件）批准权益性投资的购买。高级员工应当在结算买价之前核对这些信息。本项职能应当同投资购买业务的批准和记录职能分离。

（二）有价证券的收取和保存

企业所收到的凭证和有价证券应当保存在其经纪人处或由企业的开户银行保存在一个上锁的安全箱里。内部审计人员应当对凭证不真实或由管理层使用计算机和文字处理方法伪造的风险保持警惕。如果内部审计人员怀疑上述情况出现，则应当从被投资企业获取询证函以确定投资企业是否真正持有股份。

（三）投资收益的取得

企业收到股利和利息支票时应当予以记录并追查至银行存款单。如果企业发生了大量的投资活动，企业应当设立单独的银行账户，所有的投资收益都应当存入该账户。企业应当针对相关银行账户定期编制调节表。股利收据应当在投资账户中记录，包括股利的金额和日期：宣告日期、最后行权日和支付日期。这应有高级员工定期复核，以确保所收取和记录的股利收入的完整性。利息收入一般应当与债务性投资合同和支付安排一致。高级员工应当确保所收到的利息计算正确且已存入,应当考虑确保利息在财务期间内截止和分摊的正确性。

9.4.1.2 投资活动的凭证和会计记录

(一)债券投资凭证

载明债券持有人与发行企业双方所拥有的权利与义务的法律性文件,其内容一般包括:债券发行的标准;债券的明确表述;利息或利息率;受托管理人证书;登记和背书。

(二)股票投资凭证

买入凭证记载股票投资购买业务,包括购买股票数量、被投资公司、股票买价、交易成本、购买日期、结算日应付金额合计。卖出凭证记载股票投资卖出业务,包括卖出股票数量、被投资公司、股票买价、交易成本、卖出日期、结算日期、结算日金额合计。

(三)股票证书

股票证书是载明股东所有权的证据,记录所有者持有被投资公司所有股票的数量。如果被投资公司发行了多种类型的股票,股票证书中也反映了股票的类型,如普通股、优先股。

(四)股利收取凭证

股利收取凭证是向所有股东分发股利的文件,标明股东、股利数额、每股股利、被审计单位在交易最终日期持有的总股利金额。

(五)投资总分类账

投资总分类账记录被审计单位所持有的投资的所有详细信息,包括所获得或收取的投资收益。总分类账中的投资账户记录初始购买成本和之后的账面价值。

(六)投资明细分类账

投资明细分类账由投资单位保存,以用来记录所有的非现金投资交易,如期末的市场对市场调整、公允价值的反映,以及记录与处置投资相关的损益。

9.4.1.3 筹资涉及的主要业务活动

（一）审批授权

企业通过借款筹集资金需经管理层的审批，其中债券的发行每次均要由董事会授权；企业发行股票必须依据国家有关法规或企业章程的规定，报经企业最高权力机构（如董事会）及国家有关管理部门批准。

（二）签订合同或协议

向银行或其他金融机构融资须签订借款合同，发行债券须签订债券契约和债券承销或包销合同。

（三）取得资金、计算利息或股利

企业实际取得银行或金融机构划入的款项或债券、股票的融入资金应按有关合同或协议的规定，及时计算利息或股利。

（四）偿还本息或发放股利

银行借款或债券应按有关合同或协议的规定偿还本息，根据股东大会的决定发放股利。

9.4.1.4 筹资活动的凭证和会计记录

（一）借款合同或协议、公司债券和股本凭证

借款合同或协议，是公司向银行或其他金融机构借入款项时与其签订的合同或协议。公司债券，是公司依据法定程序发行、约定在一定期限内还本付息的有价证券。股本凭证是公司签发的证明股东所持有股份的凭证。

（二）债券契约

债券契约是载明债券持有人与发行企业双方所拥有的权利与义务的法律性文件，其内容一般包括：债券发行的标准；债券的明确表述；利息或利息率；受托管理人证书；登记和背书；如系抵押债券，其所担保的财产；债券发生拖欠情况如何处理，以及对偿债基金、利息支付、本金返还等的处理。

（三）股东名册

发行记名股票的公司应记载的内容一般包括：股东的姓名或者名称及住所；各股东所持股份数；各股东所持股票的编号；各股东取得其股份的日期。发行无记名股票的，公司应当记载其股票数量、编号及发行日期。

（四）公司债券存根簿

发行记名公司债券应记载的内容一般包括：债券持有人的姓名或者名称及住所；债券持有人取得债券的日期及债券的编号；债券总额、债券的票面金额、债券的利率、债券还本付息的期限和方式；债券的发行日期。发行无记名债券的应当在公司的债券存根簿上记载债券总额、利率、偿还期限和方式、发行日期和债券编号。

（五）承销或包销协议

公司向社会公开发行股票或债券时，应当由依法设立的证券经营机构承销或包销，公司应与其签订承销或包销协议。

9.4.2　投资与筹资循环的内部控制

9.4.2.1 投资活动的内部控制点

（1）投资业务经过授权审批。

（2）与被投资单位签订合同、协议，并获取被投资单位出具的投资证明。内部审计人员或其他不参与投资业务的人员定期盘点投资资产检查是否为企业实际拥有。

（3）投资业务的会计记录与授权、执行和保管等方面明确职责分工；建立健全投资资产的保管制度，或者委托专门机构保管，或者由内部建立至少两名人员以上的联合控制制度，投资资产的存取均需详细记录和签名。

（4）建立详尽的会计核算制度，按每种投资资产分别设立明细账，详细记录相关资料；核算方法符合会计准则的规定。

（5）投资明细账与总账的登记职务相分离，投资披露符合会计准则的要求。

9.4.2.2 投资活动的基本内部控制制度

（一）适当的职责分离

投资业务在企业高层管理机构核准后，可由高层负责人员授权签批，由财务经理办理具体的股票或债券的买卖业务，由会计部门负责进行会计记录和财务处理，并由专人保管股票或债券，这种合理的分工所形成的相互牵制机制有利于降低投资业务中发生错误或舞弊的可能性。具体而言，适当的职责分离至少应包括：投资计划的编制人与该计划的审批人，负责证券购入与出售业务的员工与担任会计记录人员，证券的保管人与负责投资交易账务处理的员工，参与投资交易活动的员工与负责有价证券盘点工作的员工。

（二）财务分析制度

投资业务同其他经营业务相比，一般具有高收益、高风险的特征。企业应设立一种有效的财务分析制度，以减少投资风险和选择最佳的投资对象和时机。财务分析工作应由熟悉整个企业生产经营活动过程、情况和企业未来发展规划，同时具备投资分析技能的人员负责。企业也可以根据实际情况，聘请证券分析专家、市场分析专家或其他投资咨询公司来进行财务分析。财务分析的内容至少应当包括以下方面：所需运营资本、企业资本预算情况、行业及领军企业的经营政策和财务状况、证券市场最新政策、上市公司资料、财务分析报告。

（三）投资审批制度

企业对外投资以前，应编制详细的投资计划。投资计划的编制应以财务分析的结果为依据，详细说明准备投资的对象及投资理由，投资的性质和目的，影响投资收益的潜在因素分析，以及投资回收期分析等。

投资计划在正式执行前必须进行严格的审批。一般情况下，企业根据投资的性质和余额建立授权审批制度。如果投资行为属于用少量的闲置现金进行临时性的短期投资，投资计划可由董事会授权的一位高级员工（通常是财务经理）来负责审批；如果投资金额较大或属长期投资，审批一般由企业董事会进行。审批的内容主要包括投资的理由是否恰当，投资行为与企业的战略目标是否一致，投资收益的估算是否合理无误，影响投资的其他因素是否充分考虑等。所有投资决策都应当经审批确认后，方可正式执行。投资决策的有关书面文件应进行连续编号归档，以便于日后查询。

（四）投资资产取得的控制制度

投资计划必须以经过财务经理或董事会审计批准的文件作为执行指令。企业一般委托证券经纪人从事证券投资行为。选择证券经纪人时一般应考虑以下因素：以往与企业合作的记录；担任证券经纪人的资格；从事证券交易的经历等。企业应与证券经纪人签订明确的委托合同，明确双方的权利与义务。

经纪人为委托人购置证券，必须取得投资企业有效的投资指令。该指令通常应明确规定购置证券的最高价格、最低投资报酬率和指令的有效期限。经纪人不得从事任何超出授权范围的投资行为。经纪人应填写成交通知书，内容应包括投资指令号，最高价格和最低投资报酬率，证券名称、数量、面值和实际成交价格等。成交通知书应由财务经理或其授权的其他员工进行审计，以证实购入证券的数量和价格及投资报酬率是否符合投资指令。

如果一项投资指令经纪人需要分期执行或需要购置不同的证券，则良好的内部控制制度要求经纪人对指令已执行的结果分期填制成交通知书。

（五）健全的资产保管制度

企业对投资资产（指股票和债券资产）一般有两种保管方式。一种方式是由独立的专门机构保管，如在企业拥有较多的投资资产的情况下，委托银行、证券公司、信托投资公司等机构进行保管。这些机构拥有专门的保存和防护措施，可以防止各种证券及单据的失窃或毁损，并且由于它与投资业务的会计记录工作完全分离，可以大大降低舞弊的可能性。另一种方式是由企业自行保管，在这种方式下，必须建立严格的联合控制制度，即至少要由两名以上人员共同控制，不得一人单独接触证券。对于任何证券的存入或取出，都要将债券的名称、数量、价值及存取的日期、数量等详细记录于证券登记簿内，并由所有在场的经手人员签名。财务经理或其他被授权人应当定期检查银行等机构送来的证券存放情况记录，并将这些记录同财务经理签署的证明文件存根和公司有关证券账户的余额相核对。

（六）投资资产处置的控制制度

投资资产处置的控制程序基本上与投资资产取得的控制程序相同，即任何有价证券的出售必须经财务经理或董事会批准；代公司进行证券出售活动的经纪人应受到严格的审定；经纪人同投资者之间的各种通信文件应予记录保存，反映经纪人处置证券结果的清单应根据处理指令受到检查。如果投资资产的处置为不同证券之间的转移，则该业务应同时置于证券取得和处置的控制制度之下。如果处置的结果是收回现金，则还应结合现金收入的控制方法，来对投资资产处置进行控制。

（七）详尽的会计核算制度

企业的投资资产，无论是自行保管的还是由他人保管的，都要进行完整的会计记录，并对其增减变动及投资收益进行相关会计核算。具体而言，应对每种股票或债券分别设立明细分类账，并详细记录其名称、面值、证书编号、数量、取得日期、经纪人（证券商）名称、购入成本、收取的股息或利息等；对于联营投资类的其他投资，也应设置明细分类账，核算其他投资的投出及其投资收益和投资收回等业务，并对投资的形式（如流动资产、固定资产、无形资产等）、投向（接受投资的单位）、投资的计价及投资收益等做出详细的记录。

（八）严格的记名登记制度

除无记名证券外，企业在购入股票或债券时，应将其在购入当日尽快登记于企业名下，不能以任何个人的名义来署名和登记。这对正确反映企业所拥有的各种投资证券，防止有人在没有得到管理者或董事会核准授权的情况下，利用其个人名义来冒领、转移或出售企业的证券，或者非法获取应归企业所拥有的利息或股息，往往能起到有效的控制作用。

（九）完善的定期盘点制度

对于企业所拥有的投资资产，应由内部审计人员或不参与投资业务的其他人员进行定期盘点，检查是否确为企业所拥有，并将盘点记录与账面记录相互核对以确认账实的一致性。企业自行保管的有价证券实物应由与投资业务无关的独立员工定期进行盘点，检查其实存情况。由于有价证券的实物盘点无须像存货那样花费大量时间，通常也不会影响其他业务的正常进行，加上保护有价证券的重要性，盘点工作应一年中进行多次，甚至每月进行。盘点工作必须由两个以上员工共同进行。所有证券的盘点内容和结果应详细记录在盘点清单上，并将盘点清单记录逐一同证券登记簿和投资明细账进行核对。如委托银行等机构代为保管证券，负有证券盘点职责的员工应定期将银行等机构送来的证券存放清单同证券登记簿和投资明细账相核对，检查它们是否一致。如果发现有不一致的情况，应及时追查。在盘点或检查过程中，发现的实存数量同账面记录数之间的差异，在没有得到董事会或由董事会指定的人批准前，不得进行账面调整。

投资活动的基本内部控制制度如图 9-1 所示。

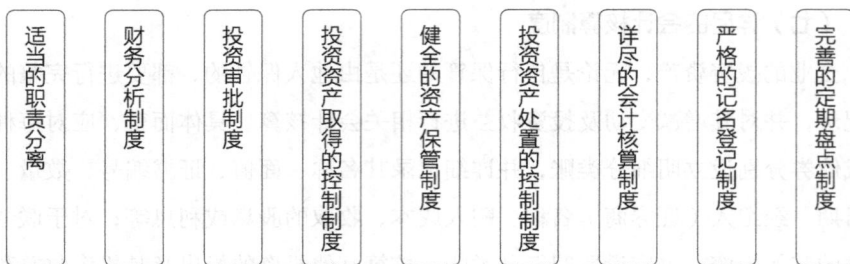

图 9-1　投资活动的基本内部控制制度

9.4.2.3 筹资活动的内部控制点

（1）借款或发行股票经过适当的授权审批；利息的支付和股利的支付经过适当的授权审批。

（2）筹资业务的会计记录与授权和执行等方面明确职责分工。

（3）借款合同或协议由专人保管；如保存债券持有人的明细资料，应同总分类账核对相符；如由外部机构保存，需定期同外部机构核对。

（4）签订借款合同或协议、债券契约、承销或包销协议等相关法律性文件。

（5）建立严密完善的账簿体系和记录制度，核算方法符合会计准则和会计制度的规定。

（6）筹资业务明细账与总账的登记职务分离。

（7）筹资披露符合会计准则和会计制度的要求。

9.4.2.4 筹资活动的基本内部控制制度

（一）适当的职责分离

筹资活动中，适当的职责分离至少应包括：筹资计划的编制人员与审批人员，办理债券或股票发行的人员与会计记录人员，负责利息或股利计算及会计记录的人员与支付利息或股利的人员。

（二）筹资业务的审批制度

筹资业务发生以前应进行严格的审批控制。董事会一般会授权高级管理人员进行筹资业务的管理，并应明确权责范围。筹资管理人员的筹资计划应经过董事会的审批，董事会同法律顾问和财务顾问审计筹资计划的合理性和可行性。如果同意筹资计划，董事会应授权财务经理策划具体的筹资事项，包括拟定债券或股票的发行合同条款，确定债券的面值、利率及利息发放方式和时间，股票的面值，债券或股票的代理发行机构等。具体筹资事项拟定后，董事会应逐项审计和确认。董事会的审计结果应进行书面记录。这是控制程序的需要，同时，董事会纪要也是证券监督管理委员会要求呈报的资料之一。

（三）债券和股票的签发制度

筹资计划经董事会审计通过后，债券或股票应经董事会授权的高级管理人员签发后方可对外发行。一般应由董事会规定负责的有关人员进行会签，会签时有关人员应复核签发的债券、股票与董事会的核准文件是否一致，仔细研读证券市场行情分析报告，检查有关文件和手续是否齐备。债券或股票的筹集资金数额往往很大，企业一般会选择有良好资信的证券经营机构负责承销或包销工作，与该机构签订正式的承销或包销协议。

（四）债券或股票的保管制度

由于债券或股票在法律上代表了债权人或股东对资产所拥有的权利，同时由于其具有较强的流动性，因此应视同现金进行保管。对于已核准但尚未对外发行的债券或股票，一般应委托独立的机构代为保管。独立保管机构拥有专门的保管设备，而且可以避免企业内部人员接近，可以有效地保证证券资产的安全和完整。企业也可以自行保管债券，应指定专人负责，并将其存放于专用的保险柜中。保管人员应与债券发行和账簿记录人员职责分离。

（五）利息支付的控制制度

企业通过发行债券筹集资金，应按照规定及时偿还利息，以维护企业的信用。为保证按时偿还利息，企业应安排专门人员负责利息的计算工作。应付利息应当在有关人员签字确认后，才对外偿付。企业委托代理机构对外偿付利息，应将代理机构交来的利息支付清单作为企业的记账依据，利息支付清单应记载持票人姓名和利息支付全额。

（六）股利的发放控制制度

董事会应根据国家法律的规定、企业章程、企业当年的盈利情况和企业的未来发展经营规划，决定是否发放股利、发放的时间、股利的形式和每股股利。股利的支付可以由企业自行完成或委托代理机构完成。从控制的有效性而言，由专门的代理机构进行股利的发放有利于控制股利发放时的舞弊和错误。企业应核对代理机构的发放股利清单。

（七）详尽的会计核算制度

为有效地控制发行在外的债券，发行记名公司债券的公司应在债券存根簿上记载债券持有人的姓名或名称及住所、债券持有人、取得债券的日期及债券的编号、债券总额、债券的票面金额、债券的利率、债券还本付息的期限和方式、债券的发行日期；发行无记名债券的公司应当在公司的债券存根簿上记载债券总额、利率、偿还期限和方式、发行日期和债券编号。

为有效控制发行在外的股票，公司应设置股东明细账。发行记名股票的公司应详细记录股东名称及住所、各股东持股份数、各股东所持股票的编号、各股东取得其股份的日期；发行无记名股票的，公司应当记载其股票数量、编号及发行日期。股东明细账应定期与股本总账相核对。

筹资活动的基本内部控制制度如图 9-2 所示。

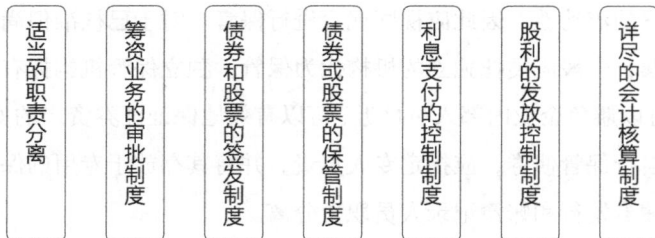

图 9-2 筹资活动的基本内部控制制度

9.4.3 投资与筹资循环的内部审计的内容

9.4.3.1 投资活动的内部审计

企业投资部门对外投资前，应根据定期的财务分析报告编制详细的投资计划，投资计划在正式执行前必须根据已建立的授权审批制度进行严格的审批。企业一般委托证券经纪人从事证券投资行为。企业的投资部门应根据已审批的投资计划编制投资指令；证券经纪人根据投资指令进行相应的操作；会计部门根据证券经纪人传递回来的成交通知书或与被投资企业签订的投资协议进行相应的会计处理。以下将根据投资活动的控制目标逐一评价、审计其真实性、完整性等。

（一）投资活动真实性的审计

（1）为了确认投资业务是否经过授权审批，内部审计人员应执行以下审计程序：获取投资的授权批文，检查权限是否恰当、手续是否齐全。

（2）为了确认投资业务是否为确实存在的投资，内部审计人员应执行以下审计程序：获取与被投资单位签订的合同、协议，检查是否合理有效；获取被投资单位的投资证明，检查其是否合理有效。

（3）为了确认投资账面余额是否为资产负债表日确实存在的投资，投资收益（或损失）是否由被审计期间实际事项引起，内部审计人员应执行以下审计程序：获取或编制投资明细表，复核加计是否正确，并与报表数、总张数和明细账合计数核对；也可以向被投资单位函证投资金额、持股比例及发放股利情况。

（二）投资活动完整性的审计

（1）企业投资业务的会计记录与授权，执行和保管等方面应明确职责分工；应健全投资资产的保管制度，或者委托专门机构保管，或者在内部建立至少两名人员以上的联合控制制度，投资资产的存取应均有详细记录和签名。为了核实企业是否执行了上述内部控制制度，内部审计人员应执行以下审计程序：观察并描述业务的职责分工；了解投资资产的保管制度，检查被审计单位自行保管时存取投资资产是否进行详细的记录并由所有经手人员签字。

（2）为了确认投资增减变动及其收益损失是否均登记入账，内部审计人员应执行以下审计程序：检查年度内增减变动的原始凭证，对于增加项目要核实其入账基础是否符合有关规定，会计处理是否正确；对于减少的项目要核实其变动原因及授权批准手续。

（三）投资活动所有权的审计

（1）为了核实内部审计人员或其他不参与投资业务的人员是否定期盘点投资资产，检查是否为企业实际拥有，内部审计人员应执行以下审计程序：了解企业是否定期进行投资资产盘点／审阅盘核报告；且对于审阅盘核报告，检查盘点方法是否恰当、盘点结果与会计记录核对情况以及出现差异的处理是否合规。

（2）为了确认投资业务是否均为被审计单位所有，内部审计人员应执行以下审计程序：盘点投资资产；或向委托的专门保管机构函证，以证实投资资产是否真实存在。

（四）投资活动计价和分摊的审计

（1）按企业规定的要求：企业应对投资业务建立详尽的会计核算制度，按每一种投资资产分别设立明细账，详细记录相关资料；核算方法符合准则的规定；如：根据期末成本与市价孰低，正确记录投资跌价准备。为了核实企业是否执行了上述内部控制程序，内部审计人员应执行以下审计程序：抽查投资业务的会计记录，从明细账抽取部分会计记录，按顺查顺序核对有关数据和情况，判断其会计处理过程是否合规完整。

（2）为了核实投资的计价方法是否正确、期末余额是否正确，内部审计人员应执行以下审计程序：检查投资的入账价值是否符合投资合同、协议的规定，会计处理是否正确，重大投资项目，应查阅董事会有关决议并取证；检查投资资产的核算是否符合会计准则的规定；检查投资资产的溢价或折价，是否按有关规定摊销。

9.4.3.2 筹资活动的内部审计

企业的董事会一般会授权高级管理人员进行筹资业务管理。筹资业务主管人员应定期进行企业经营情况分析，根据企业的资金预测编制筹资计划。董事会一般会同法律顾问和财务顾问审计筹资计划的合理性和可行性；筹资部门根据董事会批准的筹资计划，准备股票或债券的发行申请材料，发行申请材料报证券管理机构批准通过后，债券或股票的发行应经董事会授权的高级管理人员签发后方可对外发行。企业一般会选择有良好资信的证券经营机构负责承销或包销工作，与该机构签订正式的承销或包销协议。证券经营机构发行完毕后，会计部门根据有关交款单、股东名册等登记有关账簿。以下将根据筹资活动的控制目标逐一评价、审计其真实性、完整性等。

（一）筹资活动真实性的审计

（1）为了确认借款或发行股票是否经过授权审批，是否签订借款合同或协议、债券契约、承销或包销协议等相关法律性文件，内部审计人员应执行以下审计程序：获取借款或发行股票的授权批准文件，检查权限是否恰当、手续是否齐全；获取和检查借款合同或协议、债券契约、承销或包销协议等相关法律性文件。

（2）为了查核借款和所有者权益账面余额在资产负债表日是否确实存在，

借款利息费用和已支付的股利是否由被审计期间的真实事项引起，内部审计人员应执行以下审计程序：获取或编制借款和股本明细表，复核加计是否正确，并与报表数、总账数和明细账合计数核对；检查与借款或股票发行有关的原始凭证，确认其真实性，并与会计记录核对；检查利息计算的依据，复核应计利息的正确性，并确认全部利息是否已计入相关账户。

（二）筹资活动完整性的审计

（1）企业筹资业务的会计记录、授权和执行等方面应明确职责分工；借款合同或协议应由专人保管；如保存债券持有人的明细资料，应同总分类账核对相符；如由外部机构保存，需定期同外部机构核对。为了核实企业是否执行了上述内部控制制度，内部审计人员应执行以下审计程序：观察并描述其职责分工；了解债券持有人明细资料的保管制度，检查被审计单位是否将其与总账或外部机构核对。

（2）为了确认借款和所有者权益的增减变动及其利息和股利是否均已登记入账，内部审计人员应执行以下审计程序：检查年度内借款和所有者权益增减变动原始凭证，核实变动的真实性、合规性，检查授权批准手续是否完备、入账是否及时准确。

（三）筹资活动所有权的审计

为了确认借款是否均为被审计单位承担的债务，所有者权益是否均代表所有者的法定求偿权，内部审计人员应执行以下审计程序：向银行或其他金融机构、债券包销人函证，并与账面余额核对；检查股东是否已按合同、协议、章程约定时间缴付出资额，其出资是否经注册会计师审验。

（四）筹资活动计价与分摊的审计

企业应对筹资业务建立严密完善的账簿体系和记录制度；核算方法应符合会计准则和会计制度的规定。为了核实企业是否执行了上述内部控制程序，内部审计人员应执行以下审计程序：抽查筹资业务的会计记录，从明细账抽取部分会计记录，按原始凭证到明细账、总账顺序核对有关数据和情况，判断其会计处理过程是否合规完整，以查核借款和所有者权益的期末余额是否均正确。

9.5　货币资金的内部审计

导入案例

绿福公司货币资金的内部审计案例

一、案例背景

绿福股份有限公司（以下简称"绿福公司"）是某集团旗下的一家商业类公司，主营零售业务，并与某网站合作开展网上售货业务。2009年，集团内部审计部门对绿福公司2008年度财务报表进行常规性内部审计。考虑到零售企业现金流量比较大，内部审计部门将货币资金审计作为重点项目，重要性水平确定得也较低，定为5,000元，并安排了经验丰富的刘为负责货币资金的审计实施。

二、审计过程

（一）符合性测试

刘为发现公司货币资金的内部控制存在一定漏洞，主要表现为：

（1）财务部稽核人员对收款台的现金未能经常进行不定期盘点；

（2）领用的票据号码不连续，存在领用支票不登记的现象；

（3）对支付现金和银行存款的审批，职责权限划分上不够明确，如对相同业务的审批有时是财务经理签字，有时是业务经理签字，控制不够严格。

在发现了上述问题之后，内部审计人员确认该公司的内部控制属于中等信赖程度，因此，适当地扩大了对绿福公司货币资金进行实质性测试的范围。

（二）对现金的突击盘点

现场工作的当天营业结束后，刘为即组织了对现金的盘点。首先对20个收款台的现金组织了相关人员进行盘点，盘点结果显示，现金的实存数为2,368元，通过收款机计算出的应收数为2,468元，短缺金额为100元，并查清为服装组发生的短缺。内部审计人员抽查部分2008年待处理财产损溢的转销凭证后发现，服装组发生的短缺次数最多，金额也较大，经过进一步审核发现该柜台组存在收银员贪污货款的行为，因为绿福公司极少对柜台组织盘点，报亏也较容易，为有关人员舞弊提供了可能。

刘为还对财务部保险柜中的现金实施盘点。绿福公司的出纳和会计主管人员参加盘点，刘为进行监督并抽点部分现金。对财务部经管现金的盘点结果如下。

（1）保险柜现金的实存数为 1,520 元。

（2）保险柜中有单据已付款但未入账的某职工报销差旅费，金额为 1,830 元，手续齐全，时间为 2009 年 2 月 18 日；有某职工的借条一张，未说明用途，无主管领导审批，金额为 1,300 元，日期为 2008 年 12 月 25 日。

（3）盘点前现金日记账的余额为 4,650 元；经核对 2009 年 1 月 1 日—2 月 18 日的收、付款凭证和现金日记账，收入现金金额为 13,465 元，支出为 14,530 元，正确无误。

（4）银行核定的库存现金限额为 5,000 元。

（三）抽查现金日记账

刘为进行现金付款凭证抽查时发现，2008 年 5 月现付字 47# 凭证为支付拆除地磅的劳务费，收款人为个人，无正式发票，但有单位领导签字批准的付款凭据。付款凭证上的分录为：

借：营业外支出——其他　　　　　　　　　　　　　　　　　　760

　　贷：现金　　　　　　　　　　　　　　　　　　　　　　760

内部审计人员追查相应的收款凭证和固定资产报废凭证，在现金和银行存款日记账中均未发现固定资产报废收入。抽查固定资产的明细账发现在 5 月有一台地磅报废，所附原始凭证为有关人员批准报废固定资产的文件，会计分录为：

借：营业外支出　　　　　　　　　　　　　　　　　　100,000

　　累计折旧　　　　　　　　　　　　　　　　　　　100,000

　　贷：固定资产　　　　　　　　　　　　　　　　　200,000

内部审计人员继续追查后发现，处理该固定资产的收入在主管财务经理的授意下，出纳并未入账，收款时给对方为一普通收据，将收到的 90,000 元现金存入了"小金库"。

（四）编制银行存款余额调节表

由于绿福公司每天送存银行销货款，购货业务也较为频繁，另外还有大量的代销业务，经常要与客户结算，银行往来业务较多。内部审计人员刘为对截至 2008 年 12 月 31 日的银行对账单与银行存款日记账进行核对后，自行编制了银行存款余额调节表，调节后两边余额相等。但刘为在进行日记账与对账单核对过程中发现，在对账单上一笔收到预收款，两天后有一笔相同数额的现金支票开出，但银行存款日记账上却没有登记，提取现金也未在现金日记账登记，现金支票的存根不知去向，经核对发现其他月份也存在类似问题。

此外，内部审计人员针对未达账项进一步核对了 2009 年 1 月 1 日—15 日的银行对账单，发现公司在 2008 年 12 月 26 日已记增加银行存款，并记入主营业务收入账户的未达账项，到 15 日前银行仍未收到，绿福公司登记的金额为 234,000 元。内部审计人员与银行联系后得知，该支票为空头支票，早在年前已退回公司，经询问会计人员表明确有此事，但会计人员认为该业务不影响当期收益和资产额，过一段时间对方账上有资金后会马上付款，就没有进行调整。

（五）抽查大额银行存款支出

刘为对绿福公司银行存款日记账进行凭证抽查时发现有一笔业务较为特殊，其为一组费用报销凭证，在银行存款日记账摘要栏写明的均为修理费，具体内容如下。

2008 年 8 月 5 日，银付字 35#，摘要注明为修理超市的制冷设备，所附原始凭证为绿福劳动服务公司开具的发票，记账凭证为：借：管理费用——修理费 30,000，贷：银行存款 30,000。

2008 年 8 月 29 日，银付字 78#，摘要注明为修理运输设备，所附原始凭证也为绿福劳动服务公司开具的发票，记账凭证为：借：营业费用——修理费 150,000，贷：银行存款 150,000。

2008 年 9 月 18 日，银付字 37#，摘要注明也为修理运输设备，所附原始凭证也为绿福劳动服务公司开具的发票，金额为 45 万元。

对于这 3 张修理费发票，刘为认为有些蹊跷，3 张发票均为绿福劳动服务公司开具，金额高达 90 万元。该公司为绿福公司的控股子公司，绿福公司与该公司的交易属于集团内部关联方交易。刘为对此给予了高度关注，经询问有关经手人员，得到的信息是该公司 8、9 月并未进行较大规模运输设备的修理，内部审计人员为了确定这笔支出，调出了绿福劳动服务公司的发票和记账凭证，核对后发现与这 3 张发票对应的存根联和记账联金额分别为 3 万元、1.5 万元和 4.5 万元。

会计分录分别为：

①借：银行存款   300,000

    贷：主营业务收入   30,000

        应付账款——绿福公司   270,000

②借：银行存款   150,000

    贷：主营业务收入   15,000

	应付账款——绿福公司	135,000
③借：	银行存款	450,000
贷：	主营业务收入	45,000
	应付账款——绿福公司	405,000

在绿福劳动服务公司的账上，9、10月又分别以开出现金支票的形式归还，将应付账款转平。

三、审计结果

内部审计人员经过对上述内容进行认真的检查、仔细的核对，针对审计过程中发现的绿福公司"服装柜组发生短款次数频繁""私设小金库""出租出借银行账号""因购货单位支付空头支票而未及时调账""绿福劳动服务公司明显存在虚开发票"等问题与绿福公司交换了意见，并严肃地提出了限期改正的要求及纠正错误的建议。

9.5.1　货币资金与业务循环概述

9.5.1.1 货币资金的特点

货币资金是企业资产的重要组成部分，是企业资产中流动性最强的一种资产。任何企业进行生产经营活动都必须拥有一定数额的货币资金，持有货币资金是企业开展生产经营活动的基本条件，可能关乎企业的命脉。货币资金主要来源于资本的投入和营业收入，主要用于资产的取得和费用的结付。总的来说，只有保持健康的、正的现金流，企业才能够继续生存；如果出现现金流逆转迹象，产生了不健康的、负的现金流，长此以往，企业将会陷入财务困境，并导致股东对企业的持续经营能力产生怀疑。

货币资金项目内部审计是企业内部审计的一个重要组成部分，根据货币资金存放地点及用途的不同，货币资金内部审计主要包括对库存现金、银行存款和其他货币资金的审计。由于相关人员较容易利用货币资金舞弊，因此，货币资金的审计风险较高，需要花费的时间较长，涉及面也较广。

9.5.1.2 货币资金涉及的凭证和会计记录

货币资金审计涉及的凭证和会计记录主要包括：

（1）库存现金盘点表；

（2）银行对账单；

（3）银行存款余额调节表；

（4）有关科目的记账凭证（如库存现金收付款凭证、银行收付款凭证）；

（5）有关会计账簿（如库存现金日记账、银行存款日记账）。

9.5.1.3 货币资金审计同交易循环测试之间的关系

货币资金与各交易循环均直接相关，如图9-3所示。需要说明的是，图9-3仅选取各业务循环中具有代表性的会计科目或财务报表项目予以列示，并未包括各业务循环中与货币资金有关的全部会计科目或财务报表项目。

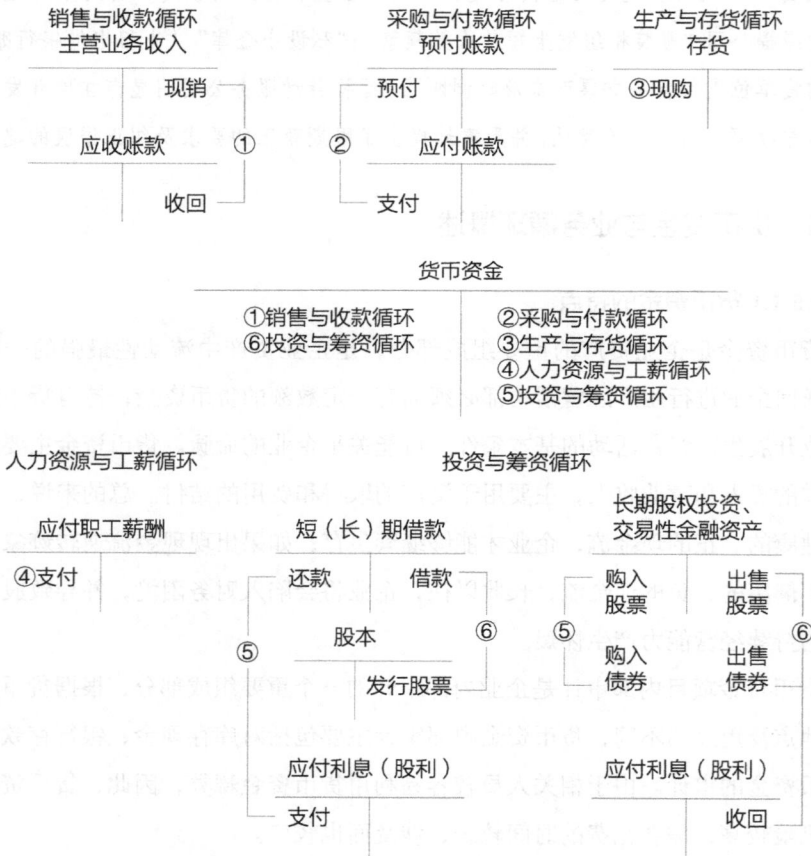

图9-3 货币资金与交易循环的关系

9.5.2　货币资金内部控制及其测试

9.5.2.1　内部控制要点

由于货币资金是企业流动性最强的资产，企业必须加强对货币资金的管理，建立良好的货币资金内部控制，以确保全部应收取的货币资金均能收取，并及时正确地予以记录；全部货币资金支出是按照经批准的用途进行的，并及时正确地予以记录；库存现金、银行存款报告正确，并得以恰当保管；正确预测企业正常经营所需的货币资金收支额，确保企业有充足又不过剩的货币资金余额。

在实务中，库存现金、银行存款和其他货币资金的转换比较频繁，三者的内部控制目标、内部控制制度的制定与实施大致相似，因此，本部分先统一对货币资金的内部控制进行概述，各自内部控制的特点以及控制测试将在后面分述。一般而言，良好的货币资金内部控制应该具备以下特点。①货币资金收支与记账的岗位分离。②货币资金收支要有合理、合法的凭据。③全部收支及时准确入账，并且支出要有核准手续。④控制现金坐支，当日收入现金应及时送存银行。⑤按月盘点现金，编制银行存款余额调节表，以做到账实相符。⑥加强对货币资金收支业务的内部审计。

每个企业的性质、所处行业、规模以及内部控制健全程度等不同，使得其与货币资金相关的内部控制内容有所不同，但以下要求是通常应当共同遵循的。

（一）岗位分工及授权批准

（1）企业应当建立货币资金业务的岗位责任制，明确相关部门和岗位的职责权限，确保办理货币资金业务的不相容岗位相互分离、制约和监督。出纳人员不得兼任稽核、会计档案保管和收入、支出、费用、债权债务账目的登记工作。企业应规定不得由一人办理货币资金的所有业务。

（2）企业应当对货币资金业务建立严格的授权批准制度，明确审批人对货币资金业务的授权批准方式、权限、程序、责任和相关控制措施，规定经办人办理货币资金业务的职责范围和工作要求。审批人应当根据货币资金授权批准制度的规定，在授权范围内进行审批，不得超越审批权限。经办人应当在职责范围内，按照审批人的批准意见办理货币资金业务。对于审批人超越授权范围审批的货币资金业务，经办人有权拒绝办理，并及时向审批人的上级授权部门报告。

（3）企业应当按照规定的程序办理货币资金支付业务。

①支付申请。企业有关部门或个人用款时，应当提前向审批人提交货币资金支付申请，注明款项的用途、金额、预算、支付方式等内容，并附有效经济合同或相关证明。

②支付审批。审批人根据其职责、权限和相应程序对支付申请进行审批。对不符合规定的货币资金支付申请，审批人应当拒绝批准。

③支付复核。复核人应当对批准后的货币资金支付申请进行复核，复核货币资金支付申请的批准范围、权限、程序是否正确，手续及相关单证是否齐备，金额计算是否准确，支付方式、支付企业是否妥当等。复核无误后，交由出纳人员办理支付手续。

④办理支付。出纳人员应当根据复核无误的支付申请，按规定办理货币资金支付手续，及时登记库存现金和银行存款日记账。

（4）企业对于重要货币资金支付业务，应当实行集体决策和审批，并建立责任追究制度，防范贪污、侵占、挪用货币资金等行为。

（5）严禁未经授权的机构或人员办理货币资金业务或直接接触货币资金。

（二）现金和银行存款的管理

（1）企业应当加强现金库存限额的管理，超过库存限额的现金应及时存入银行。

（2）企业必须根据《现金管理暂行条例》的规定，结合本企业的实际情况，确定本企业现金的开支范围，不属于现金开支范围的业务应当通过银行办理转账结算。

（3）企业现金收入应当及时存入银行，不得用于直接支付企业自身的支出。因特殊情况需坐支现金的，应事先报经开户银行审查批准。

企业借出款项必须执行严格的授权批准程序，严禁擅自挪用、借出货币资金。

（4）企业取得的货币资金收入必须及时入账，不得私设"小金库"，不得账外设账，严禁收款不入账。

（5）企业应当严格按照《支付结算办法》等国家有关规定，加强银行账户管理，严格按照规定开立账户，办理存款、取款和结算。

企业应当定期检查银行账户的开立及使用情况，发现问题应及时处理。企业应当加强对银行结算凭证的填制、传递及保管等环节的管理与控制。

（6）企业应当严格遵守银行结算纪律，不准签发没有资金保证的票据或远期支票，套取银行信用；不准签发、取得和转让没有真实交易和债权债务的票据，套取银行和他人资金；不准无理拒绝付款，任意占用他人资金；不准违反规定开立和使用银行账户。

（7）企业应当指定专人定期核对银行账户（每月至少核对一次），编制银行存款余额调节表，使银行存款账面余额与银行对账单调节相符。如调节不符，应查明原因，及时处理。

（8）企业应当定期和不定期地进行现金盘点，确保现金账面余额与实际库存相符。若发现不符，应及时查明原因并做出处理。

（三）票据及有关印章的管理

（1）企业应当加强对与货币资金相关的票据的管理，明确各种票据的购买、保管、领用、背书转让、注销等环节的职责权限和程序，并专设登记簿进行记录，防止空白票据的遗失和被盗用。

（2）企业应当加强对银行预留印鉴的管理。财务专用章应由专人保管，个人名章必须由本人或其授权人员保管。严禁由一人保管支付款项所需的全部印章。按规定需要有关负责人签字或盖章的经济业务，必须严格履行签字或盖章手续。

（四）监督检查

（1）企业应当建立对货币资金业务的监督检查制度，明确监督检查机构或人员的职责权限，定期和不定期地进行检查。

（2）货币资金监督检查的内容主要如下。

①货币资金业务相关岗位及人员的设置情况。重点检查是否存在货币资金业务不相容职务混岗的现象。

②货币资金授权批准制度的执行情况。重点检查货币资金支出的授权批准手续是否健全，是否存在越权审批行为。

③支付款项印章的保管情况。重点检查是否存在办理付款业务所需的全部印章交由一人保管的现象。

④票据的保管情况。重点检查票据的购买、领用、保管手续是否健全，票据保管是否存在漏洞。

对监督检查过程中发现的货币资金内部控制中的薄弱环节，应当及时采取措施，加以纠正和完善。

9.5.2.2 货币资金审计中需要关注的事项或情形

货币资金是企业日常经营活动的起点和终点，其增减变动与被审计单位的日常经营活动密切相关。较多舞弊案件都与被审计单位的货币资金相关。在实施货币资金审计的过程中，如果被审计单位存在以下事项或情形，内部审计人员需要保持警觉。

（1）被审计单位的现金交易比例较高，并与其所在的行业常用的结算模式不同；

（2）库存现金规模明显超过业务周转所需资金；

（3）银行账户开立数量与企业实际的业务规模不匹配；

（4）在没有经营业务的地区开立银行账户；

（5）企业资金存放于管理层或员工个人账户；

（6）货币资金收支金额与现金流量表不匹配；

（7）不能提供银行对账单或银行存款余额调节表；

（8）存在长期或大量银行未达账项；

（9）银行存款明细账存在非正常转账的"一借一贷"；

（10）违反货币资金存放和使用规定（如上市公司未经批准开立账户转移募集资金、未经许可将募集资金转作其他用途等）；

（11）存在大额外币收付记录，而被审计单位并不涉足外贸业务；

（12）被审计单位以各种理由不配合内部审计人员实施银行函证。

除上述与货币资金项目直接相关的事项或情形外，内部审计人员在审计其他财务报表项目时，还应关注其他一些也需保持警觉的事项或情形。例如：

（1）存在没有具体业务支持或与交易不相匹配的大额资金往来；

（2）长期挂账的大额预付款项；

（3）存在大额自有资金的同时，向银行高额举债；

（4）付款方账户名称与销售客户名称不一致、收款方账户名称与供应商名称不一致；

（5）开具的银行承兑汇票没有银行承兑协议支持。

9.5.3　库存现金审计

9.5.3.1 库存现金审计目标

库存现金包括企业的人民币现金和外币现金。现金是企业流动性最强的资产，尽管其在企业资产总额中的比重不大，但企业发生的舞弊事件大多与现金有关，因此，内部审计人员应该重视库存现金审计。库存现金审计目标一般应包括以下几方面（括号内为相应的财务报表认定）。

（1）确定被审计单位资产负债表的货币资金项目中的库存现金在资产负债表日是否确实存在。（存在）

（2）确定被审计单位所有应当记录的现金收支业务是否均已记录完毕，有无遗漏。（完整性）

（3）确定记录的库存现金是否为被审计单位所拥有或控制。（权利和义务）

（4）确定库存现金是否以恰当的金额包括在财务报表的货币资金项目中，与之相关的计价调整是否已恰当记录。（计价和分摊）

（5）确定库存现金是否已按照企业会计准则的规定在财务报表中做出恰当列报。（列报）

9.5.3.2 库存现金内部控制的要求

由于现金是企业流动性最强的资产，加强现金管理对于保护企业资产安全完整、维护社会经济秩序具有重要的意义。在良好的现金内部控制下，企业的现金收支记录应及时、准确、完整；全部现金支出均按经批准的用途进行；现金得以安全保管。一般而言，良好的现金内部控制应该具备以下特点。①现金收支与记账的岗位分离。②现金收支要有合理、合法的凭据。③全部收入及时准确入账，全部支出要有核准手续。④控制现金坐支，当日收入现金应及时送存银行。⑤按月盘点现金，以做到账实相符。⑥加强对现金收支业务的内部审计。

9.5.3.3 库存现金内部控制的测试

（一）了解现金内部控制

通常通过现金内部控制流程图来了解现金内部控制。编制现金内部控制流程图是实施现金控制测试的重要步骤。内部审计人员在编制之前应通过询问、观察等调查手段收集必要的资料，然后根据所了解的情况编制现金内部控制流程图。

对于中小企业，也可采用编写现金内部控制说明的方法。

若以前年度审计时已经编制了现金内部控制流程图，内部审计人员可根据调查结果加以修正，以供本年度审计之用。一般，了解现金内部控制时，内部审计人员应当注意检查库存现金内部控制的建立和执行情况，重点包括：

（1）库存现金的收支是否按规定的程序和权限办理；

（2）是否存在与被审计单位经营无关的款项收支情况；

（3）出纳与会计的职责是否严格分离；

（4）库存现金是否妥善保管，是否定期盘点、核对等。

（二）抽取并检查收款凭证

如果现金收款内部控制不强，很可能会发生贪污舞弊或挪用等情况。例如，在一个小企业中，出纳员同时负责登记应收账款明细账，很可能发生循环挪用货款的情况。为测试现金收款的内部控制，内部审计人员应按现金的收款凭证分类，选取适当的样本量，做如下检查。

（1）核对现金日记账的收入金额是否正确。

（2）核对现金收款凭证与应收账款明细账的有关记录是否相符。

（3）核对实收金额与销货发票是否一致等。

（三）抽取并检查付款凭证

为测试现金付款内部控制，内部审计人员应按照现金付款凭证分类，选取适当的样本量，做如下检查。

（1）检查付款的授权批准手续是否符合规定。

（2）核对现金日记账的付出金额是否正确。

（3）核对现金付款凭证与应付账款明细账的记录是否一致。

（4）核对实付金额与购货发票是否相符等。

（四）抽取一定期间的库存现金日记账与总账核对

内部审计人员应抽取一定期间的库存现金日记账，检查其加总是否正确无误，库存现金日记账是否与总分类账核对相符。

（五）检查外币现金的折算方法是否符合有关规定，是否与上年度一致

对于有外币现金的被审计单位，内部审计人员应检查外币库存现金日记账及

"财务费用""在建工程"等科目的记录，确定企业有关外币现金的增减变动是否采用交易发生日的即期汇率将外币金额折算为记账本位币金额，或者采用按照系统合理的方法确定的、与交易发生日即期汇率近似的汇率折算为记账本位币，选择采用汇率的方法前后各期是否一致；检查企业的外币现金的期末余额是否采用期末即期汇率折算为记账本位币金额；检查折算差额的会计处理是否正确。

（六）评价库存现金的内部控制

内部审计人员在完成上述程序之后，即可对库存现金的内部控制进行评价。评价时，内部审计人员应首先确定库存现金内部控制可信赖的程度以及存在的薄弱环节和缺点，然后据以确定在库存现金实质性程序中对哪些环节可以适当减少审计程序，对哪些环节应增加审计程序并做重点检查，以减少审计风险。

9.5.3.4 库存现金的实质性程序

（一）核对库存现金日记账与总账的金额是否相符，检查非记账本位币库存现金的折算汇率及折算金额是否正确

内部审计人员测试现金余额的起点是，核对库存现金日记账与总账的金额是否相符。如果不相符，应查明原因，必要时应建议相关人员做出适当调整。

（二）监盘库存现金

监盘库存现金是证实资产负债表中货币资金项目下所列库存现金是否存在的一项重要审计程序。

企业盘点库存现金，通常包括对已收到但未存入银行的现金、零用金、找换金等的盘点。盘点库存现金的时间和人员应视被审计单位的具体情况而定，但现金出纳员和被审计单位会计主管人员必须参加，并由内部审计人员进行监盘。盘点和监盘库存现金的步骤如下。

（1）制订监盘计划，确定监盘时间。对库存现金的监盘最好实施突击性的检查，时间最好选择在上午上班前或下午下班后，盘点的范围一般包括被审计单位各部门经管的现金。在进行现金盘点前，应由出纳员将现金集中起来存入保险柜。必要时可加以封存，然后由出纳员把已办妥现金收付手续的收付款凭证登入库存现金日记账。如被审计单位库存现金存放部门有两处或两处以上的，应同时进行盘点。

（2）审阅库存现金日记账并同时与现金收付凭证相核对。一方面检查库存现金日记账的记录与凭证的内容和金额是否相符；另一方面了解凭证日期与库存现金日记账日期是否相符或接近。

（3）由出纳员根据库存现金日记账加计累计数额，结出现金结余额。

（4）盘点保险柜内的现金实存数，同时由内部审计人员编制"库存现金监盘表"，分币种、面值列示盘点金额。

（5）将盘点金额与库存现金日记账余额进行核对，如有差异，应要求被审计单位查明原因，必要时应提请被审计单位做出调整；如无法查明原因，应要求被审计单位按管理权限批准后做出调整。

（6）若有冲抵库存现金的借条、未提现支票、未作报销的原始凭证，应在"库存现金监盘表"中注明，必要时应提请被审计单位做出调整。

（7）在非资产负债表日进行盘点和监盘时，应调整至资产负债表日的金额。

（三）分析被审计单位日常库存现金余额是否合理，关注是否存在大额未缴存的现金

（四）抽查大额库存现金收支

检查大额现金收支的原始凭证是否齐全、原始凭证内容是否完整、有无授权批准、记账凭证与原始凭证是否相符、账务处理是否正确、是否记录于恰当的会计期间等内容。

（五）抽查资产负债表日前后若干天的、一定金额以上的现金收支凭证实施截止测试

被审计单位资产负债表的货币资金项目中的库存现金数额，应以结账日实有数额为准。因此，内部审计人员必须验证现金收支的截止日期，以确定是否存在跨期事项、是否应考虑提出调整建议。

（六）检查库存现金是否在财务报表中做出恰当列报

根据有关规定，库存现金在资产负债表的"货币资金"项目中反映，内部审计人员应在实施上述审计程序后，确定"库存现金"科目的期末余额是否恰当，进而确定库存现金是否在资产负债表中恰当披露。库存现金监盘表如表 9-11 所示。

表 9-11　库存现金监盘表

被审计单位：　　　　　　　　索引号：
项目：财务报表截止日 /　　　期间：
编制：　　　　　　　　　　　复核：
日期：　　　　　　　　　　　日期：

检查盘点记录

项目	项次	人民币	美元	某外币
上一日账面库存余额	①			
盘点日未记账传票收入金额	②			
盘点日未记账传票支出金额	③			
盘点日账面应有金额	④=①+②−③			
盘点实有库存现金数额	⑤			
盘点日应有与实有差异	⑥=④−⑤			
白条抵库（张）				
差异原因分析				

实有库存现金盘点记录

面额	人民币		美元		某外币	
	张	金额	张	余额	张	余额
1 000 元						
500 元						
100 元						
50 元						
10 元						
5 元						
2 元						
1 元						
0.5 元						
0.2 元						
0.1 元						
合计						

续表

检查盘点记录						实有库存现金盘点记录					
项目	项次	人民币	美元	某外币	面额	人民币		美元		某外币	
						张	金额	张	余额	张	余额
报表日至审计日库存现金付出总额											
报表日至审计日库存现金收入总额											
报表日库存现金应有余额											
报表日账面汇率											
报表日余额折合本位币金额											
追溯调整											
本位币合计											

出纳员：　　　　会计主管人员：　　　　监盘人：　　　　检查日期：

审计说明：

9.5.4　银行存款和其他货币资金审计

9.5.4.1　银行存款审计目标

银行存款是指企业存放在银行或其他金融机构的各种款项。按照国家有关规定，凡是独立核算的企业都必须在当地银行开设账户。企业在银行开设账户以后，除按核定的限额保留库存现金外，超过限额的现金必须存入银行；除了在规定的范围内可以用现金直接支付款项外，在经营过程中所发生的一切货币收支业务，都必须通过银行存款账户进行结算。

银行存款的审计目标一般应包括以下几方面（括号内为对应的财务报表认定）。

（1）确定被审计单位资产负债表的货币资金项目中的银行存款在资产负债表日是否确实存在。（存在）

（2）确定被审计单位所有应当记录的银行存款收支业务是否均已记录完毕，有无遗漏。（完整性）

（3）确定记录的银行存款是否为被审计单位所拥有或控制。（权利和义务）

（4）确定银行存款是否以恰当的金额包括在财务报表的货币资金项目中，与之相关的计价调整是否已恰当记录。（计价和分摊）

（5）确定银行存款是否已按照企业会计准则的规定在财务报表中做出恰当列报。（列报）

9.5.4.2　银行存款的控制要求

一般而言，良好的银行存款的内部控制同现金的内部控制一样，也应具备以下特点。

（1）银行存款收支与记账的岗位分离。

（2）银行存款收支要有合理、合法的凭据。

（3）全部收支及时准确入账，全部支出要有核准手续。

（4）按月编制银行存款余额调节表，以做到账实相符。

（5）加强对银行存款收支业务的内部审计。

按照我国现金管理的有关规定，超过规定限额以上的现金支出一律使用支票。因此，企业应建立相应的支票申领制度，明确申领范围、申领批准及支票签发、支票报销等。

对于支票报销和现金报销，企业应建立报销制度。报销人员报销时应当有正常的报批手续、适当的付款凭据，有关采购支出还应具有验收手续。会计部门应对报销单据加以审核，出纳员见到加盖核准戳记的支出凭据后方可付款。

付款记录应及时登记入账，相关凭证应按顺序或内容编制会计记录的附件。

9.5.4.3 银行存款的控制测试

（一）了解银行存款的内部控制

内部审计人员对银行存款内部控制的了解一般与了解现金的内部控制同时进行。内部审计人员应当注意的内容如下。①银行存款的收支是否按规定的程序和权限办理。②银行账户是否存在与本单位经营无关的款项收支情况。③是否存在出租、出借银行账户的情况。④出纳与会计的职责是否严格分离。⑤是否定期取得银行对账单并编制银行存款余额调节表等。

（二）抽取并检查银行存款收款凭证

内部审计人员应选取适当的样本量，做如下检查。①核对银行存款收款凭证与存入银行账户的日期和金额是否相符。②核对银行存款日记账的收入金额是否正确。③核对银行存款收款凭证与银行对账单是否相符。④核对银行存款收款凭证与应收账款明细账的有关记录是否相符。⑤核对实收金额与销货发票是否一致等。

（三）抽取并检查银行存款付款凭证

为测试银行存款付款内部控制，内部审计人员应选取适当的样本量，做如下检查。①检查付款的授权批准手续是否符合规定。②核对银行存款日记账的付出金额是否正确。③核对银行存款付款凭证与银行对账单是否相符。④核对银行存款付款凭证与应付账款明细账的记录是否一致。⑤核对实付金额与购货发票是否相符等。

（四）抽取一定期间的银行存款日记账与总账核对

内部审计人员应抽取一定期间的银行存款日记账，检查其有无计算错误，并与银行存款总分类账核对。

（五）抽取一定期间银行存款余额调节表，查验其是否按月正确编制并经复核

为证实银行存款记录的正确性，内部审计人员必须抽取一定期间的银行存款余额调节表，将其同银行对账单、银行存款日记账及总账进行核对，确定被审计单位是否按月正确编制并复核银行存款余额调节表。

（六）检查外币银行存款的折算方法是否符合有关规定，是否与上年度一致

对于有外币银行存款的被审计单位，内部审计人员应检查外币银行存款日记账及"财务费用""在建工程"等科目的记录，确定有关外币银行存款的增减变动是否采用交易发生日的即期汇率将外币金额折算为记账本位币金额，或者采用按照系统合理的方法确定的、与交易发生日即期汇率近似的汇率折算为记账本位币，选择采用汇率的方法前后各期是否一致；检查企业的外币银行存款的余额是否采用期末即期汇率折算为记账本位币金额；检查折算差额的会计处理是否正确。

（七）评价银行存款的内部控制

内部审计人员在完成上述程序之后，即可对银行存款的内部控制进行评价。评价时，内部审计人员应首先确定银行存款内部控制可信赖的程度以及存在的薄弱环节和缺点，然后据以确定在银行存款实质性程序中对哪些环节可以适当减少审计程序，对哪些环节应增加审计程序并做重点检查，以减少审计风险。

9.5.4.4 银行存款的实质性程序

（一）审核银行存款金额

获取银行存款余额明细表，复核加计是否正确，并与总账数和日记账合计数核对是否相符；检查非记账本位币银行存款的折算汇率及折算金额是否正确。内部审计人员测试银行存款余额的起点是核对银行存款日记账与总账的余额是否相符。如果不相符，应查明原因，必要时应建议企业做出适当调整。

如果对被审计单位银行账户的完整性存有疑虑，例如，当被审计单位可能存在账外账或资金体外循环时，内部审计人员可以考虑实施以下审计程序。

（1）了解并评价被审计单位开立账户的管理控制措施。了解报告期内被审计单位开户银行的数量及分布，与被审计单位实际经营的需要进行比较，判断其合理性，关注是否存在越权开立银行账户的情形。

（2）询问办理货币资金业务的相关人员（如出纳），了解银行账户的开立、使用、注销等情况。必要时，获取被审计单位已将全部银行存款账户信息提供给内部审计人员的书面声明。

（3）内部审计人员到人民银行或基本存款账户开户行查询并打印已开立银行结算账户清单，以确认被审计单位账面记录的银行人民币结算账户是否完整。

（4）结合其他相关细节测试，关注原始单据中被审计单位的收（付）款银行账户是否包含在内部审计人员已获取的已开立银行结算账户清单内。

（二）实施实质性分析程序

计算银行存款累计余额应收利息收入，分析比较被审计单位银行存款应收利息收入与实际利息收入的差异是否恰当，评估利息收入的合理性，检查是否存在高息资金拆借，确认银行存款余额是否存在、利息收入是否已经完整记录。

（三）检查银行存款账户发生额

内部审计人员对银行存款账户的发生额进行审计，通常能够有效应对被审计单位编制虚假财务报告、管理层或员工非法侵占货币资金等舞弊风险。内部审计人员还可以考虑对银行存款账户的发生额实施以下程序。

（1）分析不同账户发生银行日记账漏记银行交易的可能性，获取相关账户相关期间的全部银行对账单。

（2）如果对被审计单位银行对账单的真实性存有疑虑，内部审计人员可以在被审计单位的协助下亲自到银行获取银行对账单。在获取银行对账单时，内部审计人员要全程关注银行对账单的打印过程。

（3）选取银行对账单中记录的交易与被审计单位银行日记账记录进行核对；从被审计单位银行存款日记账上选取样本，核对至银行对账单。

（4）浏览银行对账单，选取大额异常交易，如银行对账单上有一收一付相同金额，或分次转出相同金额等，检查被审计单位银行存款日记账上有无该项收付金额记录。

（四）取得并检查银行对账单和银行存款余额调节表

取得并检查银行对账单和银行存款余额调节表是证实资产负债表中所列银

行存款是否存在的重要程序。银行存款余额调节表通常应由被审计单位根据不同的银行账户及货币种类分别编制。具体测试程序通常包括以下几方面。

（1）取得并检查银行对账单。

①取得被审计单位加盖银行印章的银行对账单，必要时，亲自到银行获取对账单，并对获取过程保持控制。

②将获取的银行对账单余额与银行日记账余额进行核对，如存在差异，获取银行存款余额调节表。

③将被审计单位资产负债表日的银行对账单与银行询证函回函核对，确认是否一致。

（2）取得并检查银行存款余额调节表。

①检查调节表中加计数是否正确，调节后银行存款日记账余额与银行对账单余额是否一致。

②检查调节事项。对于企业已收付、银行尚未入账的事项，检查相关收付款凭证，并取得期后银行对账单，确认未达账项是否存在，银行是否已于期后入账；对于银行已收付、企业尚未入账的事项，检查期后企业入账的收付款凭证，确认未达账项是否存在，必要时，提请被审计单位进行调整。

③关注长期未达账项，查看是否存在挪用资金等事项。

④特别关注银付企未付、企付银未付中支付异常的领款事项，包括没有载明收款人、签字不全等支付事项，确认是否存在舞弊。

以下是银行存款余额调节表的格式。

银行存款余额调节表

年　　月　　日

编制人：　　　　　　日期：　　　　　　索引号：

复核人：　　　　　　日期：　　　　　　页次：

户别：　　　　　　　币别：

项目
银行对账单余额（　　年　　月　　日）
加：企业已收、银行尚未入账金额
其中：1._____元
2._____元
减：企业已付、银行尚未入账金额
其中：1._____元
2._____元
调整后银行对账单金额
企业银行存款日记账金额（　　年　　月　　日）
加：银行已收、企业尚未入账金额
其中：1._____元
2._____元
减：银行已付、企业尚未入账金额
其中：1._____元
2._____元
调整后企业银行存款日记账金额
经办会计人员：（签字）　　　　　　　　　　　　　会计主管：（签字）

（五）函证银行存款余额，编制银行函证结果汇总表，检查银行回函

具体实施时的注意事项如下。

（1）向被审计单位在本期存过款的银行发函，包括零余额账户和在本期内注销的账户。

（2）确定被审计单位账面余额与银行函证结果的差异，对不符事项做出适当处理。

银行存款函证是指内部审计人员在执行审计业务的过程中，需要以被审计单位名义向有关单位发函询证，以验证被审计单位的银行存款是否真实、合法、完整。按照国际惯例，财政部和中国人民银行于1999年1月6日联合印发了《关于做好企业的银行存款、借款及往来款项函证工作的通知》（以下简称《通知》），《通知》对函证工作提出了明确的要求，并规定：各商业银行、政策性银行、非银行金融机构要在收到询证函之日起 10 个工作日内，根据函证的具体要求，及时回函并可按照国家的有关规定收取询证费用；各有关企业或单位根据函证的具体要求回函。

　　函证银行存款余额是证实资产负债表所列银行存款是否存在的重要程序。通过向往来银行函证，内部审计人员不仅可了解企业资产的情况，还可了解企业账面反映所欠银行债务的情况，并可能发现企业未入账的银行借款和未披露的或有负债。

　　内部审计人员应当对银行存款（包括零余额账户和在本期内注销的账户）及与金融机构往来的其他重要信息实施函证程序，除非有充分证据表明某一银行存款及与金融机构往来的其他重要信息对财务报表不重要且与之相关的重大错报风险很低。如果不对这些项目实施函证程序，内部审计人员应当在审计工作底稿中说明理由。

　　内部审计人员需要考虑是否对在本期内注销的账户的银行进行函证，这通常是因为有可能存款账户已注销但仍有银行借款或其他负债存在。以下是银行询证函的格式，供参考。

银行询证函

编号：

××（银行）：

　　本公司聘请的 ×× 会计师事务所正在对本公司 ×× 年度财务报表进行审计，按照中国注册会计师审计准则的要求，应当询证本公司与贵行相关的信息。下列信息出自本公司记录，如与贵行记录相符，请在本函下端"信息证明无误"处签章证明；如有不符，请在"信息不符"处列明不符项目及具体内容；如存在与本公司有关的未列入本函的其他重要信息，也请在"信息不符"处列出其详细资料。回函请直接寄至 ×× 会计师事务所。

　　回函地址：　　　　　　　邮编：

　　电话：　　　　　　传真：　　　　　联系人：

　　截至 ×× 年 × 月 × 日，本公司与贵行相关的信息列示如下。

　　（1）银行存款。

账户名称	银行账号	币种	利率	余额	起止日期	是否被质押、用于担保或存在其他使用限制	备注

除上述列示的银行存款外，本公司并无在贵行的其他存款。

注："起止日期"一栏仅适用于定期存款，如为活期或保证金存款，可只填写"活期"或"保证金"字样。

（2）银行借款。

借款人名称	币种	举息余额	借款日期	到期日期	利率	借款条件	抵（质）押品／担保人	备注

除上述列示的银行借款外，本公司并无自贵行的其他借款。

注：此项仅函证截至资产负债表日本公司尚未归还的借款。

（3）截至函证日之前12个月内注销的账户。

账户名称	银行账号	币种	注销账户日

除上述列示的账户外，本公司并无截至函证日之前12个月内在贵行注销的其他账户。

（4）委托存款。

账户名称	银行账号	借款方	币种	利率	余额	存款起止日期	备注

除上述列示的委托存款外，本公司并无通过贵行办理的其他委托存款。

（5）委托贷款。

账户名称	银行账号	资金使用方	币种	利率	本金	利息	贷款起止日期	备注

除上述列示的委托贷款外，本公司并无通过贵行办理的其他委托贷款。

（6）担保。

①本公司为其他单位提供的、以贵行为担保受益人的担保。

被担保人	担保方式	担保金额	担保期限	担保事由	担保合同编号	被担保人与贵行就担保事项往来的内容（贷款等）	注

除上述列示的担保外，本公司并无其他以贵行为担保受益人的担保。

注：如采用抵押或质押方式提供担保的，应在备注中说明抵押物或质押物情况。

②贵行向本公司提供的担保。

被担保人	担保方式	担保金额	担保期限	担保事由	担保合同编号	被担保人与贵行就担保事项往来的内容（贷款等）	备注

除上述列示的担保外，本公司并无贵行提供的其他担保。

（7）本公司为出票人且由贵行承兑而尚未支付的银行承兑汇票。

银行承兑汇票号码	票面金额	出票日	到期日

除上述列示的银行承兑汇票外，本公司并无由贵行承兑而尚未支付的其他银行承兑汇票。

（8）本公司向贵行已贴现而尚未到期的商业汇票。

商业汇票号码	付款人名称	承兑人名称	票面金额	票面利率	出票日	到期日	贴现日	贴现率	贴现净额

除上述列示的商业汇票外，本公司并无向贵行已贴现而尚未到期的其他商业汇票。

（9）本公司为持票人且由贵行托收的商业汇票。

商业汇票号码	承兑人名称	票面金额	出票日	到期日

除上述列示的商业汇票外，本公司并无由贵行托收的其他商业汇票。

（10）本公司为申请人、由贵行开具的、未履行完毕的不可撤销信用证。

信用证号码	受益人	信用证金额	到期日	未使用金额

除上述列示的不可撤销信用证外，本公司并无由贵行开具的、未履行完毕的其他不可撤销信用证。

（11）本公司与贵行之间未履行完毕的外汇买卖合约。

类别	合约号码	买卖币种	未履行的合约买卖金额	汇率	交收日期
贵行卖予本公司					
本公司卖予贵行					

除上述列示的外汇买卖合约外，本公司并无与贵行之间未履行完毕的其他外汇买卖合约。

（12）本公司存放于贵行的有价证券或其他产权文件。

有价证券或其他产权文件名称	产权文件编号	数量	金额

除上述列示的有价证券或其他产权文件外，本公司并无存放于贵行的其他有价证券或其他产权文件。

注：此项不包括本公司存放在贵行保管箱中的有价证券或其他产权文件。

（13）其他重大事项。

注：此项应填列内部审计人员认为重大且应予函证的其他事项，如信托存款等；如无则应填写"不适用"。

（公司盖章）

年　月　日

以下仅供被询证银行使用

| 结论： |
| 1. 信息证明无误。 |
| （银行盖章） |
| 经办人： 年 月 日 |
| 2. 信息不符，请列明不符项目及具体内容（对于在本函前述第 1 项至第 13 项中漏列的其他重要信息，请列出详细资料）。 |
| （银行盖章） |
| 经办人： 年 月 日 |

（六）检查银行存款账户存款人

检查银行存款账户存款人是否为被审计单位，若存款人非被审计单位，应获取该账户户主和被审计单位的书面声明，确认资产负债表日是否需要提请被审计单位进行调整。

（七）关注对变现有限制或存在境外的款项

关注是否存在质押、冻结等对变现有限制或存在境外的款项。如果存在，确认是否已提请被审计单位做必要的调整和披露。

（八）在审计工作底稿中列明不符合条件的银行存款

对不符合现金及现金等价物条件的银行存款应在审计工作底稿中予以列明，以说明对现金流量表的影响。

（九）抽查大额银行存款收支的原始凭证

检查原始凭证是否齐全、记账凭证与原始凭证是否相符、账务处理是否正确、相关账务是否记录于恰当的会计期间等项内容。检查是否存在非营业目的的大额货币资金转移，并核对相关账户的进账情况；如有与被审计单位生产经营无关的收支事项，应查明原因并做相应的记录。

（十）检查银行存款收支的截止测试是否正确

选取资产负债表日前后若干张、一定金额以上的凭证实施截止测试，关注业务内容及对应项目，如有跨期收支事项，应考虑是否提请被审计单位进行调整。

（十一）检查银行存款是否在财务报表中做出恰当列报

根据有关规定，企业的银行存款应在资产负债表的"货币资金"项目中反映，所以，内部审计人员应在实施上述审计程序后，确定银行存款账户的期末余额是否恰当，进而确定银行存款是否在资产负债表中恰当披露。此外，如果企业的银行存款存在抵押、冻结等使用限制情况或者潜在回收风险，内部审计人员应关注企业是否已经恰当披露有关情况。

9.5.4.5 其他货币资金的实质性程序

（1）如果被审计单位有定期存款，内部审计人员可以考虑实施以下审计程序。

①向管理层询问投资定期存款的理由并评估其合理性。

②获取定期存款明细表，检查是否与账面记录金额一致，存款人是否为被审计单位，定期存款是否被质押或限制使用。

③在监盘库存现金的同时，监盘定期存款凭据。如果被审计单位在资产负债表日有大额定期存款，基于对风险的判断考虑选择在资产负债表日实施监盘。

④对未质押的定期存款，检查开户证实书原件，以防止被审计单位提供的复印件是未质押（或未提现）原件的复印件。在检查时，还要认真核对相关信息，包括存款人、余额、期限等，如有异常，需实施进一步审计程序。

⑤对已质押的定期存款，检查定期存单复印件，并与相应的质押合同核对。对于质押借款的定期存单，应关注定期存单对应的质押借款有无入账；对于超过借款期限但仍处于质押状态的定期存款，还应关注相关借款的偿还情况，了解相关质权是否已被行使；对于为他人担保的定期存单，关注担保是否逾期及相关质权是否已被行使。

⑥函证定期存款相关信息。

⑦结合财务费用审计测算利息收入的合理性，判断企业是否存在体外资金循环的情形。

⑧对于在资产负债表日后已提取的定期存款，核对相应的兑付凭证等。

⑨关注被审计单位是否在财务报表附注中对定期存款给予充分披露。

（2）除定期存款外，内部审计人员对其他货币资金实施审计程序时，通常应特别关注以下事项。

①对保证金存款的检查，检查开立银行承兑汇票的协议或银行授信审批文件。可以将保证金账户对账单与相应的交易进行核对，根据被审计单位应付票据

的规模合理推断保证金数额，检查保证金与相关债务的比例和合同约定是否一致，特别关注是否存在有保证金发生而被审计单位无对应保证事项的情形。

②对于存出投资款，跟踪资金流向，并获取董事会决议等批准文件、开户资料、授权操作资料等。如果投资于证券交易业务，通常结合相应金融资产项目审计，核对证券账户名称是否与被审计单位相符，获取证券公司证券交易结算资金账户的交易流水，抽查大额的资金收支，关注资金收支的财务账面记录与资金流水是否相符。

第 3 篇   案例示范

第 10 章
星光璀璨，日月争辉——优秀审计团队的实操案例

内部审计每天都在变化，我们需要思想火花的碰撞。我们希望这些带有共通性的案例，能为同行带来启示。

10.1   华山论剑——"魅力审计联席会"

HL 集团是我国以男装为主营业务的大型企业集团。2015 年，我国服装行业的竞争非常激烈，生存下来的服装公司比以往任何时候都更加注重品牌的影响力。在 HL 集团中，决策层像维护品牌一样重视内部审计，使内部审计发挥了重要作用。HL 集团董事长设计了集团审计联席会作为核心机制，推动内部审计成为企业变革的先锋，构建高效的审计结构，有效控制风险，运用大数据进行内部审计，实现企业增值。

10.1.1   "魅力审计联席会"的运作

HL 集团审计联席会分两个层次。第一个层次是由董事长主持的集团季度审计联席会，各事业部总经理、内控中心以及审计部全员出席，由审计总监做工作报告，董事长主持、评价并协同解决内部审计人员提出的问题，确保审计建议100% 落到实处。

第二个层次是每月的"采购审计联席会"，专门用于集团的采购审计。参加

人员包括每个业务部门的内部控制中心负责人，原材料采购部门以及每个服装品牌的设计和采购人员。审计部门和各采购部门分别报告当月的工作情况，审计总监主持互动交流环节，鼓励大家对存在的问题进行联合讨论，并建立了成功案例分享、失败案例讨论等环节，以促进双向改进采购和审计工作。

集团审计联席会从 2010 年开始实施，每季度一次，五年如一。刚起步的时候，参会者带着复杂的心情聚集在了一起，大家不知道董事长和内部审计人员的目的是什么。而受到最大挑战的是审计部门自身，这个会议要怎么开？拿什么实力承担起这份重任？审计部门顶着巨大的压力……

压力也是动力。在审计联席会的初始阶段，情况非常糟糕。审计部门与各业务单位之间存在着许多矛盾。在混乱和碰撞中，审计部门面临着各种问题，但高层领导的信任、审计人员的信念，以及由审计的事实和基础所支持的审计结论和解决方案支撑着审计部门顺利完成了任务。

每一次联席会都是内部审计的一次营销。通过审计联席会，在披露问题和落实整改的同时，内部审计人员也不断传播审计正能量。通过一次次的总结和分享、分析和讨论，审计部门将一系列正面积极、系统性的管理思想灌输给各业务部门。例如："四个凡是"——凡事有章可循、凡事有据可查、凡事有人负责、凡事有人监督；"四项管理方略"——制度化管理、流程化操作、数据化考核、跟踪式监督；"六个不放过"——标准没有找到不放过、现状没有查清不放过、原因没有查明不放过、影响没有弄清不放过、责任没有落实不放过；整改没有落地不放过，等等。

10.1.2 有所作为，勇当企业变革先锋

无论从事哪种职业，员工只有做出出色的业绩才能获得上级的信任和关注，并有机会进一步展示自己的才能。此原则更适用于内部审计。通过审计联席会议机制，及时跟进甚至促进企业转型的每一步，审计工作在企业改革中留下了深刻的印记，并且审计部门每年都有新措施、新成果。

10.1.2.1 审计职能迁移，全面推动招标采购

2010 年，由于当时采购价格不合理，审计中频频发生核销、扣款等问题，审计部门迅速将事后审计改为事前审计。审计部门按照"抓大放小"的原则，确

定年采购额在 10 万元以上的物资应通过招标方式采购，并转变审计职能，以实现规范采购。据统计，自 2010 年以来，该集团每年通过招标节省成本超过 3,000 万元。

10.1.2.2 搭建比价信息系统，实现物资采购审计全覆盖

对于年采购额在 10 万元以下的大量零散物资，审计部门于 2011 年由联合集团信息战略中心定制并开发了一种操作便捷、功能实用的比价信息系统。

该系统将购买前询问和比价责任分解到每个采购者，审计人员从只关注账本到关注人的行为，以发现常人不易发现之事。通过系统限制，尚未"比价"的采购订单将无法进入后续的采购流程。同时，审计部门对每月对每个买家的价格比较进行全面审计。比价信息系统借助信息，已经实现了对零星采购价格比较工作的正常跟踪、系统监督和公开披露；结合大规模采购的招标谈判，实现了集团物资采购审计全覆盖。

10.1.2.3 积极推广网上招标，创新采购招标模式

审计部门的每一项进展都会为决策者带来新的启发，并在审计联席会议上反响良好。HL 集团在 2012 年推出了电子采购平台，该平台通过实施在线招标不断为集团和供应商带来惊喜。随着公司的在线投标产品范围越来越广泛，业务部门越来越认识到在线投标的好处，如节省成本、提高透明度以及效率等。审计部门在网上招标平台上组织开展了供应商运营培训，有 50 多个单位和 73 名员工参加了培训，为各部门有序、高效地开展网上招标工作提供了周到的服务，并将审计工作付诸实践。据统计，2015 年 HL 集团共进行了 122 次在线招标，成本节省了约 780 万元。

10.1.2.4 正式推行成衣审计核价，实施成本与销价审计

为了对服装采购进行有效的成本控制和管理，实现供应商、品牌方互惠互利和双赢，HL 集团自 2012 年开始，充分利用该集团在服装行业 20 多年的经验，以及大量的服装内外专家和集团资源，逐步渗透到服装采购板块各个部门学习、实践。经过一年多的积累，成衣从 2013 年起正式实施核价，全面推进集团各大品牌服装的采购成本审计和流程控制。

随着成衣审计水平的提高，HL 集团的审计部门被赋予了更大的权力和使命。每年在"HL 之家"推出新产品之前，董事长直接任命审计总监担任负责人，并

从其他部门招募人员组成专家组进行事前审计。审计部门通过对 HL 服装的审计，建立了科学规范的标准化公式，对核价和定价方法进行了系统化、标准化和简化，建立了新的服装核价、定价模型，为品牌的平价策略提供了强有力的决策参考和依据。

10.1.2.5 整合产品质量标准，共筑质量风险防线

在过去的采购价格审计中，采审双方总是就价格问题争论不休，缺乏统一的产品标准是争议的焦点。因此，审计部门领导集团的所有采购部门共同开展"建立和整合产品质量标准"的审计整改工作。从原材料、织物、配件的角度出发，审计部门逐步建立了 1,710 个产品质量标准，并与所有业务部门达成协议。

每年年初，审计部门会将所有新近优化的产品质量标准写入一本书中，并将其提供给每个业务部门，作为购买和测试的重要基础以及后续仓库质量跟踪的重要参考。可以说，每个业务部门都建立了防控产品质量风险的长效机制，实现了双赢。

10.1.2.6 推广产品价格拆分，建立料工费成本库

在经济困难时期，内部审计总是非常受关注。 在 2015 年，服装行业竞争十分激烈。在这一年，HL 集团的审计部门在集团内部引入了产品价格分离制度，使成本结构更加清晰可控。

通过现场调查、行业研究等多种渠道，审计部门从预算经营成本的角度出发，根据物料、辅料、人工、折旧、包装、运输、税收和利润来确定产品成本计算表等要素，深入挖掘产品成本的各种细节和行业定价方法，从而初步组建了集团采购物料的金额为 10 万元的物料成本库，进一步确保了采购的合理性，也深刻体现了内部审计服务与监督的双重功能。

坚持以企业负责人为首的审计联席会议制度，使 HL 集团的审计建议得到全方位落实，成果日益突出。随着 HL 集团千亿元资产目标的实现，HL 集团审计部门以独特的审计方式为集团的跨越式发展做出了贡献。

10.2 推行"审计共建"，创新审计技术与方法

内部审计没有最好的方法，只有更适应企业自身特点的问题解决方案。一个富有自信和勇气的审计部门，如果花一些时间来建立关系，就有可能通过协商达成长远的同时满足董事会和管理层目标的共识，审计共建就是一种有益的尝试。让我们走进久泰重工案例——"让审计共建为管理搭起宽阔的舞台"。

久泰重工开展审计共建的背景，是审计小组在某弱电项目审计及之后的报告交换意见阶段遇到很大的阻力。审计人员多次从 N 市辗转 K 地，但审计报告始终没有得到审计对象的签字。

审计对象是拥有久泰重工拳头产品及一流经营业绩的久泰重工某事业部（以下简称"A 部"）。A 部认为审计人员不了解项目实施的背景，不懂专业技术，且整篇审计报告没有任何正面评价，有失客观。审计小组认为 A 部依仗业绩优秀，对审计中发现的问题不重视，也不重视审计意见。审计部针对审计小组反映的情况，静下心来换位思考，客观分析对方所提问题，提出另辟蹊径开展审计共建的思路，通过这一举措增进审计双方共同参与审计项目的协同，共同落实审计报告提出的审计建议。这一想法得到集团领导的大力支持及审计对象的由衷认可。由于审计共建方案的价值主张符合双方实际，具有前瞻性的程序设计体现了求真务实，达到了预期的效果。

审计共建路线图共有 10 个环节。

10.2.1 以审计共建访谈为渠道，宣传风险控制的理念

共建是将审计从传统的单一监督者的身份中解脱出来的好方法，让审计更多地扮演企业热心的"管理顾问"和"经济良医"的角色，以互动活动的形式使得企业的审计成果得以长期持续分享，不断提高组织效率。

为了更好地宣传审计共建思想，使其能深入人心，审计部深入现场，从企业领导入手，选取了 A 部董事长、高管及管理部门的员工作为访谈对象。在协议签订前，审计负责人致信 A 部董事长对审计共建的设想、协议的执行进行了坦诚的沟通，赢得了 A 部高管层的信赖，为审计共建的执行打下了基础。

我们从下面这封信中可以看出审计部开展审计共建的价值主张。

尊敬的董事长：您好！

自本月向您汇报工作回到 N 市后，我和同事们一直沉浸在您正能量的"磁场"中。

"一流的企业需要一流的内部审计"，我们极愿意成为受企业欢迎的"经济良医"、部门的"管理顾问"，促进企业实现价值增值。

M 地的相见，使我们有了共同的愿景，但是心动不如行动，在访谈后，我们编制了这份审计共建协议，我们认为这份开创久泰重工历史先河的共建协议具有特别的意义。

首先，它是一份互信的协议。

我们感谢 A 部在为企业增创效益中的突出贡献，这些年 A 部所取得的成就我们有目共睹，大家看到了这些贡献带给企业的辉煌，员工也享受到了收入不断增长的实惠。A 部有较好的管理基础，管理创效的经验具有示范效应，高管层以身作则，口碑好，重视内部控制和内部审计，这是我们选择 A 部作为审计共建试点的初衷。我们信任 A 部不断抓管理的决心和力度，我们两个部门的目标是一致的。

我将代表审计部签下这份协议，这就意味着审计部从此要承担一份与 A 部"心心相印、荣辱与共，将 A 部的困难视为我们的困难，将 A 部的苦衷视为我们的苦衷"的责任和义务。我们将共同解决未来出现的一些困难和问题，因而，这份协议没有强求和作秀。在这里，一切误解、揣摩和猜忌都是多余的，我们拥有的是理解和信任。

其次，它是一份互动的协议。

A 部目前适应流程再造的基础管理制度正在迅速完善，专业人员如饥似渴学管理的呼声越来越高。正因为有了管理层这种加强自我管理的愿望，A 部在很多方面都成为集团的标杆，取得了今天的成就。下一步，审计部将以"参与合作式"的工作方式，与 A 部相关管理部门开展积极广泛的管理合作，共同寻求防范风险、增加绩效的途径，并协同执行中的外部条件。

最后，它是一份共赢的协议。

共建是将管理成果转化为生产力的最佳途径，我们资源共享，贡献各自的优势，把来自每个人、每个不同角度的智慧的"视角"，凝聚成集体智慧的"广角"。A 部丰富的业务专家资源，是尽快提升我们审计人员"业审融合"技能，打造学习型团队的智库。而审计人员利用自身的专业知识，也可以给 A 部提供关于内控与风险的培训，对 A 部内部审计人员实施导师带徒，为 A 部培养现代审计和风险控制人才，营造"管理得人心"的风险控制文化。

我们还将在 A 部开展审计公示，促进审计成果的转化，这种良好的交流将会极大地激发双方管理人员探索创新的动力，教学互长，共同提升……

同时，我们将及时总结 A 部风险控制经验，并在集团内推广，进行管理创新的输出，让我们共建的成果效益最大化。

当一个管理不断创新、技术不断进步、效益不断增长、员工不断进步的 A 部，一个实实在在令人仰慕的标杆树立起来之日，便是久泰重工的内部审计真正光彩之时。

我们希望尽快看到这一天，我们相信，有您的支持，这项工作一定会成为集团当前所需要的管理创新产品——"共建风控防线"。

我还想就方案征求您的意见，以便尽早实施。

10.2.2   利用审计公示，营造"管理得人心"的风控文化

本次审计部在对 A 部的项目审计中，发现的问题具有共通性，在 A 部决策层的支持下，通过举办培训的形式进行了审计公示。"记住一个错误的教训，比记住一个成功的经验更深刻"，案例分析可让更多管理人员从中吸取教训。审计报告涉及的问题责任人，应在审计公示之后被追责。

10.2.3   开展培训，普及内部控制知识

审计部在 A 部开展的内部控制知识培训，紧密结合 A 部管理实际，量身定做务实的解决方案。此次培训受到 A 部各管理层的极大关注，除了主会场，A 部通过视频对国内五地管理人员进行了同步培训。

10.2.4   充分利用部门资源和力量

审计部一是对 A 部的内部审计人员开展导师带徒活动，为 A 部培养现代审计和风控人才；二是在年底绩效审计中，抽调 A 部审计人员参加总部审计项目，以审带培；三是常年开设咨询热线，为 A 部监管机构提供解决方案。

10.2.5   选取部门试点，推行创新审计

审计部与 A 部相关管理部门，甚至供应商、代理商开展积极广泛的管理合作，

共同寻求防范风险、提升绩效的途径，并协同执行中的外部条件。

审计部通过现场服务及联席会的方式熟悉 A 部业务。当 A 部代理商向审计部反映结算环节流程长效率低、集团总部信息中心问题较多迟迟得不到解决的问题时，审计部将解决这一难题的任务纳入重要议程，督办落实解决。

10.2.6　发挥审计增值作用

审计部一是利用内部审计专业资源，为 A 部提供税收筹划方面的解决方案，对纳税中出现的问题进行了审计提示，使得税收优惠给 A 部带来了现金流，提高了利润。

二是审计部利用自身的对外影响力，为 A 部开拓产品市场，联系国内知名建设企业购买 A 部工程机械，使 A 部真正看到内部审计以管理换市场的魅力。

10.2.7　构筑产业上下游风险防线

"只有自身管理规范，才有交易方的规范"，这一理念成为共建双方的共识。审计部与 A 部联手，共同梳理外部供应商及代理商的流程管控风险，对外部供应商和代理商进行相关培训，在 A 部的入口和出口构筑风险防线。

10.2.8　开展"业审融合"培训

A 部对集团审计部审计人员进行关于工艺流程、关键生产技术、系统运作的知识培训，拓展了审计人员的顶层视野并为审计人员提供了底层现场体验机会。这些宝贵的一线知识资源，为审计人员学习专业知识提供了条件，促进了审计目标的实现。

10.2.9　多方合力推行审计共建

根据审计共建规划的路线图，审计部与 A 部针对各类特定专题建立课题组制度、联席会制度、审计信息共享制度以及审计决定联合督办制度等促进审计共建。

10.2.10　加快审计成果转化

审计部及时总结和完善了 A 部的风险控制制度，并将其在集团内部进行推广，输出管理创新，迅速将审计结果转化为企业效益。

在久泰重工审计共建的签字仪式上，集团领导赴 K 地参加会议，见证了审计共建带来的新型审计合作关系。他说："今天是一个值得纪念的日子，A 部和审计部在集团的快速发展过程中，迅速做出反应，提出'把风险控制放在第一位'。风险控制措施与产品开发研究一样，培养风险控制管理人才的策略与过去培养市场营销人才的策略是一样的。

"通过进一步加强风险管理和控制，通过合理务实的管理，久泰重工的劣势可以转化为优势，形成竞争力，为久泰重工创造更大的发展空间。

"在执行共建计划时，我们看到了审计人员的诚实、负责、主动、可信赖和尊重的专业精神。我们也看到了 A 部门支持审计人员并将审计作为宝贵资源的战略远景。我相信，通过这种共同建设，可以实现双赢。在这个共同建设的平台上，我们可以共同进行管理创新，打造风险控制产品，培养风险控制人才，为实现久泰重工'产业报国'的梦想做出自己的贡献。"

10.3　"他山之石，可以攻玉"——推行职工代表民主评价机制

内部审计的有效性在于借势借力，在于挖掘外界无尽的资源为企业所用。让我们走进富矿集团案例——"震撼企业上下的职工代表民主评价机制"。

10.3.1　职工代表民主评价机制形成的背景

2014 年上半年，随着煤炭市场形势日益严峻，富矿集团遇到了前所未有的困难和挑战，经营业绩显著下降。用传统方法很难解决一些长期存在的限制公司

发展的问题。审计人员发现，集团公司的物资采购对成本影响很大，体现在以下几个方面：第一，中间人关联交易问题突出，采购成本高，存在大量的人际关系采购，材料浪费严重；第二，小组的建设项目失败教训无处不在，招标仅仅是形式，项目决策是任意的，研究和论证的可行性不足，勘察不详尽，设计变更很多，"三边"工程项目很普遍，投资和时限不受控制等。对此，工人群众反映强烈。要摆脱当前的困境，首先必须集思广益，重塑企业文化，用新的思维解决企业管理问题。

《人民日报》刊登的"创新管理破解发展难题"文章，引起了新任董事长李宇的注意，文章介绍了首钢长治钢铁公司"民主评价制度实施第一年，即在消化上半年亏损 4.5 亿元的前提下，当年实现盈利"。首席讲师朱莉指出：阳光是最好的杀虫剂，公开是最好的防腐剂，要彻底解决管理上的"破窗效应"，最根本的就是搭建公开、公平、公正的民主评价监督平台，让广大职工充分享有对管理的知情权、监督权、处理权，用民主和监督两把"利剑"，助推企业"强管理、堵漏洞、降成本、增效益"。

10.3.2　职工代表民主评价机制的运作模式

10.3.2.1 组织架构

（1）构建民主评价制度体系。集团公司出台了《富矿集团有限公司关于推行职工代表民主评价制度的意见》《富矿集团有限公司职工代表民主评价工作实施方案》《职工代表民主评价人员管理办法》《富矿集团有限公司职工代表民主评价工作实施办法》等，并经集团公司五届三次职工代表大会审议通过，将职工代表民主评价工作模式固化，从制度层面保障了民主评价工作的开展和推进。

（2）建立市场调研评估小组。研究小组由集团公司的审计风险部门牵头，由职能部门和相关专业技术人员组成，主要任务是对员工关注的热点，困难和重点问题进行初步研究和市场调查。

（3）成立职工代表监督评估小组。从公司职工代表中筛选出 100 名具有较高政治意识和专业水平的职工，组成监督评估小组，并严格按照《职工代表民主评价人员管理办法》进行管理。

10.3.2.2 操作流程

（1）选择研究项目并组织市场研究，由审计风险部门牵头和组织。

（2）选择评委。对于确定的评估项目，工会应从职工代表监督评估小组成员中随机抽选不少于 25 名评委。

（3）邀请观察员和旁听员。出席人员包括企业领导层、专业公司和基层单位的相关人员。旁听人员可以问询，没有现场解释权。

（4）召开职工代表民主评估会议。市场调研评估小组和工会应在民主评估会议召开前三至五日将评估内容告知评委和被评估单位，发出正式通知，并组织民主评估。

（5）在评估会议上，评委将通过听取被评价人的陈述和他们自己了解的情况提出问题，陈述人可以在现场回答或解释。如果解释不清楚，评委可以反复提问。

（6）问答结束后，由工作人员代表当场在评价表中做出"满意"或"不满意"的评价，"满意"的人达三分之二及以上，视为"通过"，不足三分之二为"不通过"。

（7）展开调查和问责。对于评估会议未批准的项目，审计风险部门应当将其移交给集团公司的纪检部门，进一步对被评估单位和有关负责人进行调查。违反纪律的，由纪律检查委员会纪检部门处理，并将结果通知下次会议职工代表。构成犯罪的，应当移送司法机关处理。

10.3.3 推行职工代表民主评价机制取得的效果

推行职工代表民主评价机制，激发了职工参与管理的热情和创造力。这些制度深入人心，起到了警告和威慑的作用。

第一，它积累了集团实现转型和发展的潜力。通过对职工代表的"麻雀解剖图"的民主评价，真正体现了用强药治疗"弱点"，杜绝了"破窗效应"，企业的市场适应能力增强。2014 年，由于煤炭平均价格跌至 8 年来的最低水平，铝锭和某些化工产品的成本和销售价格倒挂，该公司实现利润 20 亿元，同比全年增加 74.95 亿元，扭转了亏损局面。

第二，规范了采购行为，提升了采购人员的素质和责任心。在评估中发现存在问题的实质性采购，公司上下高度重视，规范采购行为，暗箱操作、规避招标和比价的行为逐步减少，采购人员的责任感逐渐增强，采购价格趋于合理，采购单位由"坐商"变为积极研究市场、了解市场信息。

第三，工人群众的民主权利得到充分落实。"开放，公平，公正"的管理风格在整个公司中逐渐形成。实施阳光工程，在群众监督下开展工作；消除怀疑、猜疑，解决矛盾。截至 2014 年年底，对失败项目的负责人 42 人，降级了 6 人，调离了 9 人，并对 15 人进行了告诫，经济处罚达 36 万元，警示震慑作用凸显。

第四，简化了决策过程，使业务流程更加畅通，对市场的响应更加有效。同时，大大减少了"说人情、讲情面"的现象，减少了外界对企业经营活动的干扰。2014 年，清理了 5,600 多个中间供应商，采购价格同比下降 15%。材料供应中心共降低了 194 个品种的价格，比 2013 年节省了 1.2 亿元。全机械化的机器管理中心与大多数供应商签署了降价协议，节省了 7,000 万元。

10.4　"国之利器不可以示人"——守护企业商业秘密

商业秘密是企业核心竞争力的载体。成功的企业都有自己的商业秘密。内部审计在商业秘密领域的有效性对于企业的可持续发展至关重要。让我们走进东兴化学案例——"商业秘密防泄露审计"。

东兴化学集团股份有限公司（以下简称"东兴化学"）是我国唯一拥有 MDI[1]、ADI[2]、IPDI[3] 制造技术知识产权的企业，是全球产能最大、质量最好、成本最低的 MDI 供应商。东兴化学的涉密信息主要包括试验记录、工艺软件包、PID 与 PFD 图、施工图、生产准备文件、工艺操作说明等。

该企业对这些商业秘密以及相关的秘密区域和人员的安全级别进行划分，并

1　MDI：二苯基甲烷二异氰酸酯
2　ADI：脂环族二异氰酸酯
3　IPDI：异佛尔酮二异氰酸

实施不同级别的安全保护。商业秘密不仅包括技术信息，还包括运营信息，而运营信息是企业核心竞争力的载体，一旦泄露，可能会给企业造成重大损失甚至致命威胁。当前，大多数企业侧重于数据加密、虚拟专用网、身份认证、入侵检测、数据泄露防范系统等技术手段，对管理手段的重视不足。此案例是从管理和技术的角度控制和审计商业秘密泄露风险的过程。

10.4.1　商业秘密泄露的方式

商业秘密具有信息所固有的生命周期——"收集→传输→使用→储存→维护→销毁"。前四个阶段属于信息的活动阶段，信息泄露风险较大。根据每个阶段信息泄露方式的不同，涉密商业信息的泄露可分为网络、存储、终端三种方式。

此外，还有一些信息泄露的方法或环节很容易被忽略，例如，拍照、窃听、第三方（例如设计师、施工方、制造商等）合作、人员流动和转移、书面文件的复制和传播、外部人员交流、废物和与秘密有关的载体的处置等。

10.4.2　商业秘密泄露风险管控体系

商业秘密泄露风险管控"三分技术、七分管理"，东兴化学构建的系统化管控体系包括制度基础、业务安全、技术防护三个维度，如图 10-1 所示。

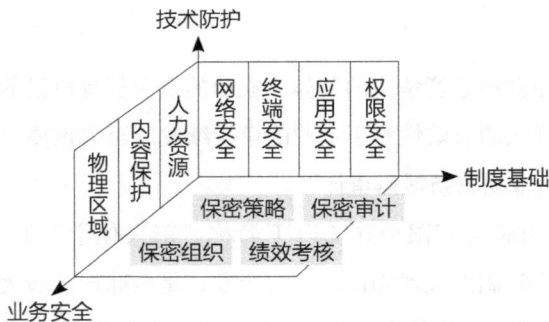

图 10-1　商业秘密泄露风险管控模型

商业秘密的安全应从三个方面进行管理：人力资源、技术秘密和商业秘密的内容保护以及物理区域安全。技术防护主要包括网络、终端、应用和权限。技术防护措施是实现业务安全的重要基础。该制度的基础包括四个方面：实现业务安全的保密策略、保密组织系统、保密绩效考核和保密审计。完善的制度是技术防护和业务安全的重要保证。

在此系统框架下，商业秘密管理可以从源中清除所有不符合要求的数据访问权限，并分配与工作职责相对应的数据访问权限。在数据的传输、使用和发布过程中，有全面的标准和程序可以确保数据安全，同时可以培养员工的数据安全意识；根据业务需求建立不断完善的管控体系，实现数据安全保护管理的系统化和自动化。

10.4.3　商业秘密泄露风险管控重点

10.4.3.1 商业秘密管理的组织结构建设

在组织结构方面，东兴化学组建保密委员会，下设制度流程梳理分委会、涉密人员管理分委会、信息化安全分委会、保密审计分委会、信息披露分委会、泄露事故调查分委会，明确定义了组成成员和工作职责等方面，职责涵盖"商业秘密泄露风险管控模型"的三个维度、11 个方面，涵盖了研发系统、工程建设、生产系统、管理信息、营销信息安全五个领域。其中，泄露事故调查分委会是一个非常设组织。如果出现机密级别或更高级别的信息泄露，或者重要的秘密相关人员违反了公司规定，从而导致商业秘密泄露或关键人员离职，可能会对企业造成重大影响，由保密委员会临时指派分委会主席。

10.4.3.2 商业秘密的分级、分类保护

商业秘密的内涵是丰富的。为了确保保护的效率和效果，东兴化学遵循"信息识别—信息分类—信息保护"的思想，将主要资源集中在高密度信息上。东兴化学为机密技术信息和商业信息制定了分级和开发分类保护策略，界定商业秘密的级别、期限、脱密等基本内容；规范机密信息的整个生命周期，包括收集、注册和存储、加密、发布、分发、打印、复制、检查、借阅、销毁等过程。

10.4.3.3 商业秘密保护的人力资源管理

东兴化学对涉密员工入职前要进行背景调查，进入公司后要签署保密协议；对关键涉密人员进行保密培训，定期轮换岗位，建立约谈机制。东兴化学对员工进行工作变动或离职审计，检查保密情况，签发辞职律师函，进行终身保密管理，

倡导建立基于信任与合作的以人为本的信息安全文化，增强员工的信息安全意识，并控制和规范员工的信息安全行为。

东兴化学对外部涉密人员高度警惕。商业秘密通常涉及被许可人，制造商，销售代理商，供应商，客户，向公司提供产品或服务的建筑师、工程师、顾问、承包商等第三方。东兴化学在聘用外部单位或人员之前，会评估外部机构的安全性，并与拟聘用单位或人员签署保密协议，进行保密培训，控制外雇员工在公司工作期间的权限。

10.4.3.4 技术防护体系

有效的技术防护体系一般包括网络层、数据、终端三个方面。

网络层是整个网络的传输基础，包括内部和外部网络接口以及内部网络安全域分区。安全域划分是实现大型复杂信息系统安全级别保护的有效方法。防火墙技术和入侵检测系统可以主动有效地检测和拦截各种针对系统漏洞的攻击，并阻止各种特洛伊木马和病毒。另外，该公司统一规划路由、交换、防火墙等网络设备的配置管理，并对网络进行访问控制。

数据是安全技术的核心，数据可能是文档形式，也可能是邮件形式，数据存储位置可能是本地或远程服务器，该公司实施数据安全保护虚拟桌面技术、数据泄露保护（DLP）方案、文档安全管理和其他技术解决方案。

公司希望确保计算机终端安全，并符合安全策略定义的配置需要。禁用访客账户，要求操作系统的密码具备一定的复杂性，通过分散管理加强对管理员账户的控制，部署专用服务器并定义补丁分发策略，在用户桌面上配置 DLP 终端以及采取其他措施加强终端安全。

10.4.3.5 保密审计

保密审计的主要目的是监视网络内部和外部的用户活动，以发现系统中的入侵或异常现象或用户行为，检测系统中现有或潜在的威胁，并识别、记录、存储和分析安全活动信息。保密审计的内容可以包括网络审计、邮件审计、操作日志审计、终端审计、USB 审计、权限审计、文本审计、病毒审计、文档审计、应用程序权限审计等。通过保密审计，公司可以增强业务秘密的防泄露监控能力、提高响应水平，提高机密管理水平，及时发现内部用户的非法操作、用户网络中的异常情况以及外部用户窃取公司数据的企图。

　　东兴化学平衡成本与效率，遵循"适度安全"原则，建立了商业秘密泄露风险管控信息系统体系，包括安全组织、安全流程、安全策略、安全工具、安全运维五个层次，涵盖身份管理、数据安全、桌面安全、基础设施保护、基础设施管理、IT 安全治理与合规六部分，如图 10-2 所示。

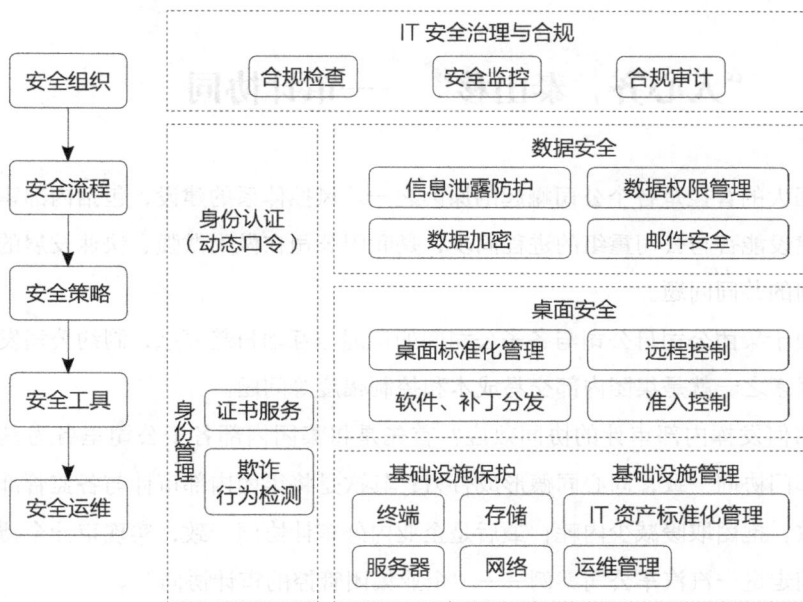

图 10-2　东兴化学商业秘密泄露风险管控信息系统体系

　　"身份管理"负责管理用户身份的生命周期以及身份与业务应用程序服务之间的关系，例如集中式账户管理、集中式身份认证管理和集中式授权管理。"数据安全"包括信息泄露保护、数据权限管理、数据加密、邮件安全。"桌面安全"，用于集中管理终端计算机资产，远程控制，访问管理和限制，受信任的软件或补丁程序分发；对于涉及更高级别保密性的人员，实施无盘工作站。在ITIL（信息技术基础构架库）的指导下，以"基础设施保护和管理"为终端，为服务器和网络提供系统架构和管理。"IT 安全治理与合规"基于远程监视、数据泄露预防系统、物理监视系统、访问控制系统以及身份管理、服务器、操作系统、数据库和其他日志进行保密审计；根据公司的保密政策进行合规性审计。

近年来，在快速发展的过程中，东兴化学建立了风险控制防线，成为具有国际竞争优势的一流化工原料服务提供商和供应商，并不断为客户提供价值。

10.5 "人心齐，泰山移"——审计协同

强大的管控是各个公司崛起的原因之一。风控体系的建设，包括内部审计体系的建设能否与公司重组的进程同步，是我国公司在做大做强、快速发展的进程中遇到的共同问题。

由于集团公司母公司与各子公司间的沟通与互动日趋复杂，制约公司发展的重要因素之一就是集团内部交易成本和控制幅度等问题。

如何发挥内部审计的协同效应？首先是将集团内部各子公司里各为其主的审计部门协同一致，同心同德形成合力；其次是将集团内部审计与各监管部门协同一致，抱团取暖减少内耗；最后是企业内外审计协同一致，实现审计全覆盖。让我们走进一汽汽车公司案例——"企业集团管控的审计协同"。

近年来中国内部审计协会提出了全面转型的内部审计工作发展思路，要求工作重心逐步转向以风险为导向的审计，融入公司的内部控制和全面风险管理工作，增强内部审计的"雷达预警"和"免疫系统"功能。

一汽汽车公司按照中国内部审计协会发展的要求，从职能定位、制度、管理机制、业务管理、匹配能力、先进经验和公司发展等方面进行全方位的标记，结合自身发展的现实，提出了公司内部审计转型发展的总体思路（见图10-3）：落实一个风险导向，发挥内部审计评估、咨询、服务的三个作用，实现五个转变（从过去的纠错防弊向高层次的"耳目、助手"方向转变；从注重公司资金的真实性向资金安全和风险并重转变；从注重年度预算收支审计转变为注重预算执行活动的内部控制风险审计；从关注业务指标的真实性到真实性和合理性并重；从事后审计向事前、事中审计转变）。这一思路有助于促进公司防范商业风险，加强内部控制，实现全面可持续发展。

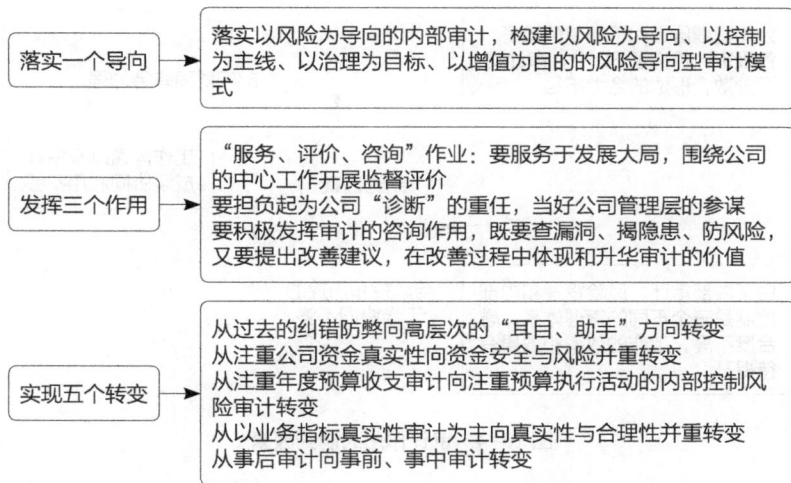

图 10-3　公司内部审计转型发展的总体思路

公司在转型发展中初步建立了内部审计、风险管理和内部控制"三位一体"的协同模式，并对审计流程进行全面升级、重新设计，并尝试融入基于风险的概念审计项目、审计计划、审计执行情况、审计报告、审计整改等审计全过程。公司的内部审计工作取得了进展，重点逐渐转移到内部控制审计和风险导向审计上。"免疫系统"的功能日益增强，极大地增强了公司各项经营管理的增值效果。公司审计部门被评为集团管理促进工作优秀单位，隶属一汽汽车集团有限公司，荣获"2011—2013 年全国内部审计先进集体"。

虽然内部审计转型的发展取得了一定的成就，但由于公司管理层级和下属单位较多，各级审计机构近 30 个，审计资源分散，形成的合力不足。同时由于内部审计、风险管理和内部控制是三个不同的管理体系，一致性不强，所以对审计转型中产生的有效作用形成一定的限制。审计作用的制约因素如图 10-4 所示。

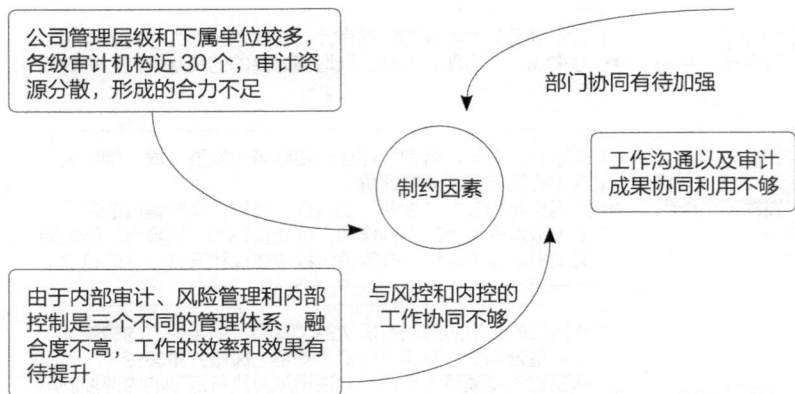

图 10-4　审计作用的制约因素

10.5.1　开展 WORKSHOP 专题研讨，明确改进提升方案

针对影响审计效率和效果的各种问题，公司审计部门于 2013 年组织审计系统和职能部门多次举办"WORKSHOP"研讨会。

通过"审计计划，审计方案，审计报告，审计成果提炼，跟踪整改，审计支持"审计工作六个要素，垂直于总部和业务部门，各级职能部门与审计部门进行风险管理部门和审计部门三个相关因素，采用集思广益的方法，对不足之处和需要完善的环节开展必要的工作，调配审计资源，审计计划，审计结果，审计报告，审计方法，审计十二个关键问题的系统，审计方式，审计转换点。同时，分析了关键问题的关键原因，制定了战略，明确了时间节点和责任人，进一步推进了审计转型工作。《加强审计工作协同》研讨框架示例如表 10-1 所示。WORKSHOP 专题研讨方案示例如图 10-5 所示。

表 10—1　《加强审计工作协同》研讨框架示例

业务内容 业务关键词	审计计划			审计方案			审计报告		审计成果提炼	跟踪整改	审计支持		
	工作计划（输入因素、制定思路）	项目计划 计划制订（上下沟通）	信息传递	审计团队	审计方法	重点内容	日常项目	审计重大事项情况通报	审计报告立论、立意，问题分析、建议要点、表达形式	整改效果，跟踪形式，监控手段，反馈内容	审计成果运用、资源共享	标杆提炼	制度建设、审计机制改进
提示内容	①以风险为导向的审计，制订计划时，是否引入风险因素 ②制订计划时，是否充分取上、下级机构提供的信息，做到充分沟通 ③是否跟踪审计 ④股东方关心的审计议题是否在本板块董事会述职后，才进行沟通 ⑤信息如何传递			①审计团队构建时，是否做到总部与板块之间协同、板块之间的协同 ②职能部门与审计部门的协同性 ③内部团队之间的协同性、项目负责制 ④审计方法立项时，结案 ⑤重点项目立项时，能否做到人员、资源协同			①审计中发现重大事项，是否及时报告沟通。报告机制、流程、频率、内容、渠道 ②日常项目的协同		①审计事项向上汇报时，如何提炼，做到简洁、精练 ②审计发现某类问题具有共通性，如何利用其报告，让其他单位举一反三，进行自查整改，防范风险	整改跟踪落实上，是否做到上下协同	①审计成果在总部与板块、板块之间等是否做到资源共享 ②通过审计，能够在各板块针对某一项目提炼标杆，并将其作为参照物 ③组织机构、队伍建设的大审计格局，如何设置 ④审计机构的独立性、派驻制		
相关方 业务部门 总部与板块													
相关方 业务职责 风险管理部门与审计部门													
相关方 相关人员 各级职能部门与审计部门													

要因	方案	排序
1. 报告使用者受限，影响整改落实	探索审计公告制度	1
	收到审计报告的领导做批示	2
	审计报告提出的问题要具体	3
	试行审计报告信息公开	4
2. 下属板块与总部审计不对称	试行计划沟通会和联席会	5
	总部对各板块下发审计计划	6
	总部发布计划预案，征求各板块意见，再发布正式计划	7
3. 报告不公开，无法做到举一反三	总部建立审计报告报送制度	8
	共通性问题公开，共享成果	9
	总部审计部建立报告解读分析模型、人员岗位分析模型	10
4. 下属板块与总部审计信息不对称	板块参与总部审计项目	11
	总部建设审计队伍	12
5. 审计机构缺乏独立性	探索审计派驻制度	13
6. 风险管理与审计工作相互影响	建立风险管理、内审、内部控制有效融合，向"以风险为导向"转型的审计	14
	保障审计人员编制	15

图 10-5　WORKSHOP 专题研讨方案示例

10.5.2　加强工作协同，持续提升审计价值

该公司根据 WORKSHOP 专题研讨成果，加强审计工作的多方面协同，提升工作效率和效果。一是加强集团审计体系的协同。由于集团的组织结构和管理模式，公司的审计资源主要分布在每个业务部门。为了更好地发挥审计作用，必须加强审计制度的协同。具体措施如下。

（1）协同审计工作计划。对于审计项目的总体规划和系统安排，除要求将所有单位的审计计划报告给公司备案外，公司审计部门在制定年度审计报告时还将广泛征求各单位的意见。审计工作计划不仅确保了审计的覆盖面，而且还确保

了审计关键点不被遗漏或重复。

（2）协同审计项目。在开展下属单位审计项目时，经常采用系统的联合审计。例如，在公司审计部门的 2016 年审计项目计划中，计划有 11 个项目采用系统的联合审计。

（3）协同审计信息。公司将实行季度审计简报，以报告审计中发现的主要问题，并在下一阶段讨论和交流工作。

（4）协同制度流程。公司陆续修订内部审计工作的规定、方法，经济责任审计方法的内部控制评价和风险管理体系，风险管理手册，内部审计评价手册等，构建规范流程，促进工作方法的转变。

（5）协同审计方法。公司定期组织各种特殊培训和审计工作交流会，鼓励员工学习现代审计理论并付诸实践，分享审计经验，并以工作基准的形式推广系统的良好经验，以促进知识升级和工作方法改革。通过一系列措施，进一步增强了员工的协作意识，协同效应日益明显，系统的凝聚力得到进一步增强。

二是加强与职能部门的协同。首先，各审计单位在制订审计项目计划时，都会征求相关职能部门的意见，这不仅提高了审计计划的针对性，也加大了审计工作为公司经营管理服务的力度。其次，越来越多的专项审计项目以多部门合作团队（CFT）的形式开展，这不仅有效地利用了专家的力量，也缓解了审计资源相对不足的矛盾，有助于问题的整改和实施。最后，加强审计结果沟通。除了将审计报告抄送相关职能部门外，审计部门还经常就审计中发现的相关问题与各相关职能部门进行沟通，研讨整改和处理方案。在有关部门的支持与配合下，审计问责机制得到了较好的落实。部门协同工作机制如图 10-6 所示。

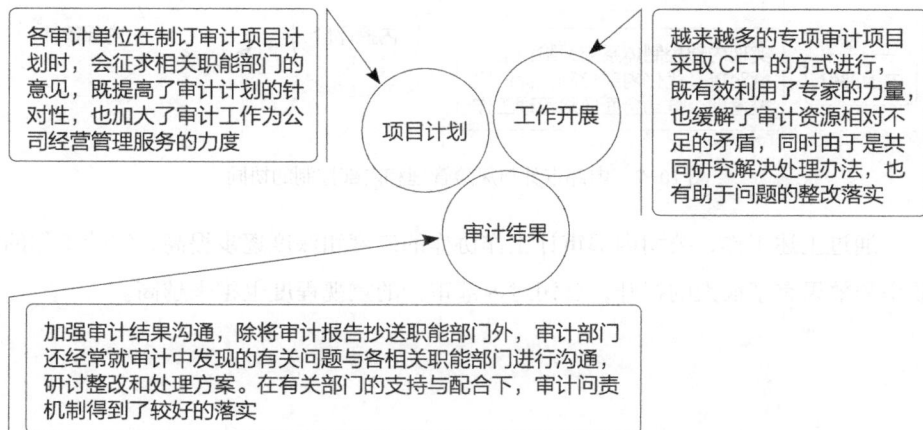

图 10-6　部门协同工作机制

三是加强与外部审计的协同。首先，加强对外部审计中所发现问题的研究，找出应对方案。外部管制机构，例如会计师事务所和监事会所指出的各种问题都经过组织仔细的研究，并与日常审计有机地结合起来。其次，协同相关职能部门，监督外部审计中所发现问题的整改落实情况，并利用整改问题推动内部控制和管理的改进。最后，加强与外部审计的交流，不仅包括审计中发现的问题的交流，还包括工作方法的交流。例如，组织首席审计师等审计专家对集团内部审计人员进行主题为"内部审计和数据分析"的培训，并分享如何使用现代数据分析技术来提高审计效率及发现问题，以提升每个人的能力。

四是加强内部审计与风险管理和内部控制的协同（见图10-7）。尽管内部审计与风险管理和内部控制是不同的管理类别，但是目标都是促进业务计划的实现、企业价值的增加。同时，加强三者之间的协调也可以减少工作量，提高工作效率。在实践中，公司采用风险管理的方式对风险进行评估，采用内部控制的方法发现内部控制与风险管理的薄弱环节，并充分利用风险评估和内部控制的结果，特别注意开展重大风险和内部控制审计，实施内部审计工作。风险管理和内部控制工作也密切关注审计中发现的业务风险和内部控制缺陷，并将风险评估与防控作为工作改进的重要组成部分。

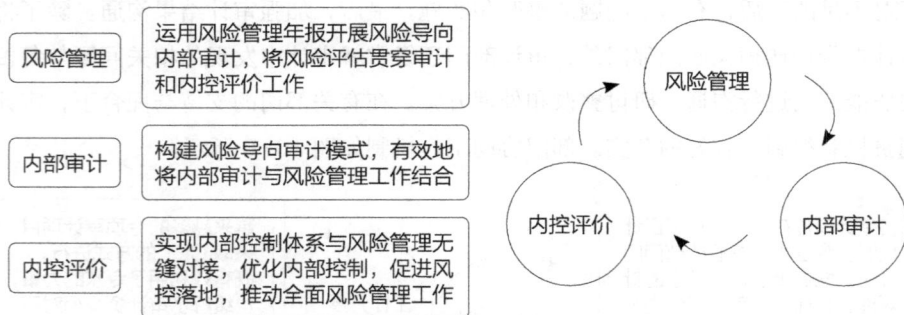

图10-7　内部审计与风险管理和内部控制的协同

通过上述工作，公司内部审计工作协作的广度和深度逐步提高，审计工作的效率和效果有了很大的提升，公司对内部审计的重视程度也越来越高。